劉君祖易經世界

身處變動的時代，易經教你掌握知機應變，隨時創新的能力。

易斷全書

理解《易經》斷卦的實用寶典

Volume 3

劉君祖 著

The Comprehensive Book of I Ching Readings

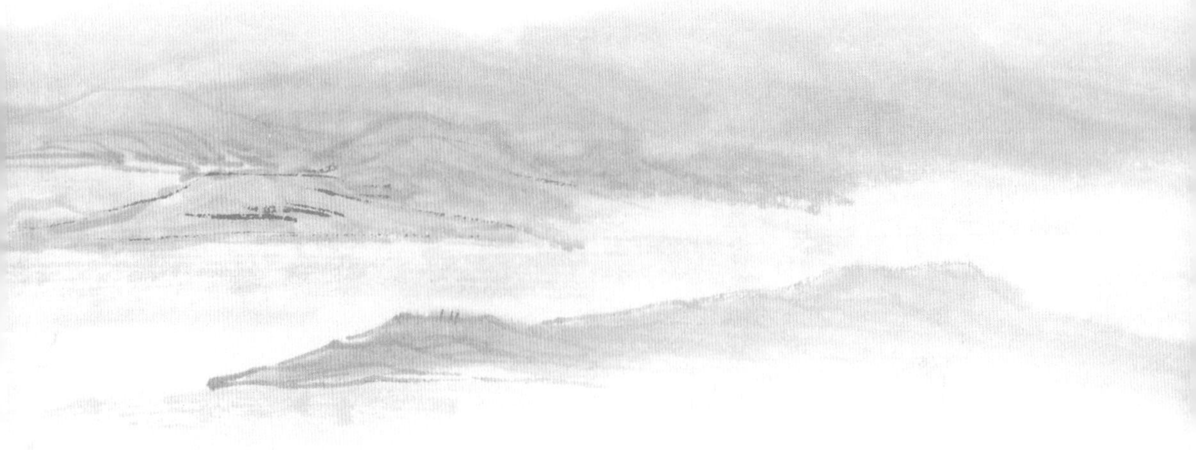

目錄

下經

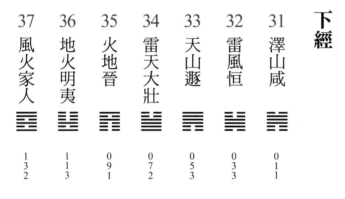

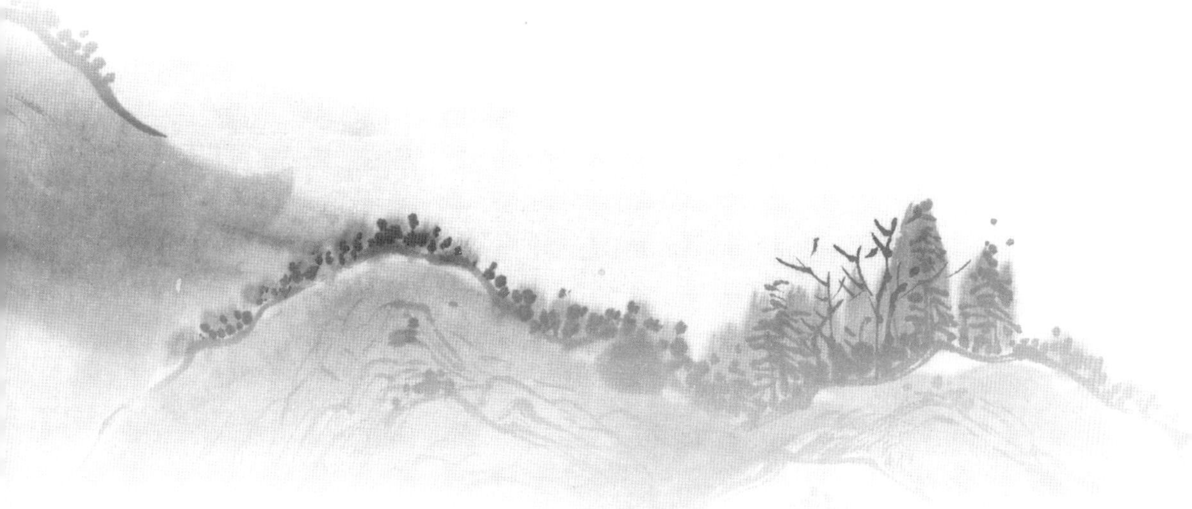

下經

31. 澤山咸（䷞）

《周易》上經三十卦，由乾、坤開天闢地、屯卦生命源於海洋談起，物種演化由簡而繁，至剝極而復，人類登上舞台，克服重重坎險，創造光輝燦爛的文明為止。下經三十四卦，敘述人事的演變，由咸、恒的戀愛婚姻起始，歷盡離合悲歡，至既濟、未濟，檢討終極成敗告終。上經闡揚天道，教人運用於人事；下經述人事，以印證天道。

〈序卦傳〉稱：「有天地，然後有萬物；有萬物，然後有男女；有男女，然後有夫婦；有夫婦，然後有父子；有父子，然後有君臣；有君臣，然後有上下；有上下，然後禮義有所措。夫婦之道不可以不久也，故受之以恒。恒者，久也。」行文很長，道理淺顯易懂。「咸」為無心之感，人皆有之的少男少女情懷，「恒」為長久穩定，結為夫婦期待白頭偕老，人群社會由此組成。《中庸》稱：「君子之道，造端乎夫婦；及其至也，察乎天地。」下經首咸、恒，上經始乾、坤，以人合天，天人相應，小宇宙的人則，不能違反大宇宙的天則。

〈序卦傳〉文中不見「咸」字，只有「恒」字卦名，也有意味。「咸」為自然感應，無形無象，「恒」為積久生成之物事，可聞可見。「咸」無心，「恒」有心，天下萬物生於有，有生於無。〈序卦傳〉敘至坎、離時稱：「坎者，陷也；陷必有所麗，故受之以離。離者，麗也。」往下沒有「受之以咸」，而是另起一大段，稱「天地、萬物、男女」，可見上下經分述的意義。

〈雜卦傳〉稱：「咸，速也；恒，久也。」自然的感應來得極快，少男少女可能一見鍾情；老夫老妻度日悠長，得相互忍讓，才會得其善終。依〈雜卦傳〉卦序，咸、恒亦居第三十一、三十二卦，與自然卦序相同，而乾剛坤柔為首，也與〈序卦傳〉無異。換句話說，無論如何排序，天地、男女都得擺在最前面，由此啟動一切天人關係的變化。

䷞

咸卦卦辭：

亨，利貞，取女吉。

「咸」為少年男女互慕之情，「亨者，嘉之會也」，利於固守正道，戀愛成熟後論及婚嫁，男的可以考慮娶女的為妻，應可美滿幸福。卦辭有「亨，利貞」，而不見「元」，與蒙卦卦辭同，感情用事往往蒙蔽理智。

〈彖〉曰：咸，感也。柔上而剛下，二氣感應以相與。止而悅，男下女，是以亨利貞，取女吉也。天地感而萬物化生，聖人感人心而天下和平。觀其所感，而天地萬物之情可見矣！

「咸」為無心自然之感，上卦兌為少女柔美，下卦艮為少男剛健。「山澤通氣」，初、四，

二、五，三、上爻皆相應與，完全天造地設，水乳交融。少男艮止於下，誠心專注追求少女，將她捧得高高的歡喜無比，兩情相悅，所以進一步婚配結合而獲吉。乾、坤開天闢地，陰陽之氣交感，而使萬物化生，聖人體悟天道人心，致力倡導推行和平大業。我們細心觀察天地萬物間的感應互動，便可見證情為何物。

乾卦〈彖傳〉末稱：「首出庶物，萬國咸寧。」坤卦〈彖傳〉中稱：「含弘光大，品物咸亨。」都提到咸卦名，「咸寧」、「咸亨」，此即「天地萬物之情可見」。天下人同此心，心同此理，皆厭戰而愛好和平，上經同人、大有二卦已深明其理。「天下和平」就是「萬國咸寧」，上下經為首的乾、咸兩卦，鄭重於〈彖傳〉中申明，天道人性一以貫之。

〈象〉曰：山上有澤，咸。君子以虛受人。

咸卦下卦艮山，上卦兌澤，「山上有澤」為天池之象。清幽遠離塵囂，湖面波平如鏡，反映天光雲影共徘徊。君子觀此「山澤通氣」之象，虛心承受他人的感情或意見，以砥礪自己進德修業。〈繫辭上傳〉第十章稱：「《易》无思也，无為也，寂然不動，感而遂通天下之故。非天下之至神，其孰能與於此？」又稱：「唯神也，故不疾而速，不行而至。」人心若清淨無染，感應可強大敏銳至不可思議的境界，易占的作用機制，亦在於是。

縱觀咸卦〈彖〉、〈象〉，言氣言心言情言虛，已經探討到許多重要的現象與觀念，這是進入下經人間世之後，所需面對的複雜幽微的人情人性。《莊子・人間世》記載，仲尼教顏回何謂「心齋」，稱：「若一志，無聽之以耳，而聽之以心；無聽之以心，而聽之以氣。聽止於耳，心止於符。氣也者，虛而待物者也。唯道集虛。虛者，心齋也。」心、氣、虛全談到了，君子以虛受人，便可承載真理大道。《老子》第十六章亦稱：「致虛極，守靜篤，萬物並作，吾以觀復。」虛心體悟，為做人做事重要的工夫。

占例

- 二○○四年三一九槍擊案後，全台人心動盪，選舉前夕，不少學生來電詢問，擔心結果翻盤。我在三二○凌晨一點半占問陳水扁是否連任？為不變的咸卦。「亨，利貞，取女吉。」苦肉計使民粹的感情發酵，真的可能讓他獲勝當選。前述大過卦三爻變占例中，年前問綠營勝算為「遇大過之大有」，初六「藉用白茅，无咎」，追問意指為何時，即得出咸卦。「白茅」就是兩顆子彈，「大過之時大矣哉！」在關鍵時刻扭轉了戰局。
- 一九九四年十一月底，我占問當時台北市長選情勝負，陳水扁也是不變的咸卦，「亨，利貞，取女吉。」擊敗趙少康和黃大洲而當選。
- 二○○○年六月上旬，我們學會尚未正式成立，春、秋兩季的研習活動已成慣例，當時是在關西馬武督統一企業的度假園區，討論主題為「交卦」。一卦上下卦對調，稱為交卦，如地山謙（䷎）與山地剝（䷖）、雷地豫（䷏）與地雷復（䷗）即是。行前我以易占測問：交卦的意義與價值為何？得出不變的咸卦。「咸」為感，「二氣感應以相與」，「君子以虛受人」，觀其所感，能通天地萬物之情。交卦上下對調，朝野易位，內外轉換，合乎此義。

●一九九七年九月初，我占問《歸藏易》的價值定位？為不變的咸卦。「亨，利貞，取女吉」，「君子以虛受人」。《歸藏易》據説為殷商的《易經》，以坤卦為首，又稱《坤乾》，孔子當年到宋國時還看到過，以後確定失傳了。《歸藏》既以坤卦為首，特重順勢包容、厚德載物的精神，女性的感受力強，正與咸卦相通。

●二〇〇九年十月上旬，我為即將舉行的學會秋研營寫了篇論文：〈由頤觀復，養生有主——大易養生術初探〉。文成占問言之可有物否？為不變的咸卦。咸為下經論人事之首，探討到心、情、氣、虛、感應等重要現象，「天地感而萬物化生，聖人感人心而天下和平。觀其所感，而天地萬物之情可見矣！」該篇的確紮實有據，易理貫通，自己也相當滿意。

●二〇〇九年十一月底，我讀《論語・為政篇》孔子自述學行歷程：「吾十有五而志於學，三十而立，四十而不惑，五十而知天命，六十而耳順，七十而從心所欲不踰矩。」心想老夫子七十三歲過世，若他活過八十、九十，還會精進到什麼境界呢？然後又想起毓老師已逾百歲高齡，約九十後，將「天德黌舍」改為「奉元學會」，依中國哲人每十年換個字號，以示修為又有新境的作法，他「一百而……」會是什麼用詞呢？占得不變的咸卦。「天地感而萬物化生，聖人感人心而天下和平」，老師已至和諧感通的極境，「无思无為，寂然不動，感而遂通天下之故」。那麼，稱「一百而感通天下之故」好嗎？

●二〇一一年七月三日，為毓老師仙逝百日紀念會，我上午及前一天陪兒子考大學，午前離開考場，他媽媽繼續陪著考完。前一天數學沒考好，其他皆佳，我占首日戰績為蒙卦九二爻動，「包蒙吉，納婦吉，子克家」，應該不錯。當日再算他兩天總考績如何？為不變的咸卦。「亨，利貞，取女吉」，還是OK。八月放榜，考上政治大學會計系。

䷞ 初六：咸其拇。

〈小象傳〉曰：咸其拇，志在外也。

咸卦六爻全以人的身體取象，與艮卦為六十四卦中唯二的肉身卦，兩卦的關係極為密切。簡單來說，咸卦六爻講人身體各部位的自然感應，更重上兌下艮、少年男女間的親密互動，這種情愛關係固然甜美，執迷過甚，也可能帶來無限痛苦，難以消受。咸為全經第三十一卦，艮為第五十二卦，經歷了二十一個卦的離合悲歡，情傷至極，決心採取艮卦止欲修行的方式，以擺脫痛苦。艮卦六爻幾乎針對咸卦六爻立論，下盡克制功夫。兩卦合參，妙義無窮，對中醫治療及養生，都有寶貴啟示。〈繫辭下傳〉第二章稱：「近取諸身，遠取諸物，于是始作八卦，以通神明之德，以類萬物之情。」陰陽爻即從男根、女陰取象，咸、艮二卦，更是了解人體身心奧秘的寶庫，值得有心人努力開發。

咸卦初六從人腳趾取象，而且細膩到大拇趾，表示五個腳趾感應各個不同。大拇趾帶頭感於機先，所謂「春江水暖鴨先知」，先知覺後知，先覺覺後覺，啟動了一個嶄新的境遇，本爻動，恰值宜變成革卦（䷰）。下經人間世從此開始，革故鼎新，創造不息。噬嗑卦初九「屨校滅趾」、賁卦初九「賁其趾」、大壯卦初九「壯于趾」、夬卦初九「壯于前趾」、艮卦初六「艮其趾」，皆從腳趾取象；坤卦初六「履霜」、離卦初九「履錯然」，則以足底取象；咸卦初六「咸其拇」，談得最細緻深透。「志在外」，講的是初六和外卦的九四相應與，九四「憧憧往來」為心動，初六「咸其拇」為行動，由心動而引發行動。

占例

●二〇〇一年四月上旬，我問：清末戊戌變法時，譚嗣同何以要犧牲，其究竟意義為何？為咸卦初九爻變，成革卦。革命必須流血，流血從譚某人起始，藉此感動天下人心，大拇趾一動，其他腳趾都會跟進啊！

「慷慨赴死易，從容就義難」。歷史上像文天祥、譚嗣同、林覺民等人的作為，確實人所難能，可歌可泣。

●二〇一二年七月二十日，美國丹佛市的午夜場電影院發生瘋狂殺人事件，《蝙蝠俠》首映的片裡片外，槍林彈雨，似幻似真。學醫的準博士宅男犯下滔天大罪，時隔挪威奧斯陸濫殺無辜案，剛好一年。當時我即深感憂慮，占往後三至五年的世景，為同人之否，已於同人卦二爻變占例中說明，預言成真。這回慘案再發，我問是否又是警訊？為咸卦初六爻變，成革卦。「咸其拇」，內卦艮的少男情緒一動，魯莽行事，天地為之變色。大拇趾動了，其他腳趾一定會跟進，這是最可怕的示範效應啊！將來這種事還會層出不窮，這種劫數怎麼得了？《黃帝陰符經》稱：「天發殺機，移星易宿；地發殺機，龍蛇起陸；人發殺機，天地反覆；天人合發，萬化定基。」驚悚末世的天災人禍頻仍，讓人凜凜生畏。

八月五日，美國威斯康辛州橡樹溪市又發生濫殺案，白人槍手在錫克教神殿射殺聚會的信徒，腳趾跟著躁動了！時隔半月而已，真是「履霜，堅冰至」啊！八月十三日，德州大學城無業宅男射殺房東及警官後被擊斃；八月二十四日，紐約帝國大廈失業男槍殺老闆後，濫射行人，亦被警察擊斃，成了可怕的連鎖反應。

䷞

六二：咸其腓，凶，居吉。

〈小象傳〉曰：雖凶居吉，順不害也。

六二中正，和九五之君相應與，九三乘於其上，構成牽扯與干擾，似人際複雜的感情互動，雖然受感，不宜輕舉妄動而招凶。「腓」為小腿肚，須隨大腿行動，本身不能自主。九三「咸其股」，正是大腿的位置，牽制住六二，不能隨心所欲上應九五，躁動則凶，安居則吉，六二順從九三，則不遭禍害。本爻變，為大過卦（䷛），因情色追求，負荷過度而致崩潰，確需敬慎以待。

占例

●二〇〇六年十一月下旬，我們的周易學會進入第六個年頭，我問策運如何？為咸卦六二爻動，有大過之象。「咸其腓，凶，居吉」，「順不害也」。當年八月十四日，原執行長徐崇智不幸心臟病發往生，找老學生邱雲斌接任，一年內理監事會須改選，我幹了兩屆的理事長也得卸任，一切以穩住陣腳為主，不宜輕動。二〇〇七年八月，辦了一次晉豫行，組團赴河南安陽，參加兩岸易學研討會，再去山西太原、五臺山、大同等地遊覽。十一月中，在高雄辦秋季研習營，討論《易經》與《尚書》思想的關係，並順利改選理監事，謹小慎微，都還無礙。

䷞

九三：咸其股，執其隨，往吝。

〈小象傳〉曰：咸其股，亦不處也；志在隨人，所執下也。

九三過剛不中，和上六相應與，兩爻剛好是下卦少男與上卦少女的主爻之位，「山澤通氣」，彼此深受吸引，熱情奔放，難以抑制。「股」是大腿，為相當敏感處，「咸其股」，表示心癢難熬，急欲與對象成就好事。〈小象傳〉稱「亦不處」，繼六二「咸其腓」之後，也止不住想往前衝。「志在隨人」，九三很想追隨上六，但六二緊跟其下，甩也甩不脫，帶著包袱前往，恐怕發展有限。「執其隨」、「所執下」，說的正是九三被六二拖住，非自由身，故稱「往吝」。九三爻變為萃卦（䷬），精英相聚，至所渴盼，所以似飛蛾撲火，雖吝亦往。

占例

●一九九六年十二月上旬，我應社會大學基金會之邀，作二十一世紀諸大問題的百年預測，其中有關能源危機的前景，為咸卦九三爻動，有萃卦之象。石油經萃取而來，為人類長期使用的主要能源，開發過度也消耗過速，有竭澤而漁的危險，且會製造生態污染，導致國際戰爭，實非長久之策。「咸其股，執其隨，往吝。」為了填滿上兌卦無窮之慾望，不得不拚命開採，包袱沉重，路子愈來愈窄。舊能源如此，新能源的前景也不看好，取代石油這不祥之物，並不容易。

●一九九七年十月中旬，社會大學邀講的主題更誇張——「往未來試看一千年」，能源問題的突破為剝卦（䷖）上九爻動，恰值宜變成坤卦（䷁）。「碩果不食，君子得輿，小人剝廬。」剝極而復，新能源能否突破，端視往後人類集體的修行而定，走對了就絕處逢生，走錯了即入窮途啊！

●一九九六年五月中旬，我與社會大學的《易經》班學生聚晤，在茶坊中現場演占，大家想問五二〇李登輝連任後的兩岸關係如何？得出咸卦九三爻動，有萃卦之象。「咸其股，執其隨，往吝。」兩岸交感互動，同心同理，都想天下和平，上卦兌代表大陸，有意對口談判，下卦艮代表台灣，止之於內，行動猶疑。九三即便想回應，受制於國內本土勢力，也有顧忌。這確實說明了往後幾年的兩岸態勢，九二共識被擱置，千島湖、康乃爾事件後，漸行漸遠，還發生導彈危機、兩國論風波等等，嚴重影響彼此應有的互動。

●二〇一〇年九月下旬，我剛從德國慕尼黑授《易》返台，在慕城道場聽到《金剛經》的錄音光碟，感覺很好，為馬來西亞華裔女歌手黃慧音所唱，稱為「天女之聲」。在台買了連《心經》在內的幾片光碟送人，給學生講佛經，也播放做背景音樂。占問其唱誦音效，為咸卦九三爻動，有萃卦之象。「亨，利貞，取女吉。」「天地感而萬物化生，聖人感人心而天下和平，觀其所感，而天地萬物之情可見矣！」卦、〈彖〉、〈象〉的意境極美，九三爻辭則若有所憾焉。無論如何，遇咸之萃，黃慧音的誦唱有其特色，吸引人一聽再聽。

䷞

九四：貞吉，悔亡。憧憧往來，朋從爾思。

〈小象傳〉曰：貞吉悔亡，未感害也；憧憧往來，未光大也。

九四陽居陰位不正，初六陰居陽位亦不正，彼此相應與，情投意合，因九四夾處於上下兩陽爻之間，不得相聚，遂有寤寐思念、輾轉反側之象。「憧」為童心，對世界充滿不切實際的想像，而且變換不定，未必會貫徹原先的想法。「朋」為陰陽和合，指異性相吸的初六，陽主陰從，九四怦怦心動為主，初六腳癢行動為從，故稱「憧憧往來，朋從爾思」。兩爻均不正而相應與，交感熱烈，卻未必有好結果，反而可能受到感情的傷害，故稱「貞吉悔亡，未感害也；憧憧往來，未光大也」爻辭強調「貞」字，要求起心動念須合乎正道，此與无妄卦卦旨相同：「其匪正有眚，不利有攸往。」為免將來之悔，眼下勿輕舉妄動。

咸卦六爻中爻辭多稱卦名，「咸其拇、腓、股、脢、輔頰舌」等，都指出受感的身體部位，獨九四爻辭中不稱「咸」，此為何故？因為「憧憧」、「爾思」為心之感，心無形無象，其實亦無定在而無所不在。《楞嚴經》七處徵心，了不可得；〈繫辭上傳〉第四章稱：「神无方而易无體。」第五章：「陰陽不測之謂神。」

九四爻變為蹇卦（䷦），寸步難行，單單空想不足以成事。九四心動，帶動初六「咸其拇」的行動，兩爻齊變，則有既濟卦（䷾）之象，知行合一，才能成功搞定。然而既濟卦辭稱：「亨小利貞，初吉終亂。」其後又是未濟卦，成果難以長保，而且規模並不開闊，故〈小象傳〉又提醒「未感害」、「未光大」。所謂開闊氣象，當如坤卦〈彖傳〉：「含弘光大，品物咸亨。」具體表現在六三爻辭：「含章可貞，或從王事，无成有終。」〈小象傳〉稱：「以時發也，知光大也。」很大傷害。

咸卦六二〈小象傳〉稱「順不害」，九四稱「未感害」，可見人皆有情，感之不當，卻會帶來

〈繫辭下傳〉第五章有大段文字論述此爻：「《易》曰：『憧憧往來，朋從爾思。』子曰：『天下何思何慮？天下同歸而殊途，一致而百慮。天下何思何慮？日往則月來，月往則日來，日月相推而明生焉。寒往則暑來，暑往則寒來，寒暑相推而歲成焉。往者屈也，來者信也，屈信相感而利生焉。尺蠖之屈，以求信也；龍蛇之蟄，以存身也；精義入神，以致用也；利用安身，以崇德也。過此以往，未之或知也；窮神之化，德之盛也』。」孔子由人心的思慮出發，藉題發揮談了很多大道理。先秦思想百家爭鳴，各具特色，夫子提出殊途同歸、一致百慮的主張，確有海納百川的氣魄。

《史記・太史公自序》引用這段，以評述六家要旨：「天下一致而百慮，同歸而殊途。夫陰陽、儒、墨、名、法、道德，此務為治者也，直所從言之異路，有省不省耳。」先秦學術崇尚政治實踐，提出想法，必繼之以做法，「憧憧往來」成蹇，配上「咸其拇」，才得既濟。《中庸》亦稱述孔子之道：「仲尼祖述堯舜，憲章文武，上律天時，下襲水土。譬如天地之無不持載，無不覆幬；譬如四時之錯行，如日月之代明。萬物並育而不相害，道並行而不相悖，小德川流，大德敦化，此天地之所以為大也。」與上段〈繫辭傳〉夫子所稱，大可相互發明印證。

總括來說，〈繫辭傳〉這段長文，教人法自然，正思維，重實踐，後世經世致用的思想，亦應受此啟發。咸卦九四既談人心所感，當如〈彖傳〉所稱：「天地感而萬物化生，聖人感人心而天下和平。」各種思想主張當互相尊重，和平共存，何必黨同伐異太甚？

●二〇〇〇年十一月中旬，我問兩岸問題十年內可否解決？為咸卦九四爻動，有蹇卦之象。「憧憧往來，朋從爾思」，人心所感都期望和平，實際發展卻蹇困難行，「未感害」，「未光大」，應該無法在短期內搞定。後勢演變確實如此，陳水扁的八年不用說，馬英九上台，初期能做的也相當有限。

●二〇一一年十一月下旬，我占問：人在夢境中為何動作遲滯，想做什麼，手腳總不俐落？得出咸卦九四爻動，有蹇卦之象。「憧憧往來，朋從爾思」，正是日有所思，夜有所夢，浮想聯翩，卻蹇困難行，占象何其明確？

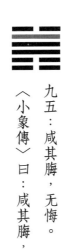

九五：咸其脢，无悔。

〈小象傳〉曰：咸其脢，志末也。

九五中正居全卦君位，下和六二中正相應與，本屬絕配，干擾甚多不得結合。一則九三上乘六二，再則上六乘於九五之上，也是慾望蒙蔽理智之象。這麼複雜的感情互動關係，身為最高領導，必須冷靜以對。「咸其脢」的「脢」，為人體背部夾脊之處的肌肉，多處筋脈相連，為萬感交集的主控中樞，感應力量強大。人君位當輻輳，日理萬機，為組織決策中心，亦復如是。正因發號施令影響巨大，不得隨意宣洩感情，以免傷人害己。九五居九四、上六兩爻的心口之間，心中所感所想，口中未必宣言，深藏不露，以任大事。「志末」之「末」，指上六兌口的位置，愛說愛現，九五「志末」，可見領導強自節控，才能不失言，不露情。

「脢」字的偏旁為「每」，依《說文解字》解釋，為「草盛上出」之意，表示物事很多，非僅一端，必須全盤做整體考量。海、毓、晦、悔、敏、誨、侮等字，皆以「每」為偏旁，亦和「咸其脢」的意蘊相通：人君深沉似海，難測機深，對民眾有養育教誨之責，不宜輕舉妄動以致侮或招悔，雖然對周遭形勢變動極度敏感，仍韜光養晦。九五爻動，恰值宜變成小過卦（䷽），其卦辭稱：「可小事不可大事……不宜上宜下，大吉。」為了大局著想，必須謹小慎微。

咸卦九四「貞吉悔亡」，本應有悔，治心得當而使悔恨消亡。九五「无悔」，修為更高一層，哀樂不入，根本不會有悔。由「悔亡」至「无悔」的精進功夫，易卦中多見，如大壯卦九四、六五，渙卦九二、六三，未濟卦九四、六五等皆是。

咸卦九五、六二情投意合，若克服干擾障礙，得成眷屬。兩爻齊變為恒卦（䷟），正為此義。

占例

● 一九九七年十二月中旬，我以反敗為勝為題，占了一連串的卦例，其中有問中國如何反敗為勝？為咸卦九五爻動，有小過之象。咸卦「感人心而天下和平」，又懂得虛心接受別人的長處，領導人「咸其脢，无悔」，冷靜判斷世界形勢，做出最合乎中國整體利益的決策，切勿感情用事。小過謹小慎微，低調處理國際關係，假以時日當可大吉。

● 二〇〇五年十一月中旬，我問「身體易」的研究場域可有前景？包括中醫養生、武術健身等都在內。得出咸卦九五爻動，有小過之象。咸為肉身卦，涉及心、氣、情、虛等機制的深入探討，意蘊非常豐富。九五居君位，「咸其脢，无悔」，提綱挈領進行全面的研究，必有許多寶貴的發現。

●二〇一二年元月底，奉元學會的同仁在台北的民族國中舉行春節團拜，師兄弟姐妹們親切問候致意，也討論了不少會務發展之事。我心念暗動，問毓老師英靈有至否？為咸卦九五爻變，成小過卦。「咸其脢，无悔。」「咸」為感應之主，不疾而速，不行而至，「感而遂通天下之故」。小過為兌宮遊魂卦，〈大象傳〉稱「喪過乎哀」。「遇咸之小過」，老師至矣！

●二〇一二年三月中旬，我占問〈繫辭傳〉中許多「知」字的真意為何？得出咸卦九五爻變成小過卦。「咸其脢，无悔。」「咸」為人人與生俱來的感知，九五君位為主宰，一切情意、知識、智慧由此而生，實即孟子所謂的良知。《大學》所稱格物致知，「致知在格物」的「知」，亦指良知而言，前兩年學生占問格致之義，即得咸卦九五爻變。〈繫辭傳〉首章明義，「乾知大始」、「乾以易知」，第四章稱「知周萬物而道濟天下」，依此體悟才得正解。

上六：咸其輔、頰、舌。

〈小象傳〉曰：咸其輔頰舌，滕口說也。

上六居咸卦之末，當外兌開口處，徒逞口舌之快，未必真心持久，爻變為遯卦，逃避不負責任。上六和九三相應與，又乘於九五之上，用情不專，惹出很多麻煩。上六、九三齊變，成否卦，九三且值宜變成萃卦，姻緣相聚難長久，終至成空。

占例

●一九九二年六月下旬，我還在出版公司鏖戰，關係企業兒童教室的負責人想搞連鎖書店，我占其構想如何？為咸卦上六爻動，有遯卦之象。「咸其輔頰舌，滕口說也」，不如打消企劃，定不可行。她還不死心，再問又得无妄卦（䷘）上九爻動，「行有眚，无攸利，窮之災也。」本業已經焦頭爛額，負債累累，還妄想擴充，不亡何待？遂悻悻作罷。

●一九九八年初，我占算《孫子兵法．謀攻篇》的價值，為咸卦上六爻動，有遯卦之象。「咸其輔頰舌，滕口說也。」君子動口不動手，靠三寸不爛之舌，就能讓敵人退兵。「遯」為退，「遇咸之遯」，「上兵伐謀，不戰而屈人之兵」，確實是「善之善者也」。咸卦〈彖傳〉稱：「聖人感人心而天下和平。」〈謀攻篇〉的主旨不貴攻伐，崇尚和平解決國際紛爭，見解相通。話說回來，謀和不易，談兵而主和，未免高調之嫌，連孫武當年隨伍子胥伐楚一樣多所殺傷，兵聖本身都做不到啊！

多爻變占例之探討

咸卦卦、彖、象及六爻闡析已畢，往下進入二爻變以上的占例探討。

二爻變占例

占事遇卦中任意二爻動，若其中一爻值宜變，以該爻辭為主、另一爻辭為輔論斷吉凶。若皆不值宜變，以本卦卦象卦辭為主，參考二爻齊變所成之卦的卦象卦辭。

●二〇一〇年九月上旬，五都大選競爭激烈，我問台北市長郝龍斌可連任否？為咸卦二、五爻動，有恒卦之象。六二、九五中正相應與，配合甚佳，九五君位動，恒卦長久穩定，應該可以順利連任。再問對手蘇貞昌的勝算如何？為觀卦上九爻動，恰值宜變成比卦。「觀其生，志未平也」，居過氣大老之位，較量落敗，壯志難酬。十一月底選舉揭曉，郝勝蘇負。

●二〇〇四年十月下旬，美國總統大選即將舉行，我問小布希連任的勝算，為咸卦三、五爻動，齊變有豫卦（䷏）之象。咸「亨，利貞，取女吉」，豫「利建侯行師」，「遇咸之豫」，且九五君位動，應有不低勝算。再占對手凱瑞的勝算，為艮卦（䷳）上九爻變，成謙卦（䷎）。艮為止欲修行，上九翻越重重阻礙，終於登峰造極，和平善終，本屬吉象，競爭總統大位卻有謙讓之意。果然，小布希勝選連任，給美國及世界經濟帶來了噩運。

●二〇〇四年四月初，三一九槍擊案發生不久，陳水扁險勝連任，台灣對峙氣氛嚴重。我認真考慮移居大陸的可能，初步評估選江南如杭州一帶合宜否？為咸卦三、上爻動，九三值宜變成萃卦，齊變則有否卦（䷋）之象。九三「咸其股，執其隨，往吝」。雖然動心欲往，在台家庭妻小與教業隨身，哪能說走就走？上六「咸其輔頰舌，滕口說也」，真的只是講講罷了！「遇咸之否」，註定行不通。

●二〇〇九年三月下旬，我受邀赴廈門作大學演講前的熱身演練，在旅次中看張愛玲自傳式的小說《小團圓》，敘述她年輕時與胡蘭成的婚姻戀情。兩人都是文學大家，胡更有一段具爭議性的政治經歷，他們的愛情故事自然引起關注。我問：張對胡最後的評價為何？得出咸卦三、上爻動，九三值宜變成萃卦，齊變則有否卦之象。內卦九三為張，「咸其股，執其隨，往吝」，深受吸引追隨前往；外卦上六為胡，「咸其輔頰舌，滕口說也」，花心巧語不負責任。精英萃聚，畢竟成空，「否之匪人」，老死不相往來，張對胡已徹底絕望。

●二○○四年四月中旬，三一九槍擊案餘波盪漾，台灣社會遭此劫難，我問自己走上教學研先聖經典的路，往後與孔子大道的因緣如何？得出咸卦初、四爻動，齊變有既濟（䷾）之象。「聖人感人心而天下和平」，「君子以虛受人」，九四「貞吉，悔亡」，夫子大道「一致而百慮，殊途而同歸，天下何思何慮？」初六既受感動，服膺實行即是。「咸其拇，志在外也。」知行合一，遇咸之既濟，不因困頓而挫吾心。「憧憧往來」，神生不定，可以休矣！

●二○○六年十一月下旬，我受邀在《聯合報》文化中心授《易》，首屆開班，教占時學生關心二○○八年三月大選，旁敲側擊問：選後台灣民眾的生活如何？大家共占出咸卦四、五爻動，齊變有謙卦之象。「聖人感人心而天下和平」，謙「亨，君子有終」，「遇咸之謙」，兩岸和平可以確保。民進黨政權時，兩岸關係挑弄得很緊張，大選後換新政府才可能紓緩。咸卦九五、九四分居君相高位，「无悔」、「貞吉，悔亡」，有新氣象。果然，一年半後，政黨再度輪替，國民黨成功贏回政權。

●二○一○年六月中旬，我們學會在台北近郊烏來辦春季研習營，主題為：「窮神知化德之盛——易經與佛經的對話」，我自己也寫了長篇論文：〈魔塵鑑與金剛心——六祖壇經的啟示〉。會中聽外邀專家演講時，占問何謂「無所住而生其心」？得出咸卦五、上爻動，有旅卦（䷷）之象。「咸」為人心自然之感，互動之情，感之不當易生執著，帶來傷害。上六「滕口說」，巧言無實，即應戒慎。九五「咸其脢」，沉穩冷靜才能「悔亡」。旅卦山上有火，萬事雲煙忽過，教人切勿留戀執著。遇咸之旅，受感而不繫於心，離相離念，當下解脫。

● 二〇〇五年九月中旬，富邦集團籌設「優視新聞資訊台」，向官方提出申請，問幾天後審核通過否？我們在課堂上占出咸卦三、四爻動，齊變有比卦（䷇）之象。咸九三「咸其股，執其隨，往吝」；九四「憧憧往來，未光大也」。三多凶，四多懼，似乎不會順利，果然被打回票。當時的閣揆謝長廷曾放話，反對金控公司介入媒體經營，想過關也難，富邦購物台、兒童台等倒是審核通過。

三爻變占例

占事遇卦中任意三爻動，以本卦為貞，三爻齊變所成之卦為悔，稱貞悔相爭，合參兩卦卦辭卦象以斷吉凶。若三爻其中一爻值宜變之位，為主變數，加重考量其爻辭在變局中的影響。

● 二〇〇三年十二月下旬，我推算二〇〇四年大陸經濟情勢，為咸卦二、四、五爻動，九五值宜變成小過卦，貞悔相爭成升卦。咸卦和平感通，「以虛受人」，大陸積極與國際接軌，發展經貿，遇咸之升，應可創造高度成長。咸卦九五居君位，冷靜作整體考量，以統領六二民間、九四官方的發展步調，謹小慎微不躁進。後來結算次年的經濟成長百分之九．三，確如占象所示，成績斐然。

● 二〇〇八年七月上旬，我占問佛祖的修行境界，得出咸卦初、四、五爻動，九五值宜變成小過卦，貞悔相爭成明夷卦（䷣）。咸為人世第一卦，修佛修道還是從人皆有情出發，虛心攝受宇宙人生的大道理。「天地感而萬物化生，聖人感人心而天下和平。觀其所感，而天地萬物之情可見矣！」九四「憧憧往來」之心，能正念調伏，「貞吉，悔亡」；初六「咸其拇」，知行合一，濟渡眾生至彼岸。九五「咸其脢，无悔」，修至最崇高的君位，「不疾而速，不行而至，无思无為，寂然不動，感而遂通天下之故。」《金剛經》稱：「爾所國土中，所有眾生，若干種心，如來悉知。」明夷卦的〈大象傳〉稱：「君子以蒞眾，用晦而明。」藉著窺破宇宙人生種種業障假象，指引眾生得證真如。

●二〇一〇年九月下旬，我跟學生講《心經》，對「色、受、想、行、識」五蘊皆有占測，其中「行蘊」為咸卦二、五、上爻動，貞悔相爭成鼎卦（䷱）。「咸」為人心之感，思慮造作，念念不停；鼎卦「正位凝命」，去故取新。「遇咸之鼎」，意念發為言行。六二「咸其腓」、上六「咸其輔頰舌」，皆由九五「咸其脢」來主控。

●二〇一二年八月底，時值中元普渡，我在易佛班講《楞嚴經》，問當日可有「非人」入室聽法？為隨卦（䷐）上三爻全動，九五值宜變為震卦（䷲），貞悔相爭成頤卦（䷚）。隨為震宮歸魂卦，頤為巽宮遊魂卦，時值中元，「隨時之義大矣哉！」確有好兄弟前來聆聽佛法。當日講佛祖與阿難「七處徵心」，下課時我問在座的學生聽得懂嗎？為咸卦三、四、上爻動，貞悔相爭成觀卦（䷓）。咸卦感通，虛心承受；觀卦冷靜深入思維，遇咸之觀，有所領悟。

●二〇一〇年四月上旬，我準備將完稿多年、不斷修正的《易經繫辭傳詳解》付梓出書，占問合宜否？為咸卦三、五、上爻動，九五值宜變成小過卦，貞悔相爭成晉卦（䷢）。咸卦讀書有感，九三與上六相應，頗思發表與人分享，一吐為快；九五「咸其脢，无悔」，冷靜沉澱多年，而今時機成熟，可以出書了！晉卦如日東升，其〈大象傳〉稱：「君子以自昭明德。」完成這本書的寫作，自己確實進益甚大，日新又新。

● 二〇〇七年中，學生問她一位好友罹患癌症的病情，她占得咸卦二、三、四爻動，貞悔相爭成坎卦，問我如何判斷？「遇咸之坎」，感染癌症甚深，「咸其腓」、「咸其股」，已至咸其心，擴散連成一片，相當危險。醫生也不看好，長期接受放射線及化學治療，痛苦不堪。患者也是女性，跟咸卦「取女吉」有關？拖了數年後，患者去世。

● 二〇一四年八月上旬，我到內蒙旅遊，登阿爾山天池，為火山湖地形，比長白山天池、天山天池都小，海拔也較低，空氣清新，景色宜人。我問當處氣場，為咸卦三、四、五爻動，九四值宜變為蹇卦（䷦），貞悔相爭成坤卦（䷁）。咸卦山上有澤，就是天池之象，半畝方塘一鑑開，天光雲影共徘徊啊！

四爻變占例

占事遇卦中任意四爻動，以四爻齊變所成之卦的卦辭卦象為主判斷，若其中一爻值宜變，稍加重考量其爻辭的影響。

● 二〇一一年二月下旬，毓老師本約定要去我們學會看看，結果當天一早身體違和，又臨時取消。我心中覺得不祥，占問後續發展？為咸卦三、四、五、上爻動，上六值宜變成遯卦，四爻齊變成剝卦（䷖）。「遇咸之剝」，「不利有攸往」，這段感應互動可能被迫止歇。「咸其輔頰舌」，有心說無力完成，遯退之象令人不安。三月六日我還去晉見老師，體氣更衰；三月二十日清晨，老師溘然仙逝，卦象不幸而言中。

●二〇〇九年七月中，我問「以《易》通佛」的研究途徑可行否？為咸卦二、四、五、上爻動，四爻齊變成蠱卦（䷑）。「咸」為領受感通，「君子以虛受人」；「蠱」為不失批判精神的繼往開來，得其要旨，還需創造生新。「遇咸之蠱」，解的真好！

●二〇一六年八月底，我受邀至曲阜尼山書院參加全中國山長會議，發表專題演講：「返本開新——略談當代書院籌運之道」。當處風景形勝，酒店住處皆獨門院落，還有極巍峨高大的孔子塑像，晚上還安排了明代朱載堉「六小舞」首演，由中國音樂學院雅樂團演出，安靜從容。會議結束後，我到濟南訪友，談世談心。總結此行成果，為咸卦初、三、四、五爻動，齊變成復卦（䷗）。咸卦「觀其所感，而天地萬物之情可見」，復卦「見天地之心」，由情見心，愜意極矣！

32. 雷風恒（䷟）

恒卦為下經第二卦，全經第三十二卦，恰為六十四卦居中的位序，有中道穩定之義。〈雜卦傳〉：「咸，速也，恒，久也。」咸、恒二卦的排序沒變，還是在第三十一、三十二卦。「乾剛坤柔」，乾坤的次序也沒變，可見這四卦為天人變化的基礎與開端。

〈序卦傳〉稱：「恒者，久也。物不可以久居其所，故受之以遯。遯者，退也。」任何物事都不可能永遠待在一處不動，時間到了都得離開，恒卦之後為遯卦，「遯」是退的意思。工作久了要退休，任期到了得卸任，大限到了須離世，可謂天經地義，不容戀棧或置疑。乾卦〈文言傳〉稱：「亢之為言也，知進而不知退，知存而不知亡，知得而不知喪。其唯聖人乎！知進退存亡而不失其正者，其唯聖人乎！」遯卦就是教人知所進退，勿蹈亢龍之悔。乾卦初九「潛龍勿用」，稱「遯世无悶」；大過卦天翻地覆，稱「獨立不懼，遯世无悶」，遯的智慧與修為非常重要。

「咸」為無心之感，少男少女青春之戀，孟子稱為「慕少艾」，人皆有之，自然而然。「恒」則有心經營，上震下巽，長男長女夫唱婦隨，白頭偕老可不容易。恒之後為遯，就表示咸的熱情經久會消退，這是人生必須面對的事實。台灣曾流行一首〈凡人歌〉，其詞曰：「你我皆凡人，生在人世間；終日奔波苦，一刻不得閒……多少男子漢，一怒為紅顏；多少同林鳥，已成分飛燕；人生何其短，何必苦苦戀？」由咸至恒，由恒而遯，人情真是難堪。

「恆」字拆解，為「亙古心」，似有海枯石爛皆不變心之意，一般來說太難。《易經》古本上的「亘」字，「亘」下少一横，取「一日心」之意，人人努力皆可做到，涵蘊甚深，值得注意。一日晝夜交替，一陰一陽之謂道，已具剎那永恆之義。一年十二月、一日十二時辰，子、丑、寅、卯、辰、巳、午、未、申、酉、戌、亥，週轉不息，我們認真過好每一天，比空想長久如何，要務實而重要的多！禪宗說當下即是，日日是好日；《大學》講：「苟日新，日日新，又日新。」孔子在《論語》中的提示尤其親切，〈里仁篇〉稱：「有能一日用其力於仁矣乎？我未見力不足者。」顏淵問仁，〈顏淵篇〉記子曰：「克己復禮為仁。一日克己復禮，天下歸仁焉！為仁由己，而由人乎哉？」

「一日心」為「恒」，並非古代皇權下的避諱，漢文帝叫劉恆，《易經》為群經之首，萬世尊崇，不受影響。老子喜談「玄」，觸康熙玄燁之諱，清後的傳本將「玄」改稱「元」；唐太宗李世民有「世」字，連觀世音菩薩都簡稱觀音。《易》中兩個特殊字，一為「恒」，一為无妄之「无」，都有造字上的深意，不可輕忽。

〈繫辭下傳〉第七章稱憂患九卦，除上經提過的履、謙、復外，下經的恒卦居第四。「恒，德之固也……恒，雜而不厭……恒以一德。」恒德固守正道，持久不變，一心一德，貫徹到底，處於任何擾雜的環境下，都專心致志，不起厭倦脫離之心，這是亂世很重要的修為。「一德」之「一」，為整全不可分割義，所謂「一致而百慮、殊途而同歸」，咸卦九四「憧憧往來」，以此治心，「恒以一德」，再復強調。《尚書》有一篇名〈咸有一德〉，人人皆有純一無雜染的真心，後天修行得保無虧。

恒卦卦辭：

亨，无咎，利貞。利有攸往。

恒卦卦辭較咸卦多幾字，人能持之以恆，努力不懈，可獲亨通。〈繫辭上傳〉第三章稱：「无咎者，善補過也。」長期奮鬥的過程中會犯錯，只要偏離中道不遠，立刻改正就沒事兒。永遠固守正確的大方向前進，必然產生效益。

〈彖〉曰：恒，久也。剛上而柔下，雷風相與，巽而動。剛柔皆應，恒。恒亨，无咎，利貞，久于其道也。天地之道，恒久而不已也。利有攸往，終則有始也。日月得天而能久照，四時變化而能久成，聖人久于其道而天下化成。觀其所恒，而天地萬物之情可見矣！

恒卦〈彖傳〉多達九十一字，為六十四卦最長的一篇〈彖〉文。上卦震剛主動，下卦巽柔深入，長男長女密切配合，各爻皆相應與，人下工夫深入研究，行動起來必然積極有效。十年磨一劍，鐵杵可成針。開天闢地以來，日月星辰終而復始地運轉不息，地球上春夏秋冬季節輪替，聖人長久弘揚正道，而使「天下化成」。除了咸卦之外，日久見人心，「觀其所恒」，可以見證「天地萬物之情」。咸、恒二卦的〈彖傳〉，皆從天地談到聖人，而以觀「情」作結，韻味十足。

賁卦〈彖傳〉稱：「觀乎人文，以化成天下。」離卦〈彖傳〉稱：「重明以麗乎正，乃化成天下。」而此處恒卦〈彖傳〉稱：「聖人久于其道而天下化成。」「化成天下」與「天下化成」有何不同？前者為教化的過程，後者是成果。《大學》講修齊治平之道，「平天下」為過程，「天下平」就是成果了，與此義相通。

〈象〉曰：雷風、恒。君子以立不易方。

恒卦〈大象傳〉稱「雷風，恒」，不稱誰上誰下，有平等義。男女平等，夫妻和合，不分彼此。雷風動盪的情勢下，君子堅定立場，處世之方絕不動搖。易以變易、不易、簡易立教，所謂「不易」，即恆常之道。《帛書易傳》不稱太極，而稱「易有大恒」，值得玩味。

占例

● 二〇一〇年八月中旬，台灣五都大選將近，高雄縣長楊秋興未獲民進黨提名，宣佈脫黨競選大高雄都市長，與原市長陳菊較量。台南市長許添財似乎亦有跟進之意，跟賴清德拼場，我在高雄班上占測，為不變的恒卦。「君子以立不易方」，應該不會動。果然未動，而楊秋興競選亦告失敗，台灣政治已成兩大黨的格局，沒有第三勢力的空間。

● 二〇一一年十一月上旬，有關次年初的大選勝負，我用旁敲側擊的方式占問：選後周美青是否還是第一夫人？為不變的恒卦。雷風動盪下，「君子以立不易方」，當然還是，長久穩定而不變。由此可推知馬英九應會順利連任，後勢果然。

- 二〇〇五年二月初，陳水扁已確定連任，但前一年三一九槍擊案的疑雲未消，不少人憤憤不平。我問真相有朝一日能大白否？為不變的恒卦，久遠以後仍有可能？人間仍有「不易」的常道與真理？
- 一九九六年三月上旬，我觀世變日亟，占問：滔滔亂世當何所適？為噬嗑卦（䷔）上九爻動，有震卦（䷲）之象。「何校滅耳，凶」，真是亂世景觀，當心業障殞身。再問如何持世存身？為不變的恒卦。固守正道，「立不易方」，「聖人久于其道而天下化成」。

䷟

初六：浚恒，貞凶，无攸利。

〈小象傳〉曰：浚恒之凶，始求深也。

初六當恒之初，為下巽深入之始，上和九四相應與，一開始就求長久穩定的關係，勢所不能。「貞者，事之幹也」，這麼做達不到目的，凶而無所利益。本爻動，恰值宜變成大壯卦，卦辭「利貞」，〈大象傳〉稱「非禮弗履」，〈雜卦傳〉稱「大壯則止」，皆不鼓勵輕舉妄動。河床久經泥沙淤塞，會影響通航與景觀，故須浚渫清除，以求長期使用。夫妻的婚後生活平淡，日久天長難免口角衝突，就得溝通溝通，沒多久又塞住了，也是「浚恒」之象。一般陌生人交淺言深，企圖不成；有深交後，還未必經得起歲月的摧磨考驗，人情長久真是難哪！

占例

● 二〇〇三年元旦，我作一年之計，謀食為恒卦初六爻動，恰值宜變成大壯卦。「浚恒，貞凶，无攸利」，「始求深也。」大壯「非禮弗履」，對剛建立的關係，不能期待太多，已有的關係，也不宜求之過甚。再問如何化解突破呢？為需卦（䷄）三、上爻動，齊變有中孚卦（䷼）之象。需為飲食之道，中孚為誠信，靠立信渡彼岸，滿足需求。九三「需于泥，致寇至」，顯然遭遇阻滯；上六「有不速之客三人來，敬之，終吉」，以誠信化敵為友，滿足需求，賓主盡歡。需卦初九「利用恒，无咎」，本以恒德涉大川；「遇需之中孚」，對症下藥，正好濟「浚恒」之失。

䷟

九二：悔亡。

〈小象傳〉曰：九二悔亡，能久中也。

九二陽居陰位，剛而能柔，處下卦巽入之中，和六五相應與，長久固守中道，而獲「悔亡」。本爻變為小過卦（䷽），短期內會有上下振盪出入，卻不偏離主軸的大方向。只要抓住長期的大趨勢，不必太在意短期的變動。《論語‧衛靈公篇》記子曰：「人無遠慮，必有近憂。」恒卦主旨要人看得遠，九二深得其要。

占例

● 二〇〇三年元旦，我做一年之計，問我與妻子的關係，為恒卦九二爻動，有小過之象。「悔亡，能久中也」。恒卦雷風相與，正是夫婦之象。小過卦辭稱：「亨利貞。可小事，不可大事，……不宜上。宜下，大吉。」長期相處總有小過，彼此體諒，善補過即可無咎。

●二〇一一年四月中旬，我問外星人是否訪問過地球？為恒卦九二爻動，有小過之象。恒為長久時間，小過有飛鳥之象，其卦辭稱：「可小事，不可大事，飛鳥遺之音，不宜上，宜下。」外星人久遠以前就來過地球，乘不明飛行物登陸，沒太干擾人類，卻留下些蛛絲馬跡，讓人懷想追尋。

䷟

九三：不恒其德，或承之羞，貞吝。

〈小象傳〉曰：不恒其德，无所容也。

九三過剛不中，處下巽卦低調深入之終，有躁煩不耐、急求表現之態。不能恆守其德行，勞而無功，可能要承受羞辱，天下之大，無處容身，這樣做路子會愈走愈窄。本爻變為解卦（䷧），長期累積的資源一旦瓦解，實在可惜。離卦九四「突如其來」的浩劫，〈小象傳〉也稱「无所容」，看來恒卦九三的結果非常糟。

《論語・子路篇》記子曰：「南人有言曰：『人而無恒，不可以作巫醫。』善夫！『不恒其德，或承之羞。』」子曰：「不占而已矣！」夫子是北方人，當時的南方文化發展程度較低，故而孟子痛批許行為「南蠻鴃舌之人」。即便如此，南方人也認為恒德很重要，沒有長久的薰習，連巫醫這種當時地位較低的職業都做不好。所謂「醫不三世，不服其藥」，任何專業都須深入研究才讓人信服。孔子引用恒卦九三爻辭，反面說明守恒的重要。人有恒德，長期依正道行事，也不必迷信占卜，若無操守，占再多卦也沒用！「有是德，方應是占」，「《易》為君子謀，不為小人謀」。

孔子晚年好《易》，記述其生平言行的《論語》中，卻只有兩處談到《易》，除這章外，就是〈述而篇〉所言：「加我數年，五十以學《易》，可以無大過矣！」大過一詞，應該也跟大過卦有關。《孟子》七篇全未言《易》，有幾處談到《春秋》；《論語》未言夫子作《春秋》，僅兩處言《易》。

占例

● 二〇〇三年八月中，我問：連宋若合，能否擊敗陳水扁而贏得二〇〇四年大選？為恒卦九三爻動，有解卦之象。「不恒其德，或承之羞，貞吝」，「无所容也」，時不我與，優勢不再，民進黨氣候已成，扳倒陳水扁不容易。一年半後，占象果然應驗。

● 二〇一一年十一月上旬，我占問次年大選後，蔡英文的處境如何？為恒卦九三爻動，有解卦之象。「不恒其德，或承之羞，貞吝」，「无所容也」，蔡任民進黨主席以來，選戰多勝，振興黨運有功，關鍵大選一役若敗，可能得承受羞辱，無所容身。雖然如此，倒也是解脫，不必再扛重任。兩個多月後，選舉揭曉，果然以近八十萬票之差敗選，辭去了黨主席一職。

● 二〇〇三年三月下旬，美國攻擊伊拉克戰事順利，應可獲勝無虞。我問其吉凶得失究竟如何？為恒卦九三爻動，有解卦之象。「不恒其德，或承之羞，貞吝」，「无所容也」，贏得戰爭卻未贏得和平，侵略的本質不為國際社會接受，雖勝猶負。後續的發展世所共見，易占的評斷完全正確。

九四：田无禽。

〈小象傳〉曰：久非其位，安得禽也？

九四陽居陰位不正，下應初六「浚恒」，根基尚淺難以作為，打獵沒有任何收獲。本爻變為升卦（䷭），居高位不稱職，待再久也沒用，不會有建樹。師卦六五稱「田有禽」，師出有名；恒卦九四「田无禽」，徒勞無功。

占例

● 二〇〇二年元旦，我做一年之計，台灣政局為恒卦九四爻動，有升卦之象。「田无禽」，「久非其位，安得禽也？」民進黨執政後，先用唐飛墊檔，穩住政局；繼用張俊雄、游錫堃組閣，政績皆乏善可陳。沒有稱職的行政首長，結果自然如此。

● 一九九二年二月中旬，我任職總經理的那家出版公司股爭不斷，人心浮動，老闆希望我跟大股東溝通談談，看看有無善解。我覺得沒甚麼用，占出來也是恒卦九四爻動，有升卦之象。「田无禽」，徒勞無功，遂作罷。

● 一九九九年元旦，我做一年之計，問當年與毓老師的機緣如何？為恒卦九四爻動，「田无禽」，沒有進一步的機會。事實亦然，再問如何突破？為不變的乾卦，「天行健，君子以自強不息」。此兩占已於乾卦占例中說明，真的是師傅領過門，修行在個人。

六五：恒其德，貞。婦人吉，夫子凶。
〈小象傳〉曰：婦人貞吉，從一而終也；夫子制義，從婦凶也。

六五居恒卦君位，下和九二相應與，都能長久守住恒德，堅持不動搖。當事者若為婦人，以柔事剛，「從一而終」獲吉；若為男子漢大丈夫，則嫌創發性不足，過度保守反致凶。本爻變為大過卦（䷛），動盪非常，與恒卦的常態穩定相反。大過卦九五爻變成恒卦，恒卦六五爻變成大過卦，常與非常、動盪與穩定，在最高領導人身上可達到諧衡。

「夫子制義」一句，意蘊甚深，可能與孔子作《春秋》有關。《春秋公羊傳》末有稱：「制《春秋》之義，以俟後聖。」《春秋》撥亂反正，立新王之法，有大不同於中國傳統者，繼往尚能開來，仁人志士當深切留意。

占例

● 一九九四年四月下旬，出版公司政爭詭譎，有人頻頻出招試探干擾，讓經營層不勝其擾。司馬昭之心，固然路人皆知，卻很不好應付，我問吉凶勝負？為恒卦六五爻動，有大過之象。成敗還是繫於君位，我只是假王，「龍戰于野」力有未逮，確實難鬥。遇恒之大過，也有穩定破壞之象，直覺不妙。後勢發展果然失控，註定了往後的顛覆敗亡。

上六：振恒，凶。

〈小象傳〉曰：振恒在上，大无功也。

上六為恒卦之終，下接遯卦，長期穩定已難維持，振動搖撼而獲凶。本爻變為鼎卦（䷱），本期享國久遠，終因動搖根本而遭覆滅。上六和九三相應與，都是「不恒其德」之意，兩爻齊變成未濟卦（䷿），大局顛覆，不能長保成功。「大无功」一詞，亦見於師卦六三，「師或輿尸，凶」，皆為紛擾致敗之意。

咸卦六爻為少男少女熱烈的互動，全從身體取象；恒卦六爻全無肉身意象，老夫老妻性趣衰退，只剩下些抽象枯燥的原則。恒卦之後為遯卦，由此亦可充分理解。恒卦不提肉身，也昭示身體不可能永恆存在，人生於此不必太過執著。

占例

● 一九九四年十月中旬，我已卸下出版公司經營之責，股爭並未了結。我問往後大局的吉凶，為恒卦上六爻動，有鼎卦之象。「振恒，凶」，「大无功也」。長期累積的資源耗盡，根基已經動搖，最後敗戰難以避免，這些占象後來完全應驗。

多爻變占例之探討

以上為恒卦卦、彖、象及六爻爻辭之理論分析，以及實例說明，往下再研究二爻變以上的變化情形。

占事遇卦中任意二爻動，若其中一爻值宜變，以該爻辭為主論斷吉凶；若皆不值宜變，以本卦卦辭卦象為主，亦參考二爻齊變所成之卦的卦辭卦象論斷。

● 一九九四年八月初，一位報界的友人約我談事，她與夫婿婚姻難諧，可能考慮離異。家務事當然只能聽聽，不容置喙，但還是幫忙算了一卦，為恒卦二、三爻動，有豫卦（䷏）之象。恒正是夫婦之道，九二「悔亡，能久中」，大致還好；九三「不恒其德，或承之羞，貞吝」，「无所容也」，往後發展恐怕不妙。豫卦有預期之意，得「思患豫防」才是。之後沒太久，兩人還是離異，未能繼續辛苦的姻緣路。

● 一九九七年元月上旬，我問連戰往後運勢，兩千年跨世紀大選能主浮沉否？為恒卦三、五爻動，九三值宜變成解卦，兩爻齊變，則為困卦之象。「遇恒之困」，不得其解。九三「不恒其德，或承之羞，貞吝」，「无所容也」；九五「恒其德，貞。婦人吉，夫子凶」。「不恒其德」，「貞吝」，「恒其德」，「貞」，「凶」，陷入兩難困境，怎麼做都不討好。連戰的仕途一路順遂，一九九六年大選又任備位領導人，兩千年一定是他代表執政黨參選，「不恒其德」，不能維持長久優勢，民意支持偏低。就算奮力突破，問鼎六五君位，「恒其德，貞」，又為夫子遭凶，太保守了，不能開創，難獲選民青睞。當時我們開玩笑說，「婦人吉，夫子凶」，那就讓連方瑀去選好了，代夫出征一定選上。二〇〇〇年三月下旬，選舉揭曉，連戰以第三名殿後大敗。

● 一九九四年八月中，我剛給李登輝上課兩週，他的某位親信邀我餐敘，當時此人的爭議性極大，我於赴約前占問吉凶？為恒卦初、三爻動，九三值宜變成解卦，齊變則為歸妹卦（䷵）。恒卦初六「浚恒，貞凶，無攸利」，交淺切勿言深；九三「不恒其德，或承之羞，貞吝」，彼此關係還未必久長，隨時可能結束。歸妹卦辭稱：「征凶，无攸利。」應酬應酬就好，甚麼過量的言行都不要有。當天吃完大餐還鬧肚子，在盥洗室吐光。教了一年多，因故暫停，之後與他也未再見面。二〇一一年四月中，我的《一次看懂四書》出繁體字版，時報出版公司舉辦新書發表會，他沉寂多年後居然出現會場，我們請他上台述往日因緣，見面還擁抱致意。「遇恒之歸妹」，真的一點也沒錯啊！

● 一九九四年八月中旬，出版公司爭權已畢，我想法改變，樂得清閒自在。韓姓副總編為提振士氣，建議我多發編輯獎金，我占得恒卦三、四爻動，有師卦（䷆）之象。九三「不恒其德，或承之羞，貞吝」。九四「田无禽」，徒勞無功，也難久長，不如不做，免生爭議。

● 二〇一六年十二月初，我在高雄與老學生及一些商界人物餐敘，大家談到台灣局勢不佳，頗有感喟。我即席自占蔡英文四年任期可能的政績，為恒卦三、四爻動，齊變有師卦之象。三多凶，「不恒其德，或承之羞，貞吝」，「无所容也」；四多懼，「田无禽」，「久非其位，安得禽也？」真是慘不忍睹，一場糊塗！

● 二〇一〇年四月底，學會內部人事紛擾，我一方面做調整處置，一方面藉佛經上課，也想點化一下興風作浪者。當時講到《六祖壇經》，五祖門下派系鬥爭，經文記述深刻入微，我著意闡析，期望她們受啟蒙反省。課後占問收效否？為恒卦初、四爻動，有泰卦（䷊）之象。初九「浚恒，貞凶，无攸利」，「始求深也」；九四「田无禽」，習氣已深，要求徹悟太困難，算是對牛彈琴了！再問班上其他人聽了何如呢？為蠱卦（䷑）二、四、上爻動，貞悔相爭成小過卦（䷽）。蠱卦針對積習改革，小過卦「可小事，不可大事」，「遇蠱之小過」，多少起些作用。蠱卦九二「幹母之蠱，不可貞」，急不得；六四「裕父之蠱，往見吝」，積習惰性深重；上九「不事王侯，高尚其事」，最終才有改造成功的可能。

●一九九四年五月中旬，我的一個學生老來找我，建議成立工作站，提供易占服務云云。他搞術數出身，坦白說習氣甚深，其時我剛在公司鬥爭中脫身，開始發心讀書，占其吉凶為恒卦二、上爻動，有旅卦（䷷）之象。旅卦全無立足根基，「遇恒之旅」，必不可為。貞我悔彼，內卦九二「悔亡，能久中」，我長期守正；外卦上六「振恒凶，大无功」，這學生心性不定，敗事有餘。占象與想法相同，當然不予理會。

●二〇一〇年三月上旬，在富邦的佛學課上，有學生問起某密宗上師的真實修為，我占得恒卦二、上爻動，有旅卦（䷷）之象。多年修習，九二「悔亡」，應有一定根基；上六「振恒凶，大无功」，晚年盡談些媚俗的細瑣小道，無聊已極。旅卦「失時失位」，還真批判到要點！這人已於數年前過世。

●二〇〇〇年九月底，我在各處上課的時間漸緊，自己也還在毓老師處聽課，為了邀約不斷，想暫停一晚聽《易》的時間來講課，試占合宜否？為恒卦初、上爻動，有大有卦（䷍）之象。恒卦初六「浚恒，貞凶，无攸利」，上六「振恒，凶」，「大无功」，顯然極不合適，遂作罷。我一直聽老師課到二〇〇一年，從一九七五年三月啟蒙以來，足足四分之一個世紀，身心獲益之大，難以言宣。老師於二〇一一年三月二十日仙逝，而今欲再做學生，已永不可得，真是遺憾！

●二〇一一年六月下旬，由於一個月前學會在溪頭辦春研營時，樓中亮醫師提出一項說法，由十指底緣處的半月形暈圈數目，可檢查身體狀況，少於兩個，甚至有致癌的可能，一時造成不少同學心神不寧。我以易占探問此說可信否？為恒卦三、上爻動，九三值宜變成解卦，齊變則有未濟卦（䷿）之象。「遇恒之未濟」，看來並非絕對如此，不可為定論。恒卦九三「不恒其德，或承之羞，貞吝」；上六「振，恒凶」，「大无功」，都持懷疑看法。確實異例不少，中亮還需再審慎研究。

●二〇一七年八月下旬，由於八月八日傍晚全台灣無預警大停電，衝擊民心及產業甚重，又引發「非核家園」與核能發電之爭，我問往後還會有大停電否？為恒卦三、上爻動，九三值宜變為解卦，齊變則有未濟之象。現代國家必須提供長久穩定的電源，否則一切成空。恒卦九三「不恒其德，或承之羞」，「無所容也」，「恒」即長久穩定，「不恒」當然得承受羞辱，不為全民所容。離卦九四「突如其來如，焚如，死如，棄如」，〈小象傳〉亦稱「無所容也」。可見恒卦九三的嚴重性，與天下第一凶爻的離卦九四相當。離卦為網罟之象，九四電網突然中斷，並非天災，純屬人禍。爻變為賁卦，又有官樣文章掩飾真相之意。停電恒卦九三為因，若不立謀改善，必有上六更嚴重的後果：「振恒，凶」；「大无功也」。國本動搖，無立足之地矣！未濟卦上下內外不和，恰為台灣處境之象。小狐狸過不了大河，難矣哉！

近年來天災人禍愈多愈酷烈，我問世界還要亂多久？為坤卦初六爻動，有復卦之象。坤為廣土眾民的現實形勢，初六「履霜，堅冰至，陰始凝也」，禍患才剛開始呢！如不培元固本，回復正道，將來大難臨頭更不能化解矣！

●二〇一〇年元月初，我看完齊邦媛回憶錄式的鉅著《巨流河》，時值辛亥百年，中心有感問占：此書之價值意義如何？得出恒卦二、四爻動，有謙卦（䷎）之象。「遇恒之謙」，抗戰時期的中華兒女為國族奮鬥，「立不易方」，精神可佩，亨通有終。恒卦九二「悔亡，能久中」，無怨無悔；九四「田无禽」，白忙一陣，大業畢竟難成。

三爻變占例

占事遇卦中任意三爻動，以本卦為貞、三爻齊變所成之卦為悔，稱貞悔相爭，合參兩卦卦象卦辭論斷。若三爻其中一爻值宜變，為主變數，加重考量其爻辭所造成的影響。

●二〇〇五年六月上旬，我的學生孫永祥約我餐敘，討論他五十歲的創業計畫。孫是電子資訊界的老將，曾任美國Cisco公司台灣區總經理，管理能力很強，積多年經驗與心得，有名為「影音通」的新產品開發構想，也找到了一些資金及人脈支持，很想大幹一番。我占問其創業前景，為恒卦二、三、四爻動，九四值宜變成升卦，貞悔相爭成坤卦（䷁）。恒需長期努力，坤則陽氣散盡，多半不成。恒卦九二「悔亡」尚可，九三「不恒其德，或承之羞，貞吝」，遭遇困難無以為繼；九四「田无禽」，恐怕會落空，白幹一場。我如實陳述，他並不沮喪，仍全力以赴，卻難逃占象所示，幾年後徹底失敗，還得另尋經理人職務以安身，創業之夢未圓。

●二〇一一年十月中旬，我赴西藏旅遊，同行的大陸友人談起某位學者，大嘆學行分離，令人失望透頂。我早有耳聞，占其人心品究竟如何？得出恒卦三陽爻全動，貞悔相爭成坤卦，九四值宜變成升。遇恒之坤，經不起長期考驗，陽氣盡消。九二「悔亡」，本有根基，九三「不恒其德，或承之羞，貞吝」，九四「田无禽」，每況愈下，終致一場空啊！

● 一九九二年七月上旬，我還在出版公司領導奮戰，某位高幹看見公司陷入難纏的股爭，前景不明，也有自己出去創業之思。我占其前景如何？為恒卦初、二、四爻動，貞悔相爭成明夷卦。顯然前景黯淡不看好，恒卦初六「浚恒，貞凶，无攸利」，九四「田无禽」，沒有成功的機會。他有些不服氣，再問那應怎麼辦？為恒卦三、四爻動，有師卦（䷆）之象。九三「不恒其德，或承之羞，貞吝」，「无所容也」；九四「田无禽」，久戰多年不能建功，留在公司裡也一樣無成。日後形勢變遷，真正如此。

● 二〇〇三年元月上旬，我受電視台友人之託，去與一位演藝界的男「同志」見面，他有極大的感情方面的痛苦，飯店包廂中耐心聽他的斷袖情史，覺得新奇，卻不作論斷。助占其前景，為恒卦二、三、五爻動，六五值宜變，成大過卦，貞悔相爭成萃卦（䷬）。萃為菁英相聚，也是咸、恒以外極重感情之卦。恒卦期望永遠相聚，能否如願呢？九二「悔亡，能久中」，九三「不恒其德，或承之羞，貞吝」，不大妙，關鍵在最後的六五。「恒其德，貞。婦人吉，夫子凶。」這可累了！「同志」之愛中也會有夫婦之分，他們的角色如何釐清定位？整體來看，似乎不會平順，大過為非常之愛，顛倒動盪，難以自已。再問他未來十年的大運，為大過卦（䷛）二、三爻動，齊變有萃卦之象。又是長期為情所困，渴望與所愛相聚。大過卦九二「枯楊生稊，老夫得其女妻」，「過以相與」；九三「棟橈，凶，不可以有輔也」。看來情路難行，不易圓滿順遂。

● 二〇一二年元旦，我問民進黨全年氣運，為恒卦三、五、上爻動，貞悔相爭成訟卦。九三「不恒其德」，六五「恒其德」，上六「振恒，凶」，擺盪不定，持續內爭。蔡英文大選落敗後，與蘇貞昌互別苗頭，派系鬥爭無有止息，恰如卦象所示。

● 二〇一二年九月上旬，我和一票學界老友聚晤，酒酣耳熱談笑間，算一位已任院長的同門師兄可否升任大學副校長之職，為恒卦二、四、上爻動，貞悔相爭成艮卦，顯然無望。恒卦九二「能久中」，有底蘊；九四「田无禽」，一場空；上六「振恒，凶」，「大无功」。艮卦重種阻礙，到此為止。再幹了四年，在院長職任上退休。

● 二〇一五年五月下旬，我問翌年初總統大選勝負。國民黨為恒卦初、三、四爻動，貞悔相爭成臨卦。肯定完蛋了！恒卦初六「浚恒，貞凶，无攸利」，九三「不恒其德，或承之羞」，「无所容」，九四「田无禽」，全都糟透。臨卦為陰曆十二月，正當年初元月中大選之期。

● 二〇一六年十一月下旬，我還在大陸匡廬之旅，手機上看台灣政情亂成一團，頗生感慨。問宋楚瑜的最終結局，為恒卦下三爻全動，貞悔相爭成震卦。都在下卦，就代表當高官無望了！恒卦初六「始求深」，九二「能久中」，九三「不恒其德，或承之羞」，「无所容」，更是從政一生大違初衷的寫照啊！

四爻變占例

占事遇卦中任意四爻動，以四爻齊變所成之卦的卦辭卦象論斷，若其中一爻值宜變，稍加重考量其爻辭對變局所致之影響。

●二〇一一年八月底，我們一家四口完成希臘之旅，他們直接返台，我由雅典轉赴慕尼黑授易，占問希臘之行的成果？為恒卦二、三、四、五爻動，齊變成比卦（䷇）。遇恒之比，正是家人結伴歡悅旅行之象，天長地久，相親相愛。

●一九九三年十月上旬，我負責出版公司經營，訂定新的績效管理辦法，高幹們也都協議通過。結果九月份直銷業績未達標準，依法就得扣直銷副總的薪資，結果他反彈抵賴。我問如何處理為宜？得出恒卦二、三、四、五爻動，齊變成比卦。九二「悔亡」守正，九三「不恒其德」、九四「田无禽」，就是反悔耍賴；六五「恒其德，貞」，「夫子制義，從婦凶也」，考驗領導人變通的智慧。這下難了！我再問一次，為賁卦（䷕）四、上爻動，齊變有豐卦（䷶）之象。賁為職場歷練、官樣文章；豐為如日中天，慎謀能斷。賁卦六四「白馬翰如，匪寇婚媾」，「當位疑」又「終无尤」，又要維持和諧，又不能枉法行事。賁卦「明庶政，无敢折獄」；豐卦「折獄致刑」，又是兩難局面。遇賁之豐，上卦由艮止轉震動，應該還是得有所行動。遂堅持扣薪，但私下儘量圓融溝通，大致無礙。當年底，創下了有史以來的最高業績。

●二〇一二年八月中，我在台灣大學旁的尊賢會館授《易》一日，對象為北京人民大學國學班的學員，三十多位溫州商界人士來台遊學一週。中午我到台大散步，逛進紀念傅斯年老校長的傅園憩息。傅校長的墓園建成希臘神殿樣式，我四十多年前就學時，常來此安靜安靜，當日心念一動，占問老校長神魂安否？為恒卦二、四、五、上爻動，四爻齊變成漸卦（䷴）。漸為艮宮歸魂卦，〈大象傳〉稱「君子以居賢德善俗」，教育家十年樹木，百年樹人。恒卦天長地久，「立不易方」。「遇恒之漸」，死得其所矣！

這些年大陸組團來台短期遊學者眾，給浙商上課，是一週前臨時邀約，我因剛好有空，也不推拒，但總非常理，遂透過北京朋友要求對方保證履約。先占得不變的中孚卦，關鍵在互信；過程中出現波折時，再問得否卦（䷋）九四爻動，有觀卦（䷓）之象。「否之匪人」，溝通不暢，九四「有命无咎，疇離祉」，應可突破而順利完成。果然最後階段轉圜成功，當日正好進入否卦的陰曆七月初一，占象全都應驗。

33.天山遯（䷠）

遯卦為下經第三卦、全經第三十三卦。「遯」字為「小豬跑路」之意，小豬跑起來異常快速靈動，很難抓住，人生急流勇退之際，亦當如是，切勿戀棧，甩開包袱就走！遯卦後用「遁」字取代，意思差了很多，落跑之時緊握盾牌，表示逃避敵人追殺，這麼狼狽不堪，做的虧心事太多了嗎？

〈序卦傳〉稱：「恒者，久也。物不可以久居其所，故受之以遯。遯者，退也。物不可以終遯，故受之以大壯。」任何東西都不可能長久待在同一個地方，時候到了都得退位；老的退了，空出位子，讓年輕力壯的接著幹，世代交替本為天經地義。〈雜卦傳〉稱：「大壯則止，遯則退也。」少壯接班，經驗畢竟缺乏，多跟老成者請教，在職虛心學習，切勿逞強輕舉妄動。遯與大壯相綜，為一體兩面，交接時最好有段重疊期，老的帶新的熟習業務，進入狀況，就像跑接力賽一樣，邊跑邊交棒。

遯卦四陽在上、二陰居下，地位皆虛，無法立足，不退也不行。前文談臨、觀二卦時，稱臨有大震之象、觀有大艮之象；依此類推，遯有大巽（䷸）之象。巽為風，深入低調行事，無形無象，來去如風，人生隱遯之時，亦當如是，沉潛佈局，全身而退。

乾卦〈文言傳〉評述上九「亢龍有悔」，稱：「知進而不知退……知進退存亡而不失其正者，其唯聖人乎？」遯卦教人見賢思齊，效法聖人知所進退。〈文言傳〉稱美初九「潛龍勿用」，稱：「遯世无悶。」大過卦的〈大象傳〉稱：「君子以獨立不懼，遯世无悶。」常人流連戀棧，非常人特立獨行，耐得住寂寞。遯卦闡明人生的退場機制，為必修的重要學分。

遯卦為十二消息卦之一，相當於西洋星座中的巨蟹座，大壯卦則為雙魚座。

䷠

遯卦卦辭：

亨，小利貞。

適時而退，海闊天空。易例陽大陰小，遯卦二陰漸長，四陽漸消，為陰柔勢力的發展著想，不必急於逼宮，慢慢取而代之最為有利。人生引退，亦應從容安排，交接無虞。

〈彖〉曰：遯亨，遯而亨也。剛當位而應，與時行也。小利貞，浸而長也。遯之時義大矣哉！

當遁則遁，可獲亨通。君位九五中正當位，下和六二相應與，準備交卸職務，為求順利起見，訂定時程按表實施。陰爻接位，宜慢慢進行，熟習狀況才能稱職無礙。人生遁退之時的智慧太重要了！

遯卦六爻全變為臨卦（䷒），其〈彖傳〉稱：「剛浸而長。」遯卦「浸而長」，顯然是指

「柔浸而長」。臨是面對處理，遯則選擇退避，兩卦相錯，舉止相反，但都得慢慢來，不能急躁。《黃帝陰符經》稱：「自然之道靜，故天地萬物生；天地之道浸，故陰陽勝。陰陽相推，而變化順矣！」人生處世，須識得「浸」的功夫。

〈象〉曰：天下有山，遯。君子以遠小人，不惡而嚴。

遯卦上乾天、下艮山，「天下有山」，到處都可退隱安居。所謂「天下名山僧佔全」，出家人在山上蓋廟修行，隱士也選擇山居，以避塵囂煩惱。紅塵濁世多紛擾鬥爭，「小人道長」之時，君子宜保持距離少接觸，但又勿流露厭惡之情，以免得罪而生事。「嚴」為自重自敬，嚴以律己。《中庸》稱：「君子和而不流，中立而不倚。」謹守處世的分寸，才是強者中的強者。又稱：「君子依乎中庸，遁世不見知而不悔，唯聖者能之。」

依消息卦的推演，遯卦之後為否卦，其〈大象傳〉稱：「君子以儉德避難，不可榮以祿。」顯然環境更惡劣，不惡而嚴都難以全身，乾脆徹底避開。

「天下有山」為遯，「地中有山」為謙（䷎），兩種處世態度有何不同？天下名山有高人隱遯修行，世人都標榜，愛去觀覽，往往發展成熱鬧的景點，有沽名釣譽之嫌，或是轉進仕途的終南捷徑，其實已經著相。地中之山，隱姓埋名看不到，為善不欲人知，才是真人不露相，露相非真人。

此二卦於我個人亦有特殊意義。我的學生徐崇智以四十之齡往生，生前自號徐遯，原是愛遯卦之義理，然極早即遁世，令人痛惜。他的小叔叔也是我學生，自號徐謙，仍在一貫道內弘法。

占例

● 一九九一年十一月中，我在股爭中出任出版公司總經理，當時籌謀大局，問公司在香港據點是否延續？為不變的遯卦。勞而無功，短期內也看不出會有何進展，還有些所謂關係企業的糾葛，不如暫退，節省開銷為是。

● 二〇一二年五月下旬，我在《聯合報》的兵法課談到吳國入郢滅楚之戰，燒殺擄虐，極無人道，大違孫武「全己全敵」的思想主張。其時伍子胥復仇心切，還演出鞭屍的殘酷場景，當時孫武有一起參與嗎？還是力勸不聽，或保持沉默呢？我的老學生占得不變的遯卦。「天下有山」，「君子以遠小人，不惡而嚴」。孫武應是堅持自清，並因此急流遁隱，不問世事，符合我們心目中兵聖的形象。

䷠

初六：遯尾，厲。勿用，有攸往。

〈小象傳〉曰：遯尾之厲，不往何災也？

初六陰虛無實，居遯之初，上和九四相應與，處世代交替、改朝換代之際，不宜輕舉妄動隨便表態。遯卦以「小豬跑路」為義，上九大老「肥遯」為豬頭，初六基層「遯尾」是豬尾巴。市井小民不必急著遁，先觀望情勢變化，再決定行止。現階段先就地臥倒，免為流彈所及。此時慌張亂跑，易遭凶險，短期勿用，中長期有所往。爻辭之意，與屯卦卦辭相當：「勿用，有攸往，利建侯。」本爻動，恰值宜變成同人卦（䷌）。「同人于野」，廣結善緣，勿生是非衝突。

南宋朱熹曾欲彈劾奸相韓侂胄，奏摺寫好了心神不定，一占吉凶，為遯卦初九，爻變成同人，遂以火焚之。「遯尾，厲」，人微言輕，發揮不了效用，還惹禍上身，不如睜一眼閉一眼，繼續「同人」。

占例

●二〇一〇年二月上旬，歐債的危機爆發，所謂「歐豬四國」（PIGS）債務的後續發展如何？我占得遯卦初六，爻變成同人卦。真有「豬」相，這四國也相當於豬尾巴，經濟退潮，開始出問題。「遯尾，厲。勿用，有攸往」。民眾先勿慌亂，先冷靜觀察一段，再做定奪。爻變同人卦，為全球化經貿之象，歐債危機若擴大，勢必影響全世界，真得小心應對。

六二：執之用黃牛之革，莫之勝脫。

〈小象傳〉曰：執用黃牛，固志也。

六二中正，和九五君位相應與，九五將退，六二準備接班，過渡期間須找熟悉業務者幫忙。上承九三，正是要強力挽留的對象，遂用黃牛皮做的革繩緊緊綁住，使其不能掙脫，堅定志向，為六二的新興勢力服務。本爻變，有姤卦（䷫）之象。依卦中卦的理論，二至五、二至上爻皆為姤卦，藏於遯卦之中，而遯卦六二即相當於姤卦初六，五陽下一陰生，有極大的顛覆能力，發展態勢可觀。

遯卦諸爻辭多言「遯」，唯獨六二爻辭不見「遯」字，陽消陰長，野心勃勃待接班，當然不遁，也想拉住九三不許遁。

占例

● 一九九六年十二月初，我問二十一世紀人類糧食問題的前景？為遯卦六二爻動，有姤卦之象。遯為供給消退，不敷所需，姤為爆發危機，「遇遯之姤」，可能會發生缺糧現象。隨著世界人口不斷增長，環境品質日益下降，這種恐慌如附骨之蛆，揮之不去，「莫之勝脫」。

九三：係遯，有疾厲。畜臣妾，吉。

〈小象傳〉曰：係遯之厲，有疾憊也；畜臣妾吉，不可大事也。

九三為陰長陽消的交界處，下乘一心上侵的六二，被牢牢綁住，不得遁脫，極為痛苦危厲，強顏周旋，疲憊不堪。六二昔為臣妾部屬，今成新貴，伺候起來很不容易。九三必須想通，能屈能伸，才能於厲中獲吉，雖苟延一時，難期長久，更無主宰大事的可能。本爻變，為否卦（䷋），上下不通，難受已極。公元兩千年陳水扁上台後，暫用唐飛組閣，政權鞏固後再予撤換，即為顯例。過去軍隊打轉進戰，負責掩護大部隊撤退的斷後單位，幾乎註定犧牲以全大局，也是「係遯之厲」。

「畜臣妾，吉」，也是藉自污以求脫身之策。民國初年，蔡鍔反袁世凱，藉縱情聲色狎暱小鳳仙，而逃出北京，為「係遯」成功之例。

占例

●二〇一〇年七月中旬，我占問年底五都大選的勝負，民進黨為遯卦九三爻動，有否卦之象。「遇遯之否」，不可大事，為憋氣敗陣之局。國民黨為坎卦（䷜）三、五爻動，齊變有升卦（䷭）之象。「遇坎之升」，雖遭險難，可突破而見成長。十一月底選舉揭曉，國三民二之局沒變，民進黨之前順利的攻勢受阻，國民黨穩住陣腳且領先。

●二〇〇八年十月初，我問道家思想的價值為何？得出遯卦九三爻動，有否卦之象。道家相較儒家來說，有遁世的傾向，不會「係遯，有疾厲」，且能和光同塵，「畜臣妾，吉」。山林隱居，「遠小人，不惡而嚴」；「否之匪人，儉德避難，不可榮以祿」。《論語・微子篇》中，記有多則孔子遇隱士之事，突顯儒道兩家思想態度的不同。桀溺稱夫子為「避人之士」，自封為「避世之士」，皆為遯卦之意。夫子雖尊重隱士，卻不苟同放棄社會責任，慨歎說：「鳥獸不可與同群！吾非斯人之徒與而誰與？天下有道，丘不與易也。」這種斯土斯民的態度，在乾卦〈文言傳〉中也說得很清楚：「上下无常，非為邪也；進退无恒，非離群也。君子進德修業，欲及時也。」

䷠

九四：好遯，君子吉，小人否。

〈小象傳〉曰：君子好遯，小人否也。

九四居高官之位，下和初六基層民眾相應與，處交班遁退之時，切勿流連眷戀，儘早安排從容隱退。有德君子處置得宜獲吉，無智小人遷延致凶。當遁之時不遁，一旦九三防線被突破，爻變成否卦，九四成了排尾，想走都走不了！本爻動，恰值宜變成漸卦（䷴），整個執政團隊循序漸退，一絲不亂。

占例

●二〇〇五年五月初，我們學會在台北圓山辦春研營，邀了台大校長李嗣涔演講特異功能的研究。他介紹所謂「諸神網站」的概念，一旦獲得通關密語上網，可與宇宙神靈問答對談，和易占原理類似。學會執行長徐崇智有意交流合作，我占得不變的剝卦，「不利有攸往」，並不合適。再問那應如何？為遯卦九四爻變，成漸卦。「好遯，君子吉。」放棄學會團隊合作的方式，保持個人關注即可。

●二〇〇九年九月中，我隨兵法學會赴山東參訪開會，第四度拜覲曲阜聖城，誠心占問：迄今為止，自己為往聖繼絕學的成效如何？為不變的革卦（䷰），革故鼎新，確有創獲。再問往後還應怎麼做？為遯卦九四爻變，成漸卦。「好遯，君子吉，小人否。」應該著意培植接班團隊，一代一代繼往開來，但須慎選善根器，寧缺勿濫。「天下有山，君子以遠小人，不惡而嚴。」

九五：嘉遯，貞吉。

〈小象傳〉曰：嘉遯貞吉，以正志也。

九五為遯卦君位，和六二中正相應與，準備交卸職務，如〈彖傳〉所言。「嘉」為美善雙喜，「嘉遯」傳為美談，固守正道獲吉。中華上古傳賢不傳子的禪讓制度，志在天下為公，永為政權相繼的典範。六二「固志」、九五「以正志」，授受雙方有志一同，成此佳話。本爻變為旅卦（䷷），得卸責任，周遊天下，豈不快哉？

占例

● 一九九五年五月中旬，我第二套論易之書《易經與生涯規劃》在台出版，分《治平易》、《性情易》、《組織易》三卷，請李登輝、龔鵬程及出版公司老闆寫序，老闆頗為錯愕，公司其他人也議論紛紛。我不動聲色，也不認為需要解釋甚麼，占問此事前景？為遯卦九五爻動，有旅卦之象。「嘉遯貞吉，以正志也。」從此逍遙物外，「怒而飛，扶搖直上九萬里鵬程！」

䷠

上九：肥遯，无不利。

〈小象傳〉曰：肥遯无不利，无所疑也。

上九居遯之終，為退休大老之位，再無職責或任何留戀，飄然遠去，自由自在。「肥遯」之「肥」，為心廣體胖、綽綽有餘裕。初六「遯尾」、上九「肥遯」，真的是豬頭豬尾，活生生小豬跑路之象。本爻變，為咸卦（䷞），全身而退。九三「係遯，有疾厲」，疲憊不堪；上九「肥遯，无不利」，輕鬆無比。遯之時位不同，故有如此差異。

占例

● 一九九七年三月底，老友主持的基金會新闢社會網路大學，邀我開易占問答的專欄。我問合宜否？為遯卦上九爻動，有咸卦之象。「肥遯无不利，无所疑也。」快閃就是，不必糾纏。果然日後該案出大問題，老友還因財務糾紛，惹了官司，易占真是神機早定。

● 二〇一四年六月中，我與上海某書院合作大半年的授《易》課程面臨瓶頸，負責人中間出的一些狀況也讓我困擾，遂問占定奪。結果是遯卦上九爻動，有咸卦之象。「肥遯无不利，无所疑也。」趕快撤就是正辦，立刻決定終止合作關係。

多爻變占例之探討

以上為遯卦卦、彖、象及六爻理論與占例說明，往下進一步探討二爻變以上之占例。

二爻變占例

占事遇卦中任意二爻動，若其中一爻值宜變，以該爻辭為主；若皆不值宜變，以本卦卦辭卦象為主，亦可參考兩爻齊變所成之卦的卦象，而判斷吉凶。

● 二〇〇一年八月中旬，我的妻子從高職校長退休後，一直還在留意復出任教的機會，有次某認識的高職校長找她面談，提出教書兼高層行政的工作條件，她猶豫是否赴任。我占得遯卦五、上爻動，上六值宜變成咸卦，兩爻齊變，則有小過卦（䷽）之象。「肥遯无不利，无所疑也」，已經退休不必再淌渾水。「嘉遯貞吉，以正志也」，校長君位上退休，平生歷練已足。遂婉拒出任，事後證明為正確決定。

●二〇〇九年五月下旬，一位空軍上校退伍的老學生，建議學會另成立基金會，以強化財務實力，也方便做更多的事。我占問合宜否？為遯卦五、上爻動，上六值宜變成咸卦，兩爻齊變，則有小過之象。「肥遯，无不利」，「嘉遯，貞吉」，看來沒有必要，無需自找麻煩。

●一九九六年元月底，我退出經營舞台已近兩年，股爭仍然未休，開過董事會後，我問往後個人得失？為遯卦初、三爻動，齊變有无妄卦（䷘）之象。遁隱已成定局，完全抽身還不能，初六「遯尾，厲」，短期「勿用」，中長期「有攸往」；九三「係遯，有疾厲」，雖然疲憊，仍得「畜臣妾，吉」。遇遯之无妄，套牢太深，暫時虛以委蛇，別輕舉妄動而惹禍招災。

●二〇一一年八月中旬，我在高雄上課，有學生來問事，家庭婚姻方面有問題。自占為不變的坎卦，坎坷崎嶇，風險不斷。若離婚呢？為遯卦三、五爻動，齊變有晉卦（䷢）之象。九三「係遯，有疾厲」，繼續周旋忍讓，疲憊不堪；九五「嘉遯，貞吉」，放下之後海闊天空。晉卦〈大象傳〉稱：「君子以自昭明德。」離婚後自立自強，一空依傍。長痛不如短痛，還是離了好啊！

●二〇一一年元月下旬，我想將在大陸先出版的《四書的第一堂課》出繁體字版，考慮與哪家合作較宜。其中圓神出版社出過我的《易經的第一堂課》，占問結果為遯卦三、四爻動，齊變有觀卦（䷓）之象。「遇遯之觀」，似乎不會順利。「係遯，有疾厲」，「好遯，君子吉，小人否」，最後對方評估後仍放棄，由時報出版公司承接出書。

●二〇一二年六月底，我去參觀高雄佛光山新建成的「佛陀世界」，先至睽違數十年之久的舊大雄寶殿參拜，占其氣象，為遯卦三、四爻動，有觀卦之象。遯卦「天下有山」，觀卦「有孚顒若」，「觀民設教」，「遇遯之觀」，非常切！九三「係遯」、九四「好遯」，信眾上山避靜，能否放下塵緣，就看個人修為了！至於佛陀世界，為屯卦（䷂）三、四、五、上爻動，四爻齊變成離卦（䷝）。「屯」為草莽開創，「離」為文明化成，「遇屯之離」，見出星雲大師的企圖心。

●二〇〇一年十月中，我問自己長期志業得酬否？為遯卦二、四爻動，六二值宜變成姤卦，兩爻齊變，為巽卦（䷸）之象。欲酬志業，先得擺脱舊包袱，毅然決然走出新路。姤為機緣，滅故生新。巽卦〈大象傳〉稱：「君子以申命行事。」深入體察天命，以立身行事。遯卦六二「執之用黃牛之革，莫之勝脱」，還被綁得很死；九四「君子好遯」，必須放下了！說的完全切合當時情境。

●二〇〇二年元月上旬，我問全年與師門的機緣，為遯卦初、五爻動，齊變有離卦（䷝）之象。「遇遯之離」，形雖遁退，精神心志仍常相左右，「繼明以照四方」。貞我悔彼，內卦初六「遯尾，厲。勿用，有攸往」，我暫時潛龍自修，將來再定行止；外卦九五當指毓老師，「嘉遯貞吉，以正志」，永為後生小子的典範。

●二〇〇六年十月上旬，我在天水參加民進中央舉辦的中華文化與現代化研討會，遇到謝啟大女士，她曾任新黨主席，以堅決反李登輝聞名。我們倒談得來，她很想在大陸有番發展，我占算得出遯卦四、五爻動，齊變有艮卦（䷳）之象。「君子好遯」，「嘉遯貞吉，以正志」，似有漸隱之意。艮卦阻礙重重，騰展不易，可能得將奮鬥重心擺在教育下一代，遯後為大壯，老成凋謝，少壯接班。我這麼分析她往後二十年，她雖有些沮喪，仍說可以接受云云。

●二〇一〇年三月中，我問姜子牙的功業境界，為遯卦初、上爻動，齊變有革卦（䷰）之象。「遇遯之革」，老年建功立業，輔佐武王伐紂革命成功，有太公《六韜》兵法傳世，影響深遠。初六「遯尾，厲。勿用，有攸往」，先沉潛不動候時機；上九「肥遯，无不利」，功成身退，得享齊國大邦封地。

●二〇一五年十二月中旬，我與台灣國樂團合作的「觀易賞樂」音樂會第二集在彩排時，團員提問二〇一六年台灣經濟情勢，我現場占出遯卦三、上爻動，上九值宜變成咸卦，兩爻齊變有萃卦之象。恐怕難挽衰退之勢，遯卦九三「有疾憊也」為病因，遂至上九全退之果。結果二〇一七年元月底公布GDP增長率僅百分之一．四，遠低於預期。二〇一六年民進黨再度執政，僵硬的兩岸關係當然是主要原因。遯卦九三爻變成否卦，「天地不交，大往小來」，一語道破關鍵。

●二〇一四年八月下旬，針對美國千方百計想在西太平洋海域封鎖中國，我問大陸可突圍否？為遯卦四、上爻動，上九值宜變成咸卦，齊變有蹇卦之象。遯卦九四「好遯，君子吉」，有智慧仍能擺脱糾纏；終至上九「肥遯，无不利」，海闊天空任遨遊矣！「蹇之時用大矣哉！」「遯之時義大矣哉！」

三爻變占例

占事遇卦中任意三爻動，以本卦為貞，三爻齊變所成之卦為悔，稱貞悔相爭，合參兩卦卦辭卦象以斷吉凶。若本卦三爻中一爻值宜變，為主變數，加重考量其爻辭。

●二〇〇三年四月下旬，正值SARS疫病流行之際，我問美國經濟往後十年的前景如何？得出遯卦初、三、四爻動，九四值宜變成漸卦，貞悔相爭成益卦（䷩）。「遇遯之漸之益」，美國經濟必然衰退，若能處置得宜，拋掉一些過時的包袱跟做法，假以時日，反能漸漸獲益。關鍵在位居九四的政府決行階層，若為智德雙全的君子，則「好遯」而吉，若為小人則否。由事後金融風暴、債務如山的惡劣發展看來，美國的聯準會及財政部門顯然為小人，損人害己，不能於遯中獲益。

●二〇〇六年十二月上旬，台灣反對陳水扁貪瀆的紅衫軍運動已至尾聲，無法逼扁下台。我問今後何去何從？為遯卦三、五、上爻動，九五值宜變成旅卦，貞悔相爭成豫卦。「遯之時義大矣哉！」九三雖然「係遯，有疾厲」，該撤退了！「旅之時義大矣哉！」九五領導運動者應呼籲「嘉遯，貞吉」，尋求轉進。上九「肥遯无不利，无所疑」，更勿流連戀棧，快閃為妙。「豫之時義大矣哉！」「利建侯行師」，把火種往後傳遞，成功不必在我，未來當有所獲。果然，一年三個多月後，民進黨敗選，陳水扁下台且入獄，不能說不是受到紅衫軍運動的啟發與影響。

二〇一〇年七月下旬，我教《六祖壇經》有感，問所謂衣缽的意義？得出全同的卦象，「遇遯之旅之豫」。老成凋謝，將領導權交予年輕一代，利於未來佈局。宗教大師心法相傳如是，紅衫軍的社會抗議行動亦然，薪盡火傳，綿延不斷。

●二〇〇六年中，因扁政府貪腐無能，紅衫軍大起抗爭，我的學生邱雲斌占問能否成功？為遯卦二、五、上爻動，貞悔相爭成恒卦。這與前占例類似，都是不能成功的遯退之象，所差只在二、三爻動而已。陳水扁既不退讓，在不流血的前提下，紅衫軍只能收兵。恒卦「立不易方」，反扁的大原則不變，需要更長久的時間達到目的。兩年後，沒有職權保護的陳水扁進監待審。

●二〇一〇年十一月下旬，台灣五都大選當日，我算大台中選情勝負，胡志強為不變的謙卦，亨通有終。蘇嘉全為遯卦三、四、五爻動，九五值宜變成旅卦，貞悔相爭成剝卦。「遇遯之旅之剝」，應該是落選之象。果然當晚揭曉，胡勝蘇敗，但得票數差距不大。

二〇〇七年初，我算馬英九當年運勢也是「遇遯之旅之剝」，他陷入市長特支費風波，遭到提告，萬一不利，有被逼退選的危險，翌年的大位爭奪就不妙了。結果他熬過了為清白而戰的一年，且贏得了大選。遯、剝二卦，都強調君子與小人之分，遭遇考驗結果迥異，「《易》為君子謀，不為小人謀」啊！

二〇一一年三月底，我一位在福建經營礦業及營造業的台商學生，找我喝下午茶，十年多無大成，且陷於合夥關係的惡意紛爭中，灰心之餘，頗想退休回台。我占其前景，亦為「遇遯之旅之剝」，「遯之時義大矣哉！」確實該退休了，與其「係遯，有疾厲。畜臣妾」，受盡鳥氣，不如「好遯」、「嘉遯」，「以正志也」。

●一九九八年元月底，我占問《孫子兵法·虛實第六》篇的主旨，為遯卦三、四、五爻動，九五值宜變成旅卦，貞悔相爭成剝卦（䷖）。遯卦陰浸長、陽漸消，正是虛實變化之象。「微乎微乎！至于無形；神乎神乎！至于無聲，故能為敵之司命。進而不可御者，沖其虛也；退而不可追者，速而不可及也。」遯卦（䷠）有大巽（䷸）之象，巽為風，無形無象，來去迅速，又為發號施令，〈大象傳〉稱：「隨風巽，君子以申命行事。」隨機應變，充分掌握戰場的主動性，「遯之時義大矣哉」！

●二〇〇八年七月下旬，我讀完了二戰英國名將蒙哥馬利的回憶錄，占問其人其業？為遯卦三、四、上爻動，貞悔相爭成比卦。蒙帥為天蠍座，孤僻而有專業魅力，功業彪炳，卻與眾難諧，或遯或比，一生都在離群索居與合縱連橫間擺盪。

●二〇一七年八月中旬，朝鮮與美國又互相罵陣，情勢緊張，不少人擔心失控爆發核戰，我占出遯卦三、四、上爻動，貞悔相爭成比卦。遯必退場找下台階，比則合縱連橫繼續外交談判，這樣的把戲已進行多年，同樣的卦象也一再出現，主要是打起來浩劫無法善後啊！遯卦上九「肥遯，无不利」，北韓領導人金胖子撈足油水後閃人，美日莫奈他何。

●二〇一〇年十一月中旬，我問人會罹患精神疾病的根本原因，為遯卦二、三、上爻動，貞悔相爭成困卦（䷮）。「遇遯之困」，想逃離現實，而不能脱困。九三「係遯，有疾厲」，內心中被六二「用黃牛之革」牢牢綁住，「莫之勝脱」，執著太深，又害怕接觸人群，遂受疾患之苦。

●一九九九年五月中旬，老友主持的社會大學基金會，勉強成立的網站大學，仍希望我開易占專欄，兩年多前已占得「肥遯」之象。當時再問，又得遯卦二、四、上爻動，九四值宜變成漸卦，貞悔相爭成井卦（䷯）。六二「執之用黃牛之革，莫之勝脱」，纏勁頗大；九四「君子好遯」，仍應冷靜擺脱，不上套；上九「肥遯无不利，无所疑也」。情勢明確，遂再度婉拒。

●二〇〇九年十一月底，我回顧過去十多年授《易》生涯，占得遯卦上三爻全動，九五值宜變成旅卦，貞悔相爭成謙卦（䷎）。「遯」是指我離開職場鬥爭，由「君子好遯」、「嘉遯正志」，而至「肥遯无不利」；謙「亨，君子有終」，講經弘道，服務眾生，謙受益矣！

四爻變占例

占事遇卦中任意四爻動，以四爻齊變所成之卦的卦辭卦象論斷，若其中一爻值宜變，稍加重考量其爻辭所造成的影響。

●二〇一〇年十月下旬，我在赴台中的夜車途中，想起一些親友罹患精神疾病之事，都分別占問其原由。其中一位近親為遯卦二、三、四、五爻動，齊變成蒙卦（䷃）。「遇遯之蒙」，社會適應不良，欲逃離人群，而至心神蒙昧不清，外阻內險，無所適從。六二「執之用黃牛之革，莫之勝脱」；九三「係遯，有疾厲」，心結甚深，為致病之由。

●一九九八年六月底，我一位學生精神上有深深困境，來電請益。我代占其解法，為遯卦二、四、五、上爻動，上九值宜變成咸卦，四爻齊變，成升卦（䷭）。「遇遯之咸之升」，必須徹底掙脱心結綑綁，提升生命情境。這個女生行事違常，有段時日深夜子時過了還來電話，我雖「包蒙」以對，總覺得自己「比之匪人」，《河洛理數》的定命難違啊！

●二〇一一年三月下旬，我南部一位老學生出電子書，另一位幫他安排上網出版，這本來是好事，做法上卻曖昧閃躲，多半跟心結有關。學會前一兩年的人事紛爭，後遺症難免，我平淡以對，占其心意為遯卦初、三、五、上爻動，上九值宜變成咸卦，四爻齊變成震卦（䷲）。「遇遯之震」，應該是心意已決，欲徹底退場，自立門戶了！人生緣聚緣散，本也平常，問心無愧就好，不必強求。

●二〇一〇年四月中旬，我教佛經有感，占問：佛所言宇宙人生的真相確然否？得出的卦象即是「遇遯之震」，先視破人內心中的如山業障，初六時「遯尾厲。勿用」，九三「係遯，有疾厲」甚苦，九五「嘉遯，貞吉」，上九「肥遯，无不利」，徹底放下包袱罣礙，再無疑慮。若能如此，則「帝出乎震，萬物出乎震」，中心有主，自性生萬法矣！

●二〇一四年八月中，我與一位同門師妹在台北車站的星巴克聚晤，談她未來在大陸想推動的文化志業。過去一年裡，她曾嘗試與名牌大學合作，在校園內籌設研究院弘揚傳統文化未成，挫折不小。我一方面聽她未來自力興辦的鴻圖，一方面再占舊案是否已徹底結束，得出遯卦初、四、五、上爻動、上九值宜變為咸卦，四爻齊變成明夷卦。「遇遯之明夷」，確定完全結束了！往下事也不易為，明夷「利艱貞」，特別辛苦。另一占為坎卦二、三爻動，齊變有蹇卦之象，坎險蹇難，險之時用大矣哉！蹇之時用大矣哉！

●二〇一五年四月中，台北市大巨蛋體育館時停時建，官商間糾結難理，耗資鉅大又有安全之虞，像是矗立了一座龐貝的廢墟古城。我問市民如何趨避為宜，得出遯卦初、二、五、上爻動，六二值宜變為姤卦，四爻齊變成大壯卦。「大壯則止，遯則退也。」卦序遯後就是大壯，有上棟下宇的建築物之象，遯卦警示大家離之愈遠愈好，但六二又有深深套牢之意，累了！

五爻變占例

占事遇卦中任意五爻動，以五爻齊變所成之卦的卦辭卦象論斷，變數過多，宜變之爻位已不太重要了。

●一九九三年五月下旬，我還在出版公司鏖戰，針對書店銷售業績不理想，尋思突破之策，若進一步大膽授權如何？為遯卦初、二、四、五、上爻動，五爻齊變成泰卦（䷊），九四值宜變爻位成漸卦。「遇遯之泰」，愈放鬆管制，愈海闊天空，創造佳績。依此行事，年底果有斬獲。

●二〇〇五年十二月中旬，我在台出版多年的《易經與現代生活》系列，將在大陸出簡體版，與上海古籍及學林二家出版社分別洽談後，條件都不甚理想，占象也有疑慮。遂問如何應對最宜？得出遯卦二、三、四、五、上爻動，五爻齊變，成師卦（䷆），九五值宜變成旅卦。「遇遯之師」，應該是暫退打轉進戰，不必急於敲定。但我後來還是交由學林友人安排出書，果然不順，再轉上海三聯書局，編輯單位又無理延誤數年，浪費了許多心力，回想起來，當時若聽從卦象指示「嘉遯」，結果一定好得多。違筮不祥，又得一證。

六爻變占例

占事遇卦中六爻全動，以全變所成的錯卦卦辭卦象論斷，沒有宜變爻位的問題。

●二〇一〇年十二月中旬，一年將盡，我占問全年總結評估，為遯卦六爻全變，成臨卦（䷒）。「遇遯之臨」，由退休放任不管，轉為積極投入面對，這應該是指學會改組之事。人事紛爭不斷，逼得必須親自出面斷然處置，理監事大換血，我也重回任理事。遯卦〈大象傳〉稱：「君子以遠小人，不惡而嚴。」臨卦〈大象傳〉稱：「君子以教思无窮，容保民无疆。」轉換調整後，繼續人文化成的終生志業。

34. 雷天大壯（䷡）

大壯卦為全易第三十四卦，繼遯卦之後，在晉卦之前。〈序卦傳〉稱：「物不可以終遯，故受之以大壯；物不可以終壯，故受之以晉。晉者，進也。」「遯」是退，「大壯」還不是進，而是暫止，到「晉」才是進。〈雜卦傳〉說得好：「大壯則止，遯則退也。」由退到進，有一段休止的時間，完全合乎自然法則，太極拳的卸敵之勁以反擊亦然。前文談剝極而復，先「順而止之，觀象也」，再「休復吉」，即同此理。

《易》例陽大陰小，「大壯」即「陽壯」，四陽連成一片，積健為雄，內乾健外震動，應該是有為之象，怎麼反而要止呢？因為居天位的上二爻為陰虛，代表天時未至，人和、地利雖具備，仍不宜輕舉妄動。大壯卦（䷡）形又有大兌（☱）之象，兌為少女，情竇初開，涉世未深，容易衝動惹事。大壯亦如青壯男子，血氣方剛，好勇鬥狠，故而戒其知止。

大壯卦為十二消息卦之一，時當陰曆二月，約驚蟄、春分節氣，所謂「乍暖還寒時候，最難將息」。晝夜溫差大，養生須特別注意，尤其是老病之人、心肺功能差的容易出事。許多名人都在大壯時節往生，如孫中山等，絕非偶然。我的恩師毓老師也是辛卯年春分前夕逝世，而數年前數病齊發病危，在醫院住了一個多月救治療養，也是大壯月，等清明一過，就霍然痊癒。這也是「大壯則止」的涵意。

《老子》一書中多處戒人犯大壯之過，如第三十章：「物壯則老，是謂不道，不道早已。」第五十五章：「心使氣曰強，物壯則老，謂之不道，不道早已。」第七十三章：「勇於敢則殺，勇於不敢則活。」徒逞血氣之勇，不足以成事。

䷡

大壯卦卦辭：

利貞。

大壯卦辭僅「利貞」二字，固守正道不動即有利，顯然也是戒慎之意。無「元」無「亨」，繼承前人基業，不可稱「元」，衝動行事，難致亨通。

〈彖〉曰：大壯，大者壯也。剛以動，故壯。大壯利貞，大者正也。正大而天地之情可見矣！

大壯即陽氣壯盛，內乾剛、外震動，聲勢強大。剛強須依正道而行，勿欺侮弱小。天地有正氣，人行事光明正大，即表現出「天地之情」。乾〈文言傳〉稱：「利貞者，性情也。」天性無有不正，發而為喜怒哀懼愛惡欲之情，可能偏私，故須固守正道才有利。復卦內震，一陽復始，〈彖傳〉稱：「其見天地之心乎？」須靜心體證方知。大壯卦外震，四陽滿溢，〈彖傳〉稱：「天地之情可見矣！」直接表露於外，完全明顯可見。

〈象〉曰：雷在天上，大壯。君子以非禮弗履。

大壯卦下卦乾天、上卦震雷，為天上打雷之象，聲勢驚人。民間有天打雷劈之說，人若虧心事做太多，會遭天譴。君子聽天上打雷，當知警惕，不合禮法的事別做。《論語‧顏淵篇》記顏淵問仁，孔子說「克己復禮為仁」，顏回請問施行細目，子曰：「非禮勿視，非禮勿聽，非禮勿言，非禮勿動。」

視、聽、言、動皆勿非禮，總括言之，就是「非禮勿履」。人會非禮，皆因情慾用事，大壯「見天地之情」，復見「天地之心」為仁，履以行禮，履主於「復」，故稱「君子以非禮弗履」。

大壯卦約當驚蟄、春分時節，正是一年打春雷之時。《論語‧鄉黨篇》記子曰：「迅雷風烈，必變。」天上驚雷時，孔子整肅儀容、正襟危坐，以示敬天。《禮記‧玉藻篇》亦記：「若有疾風、迅雷、甚雨，則必變，雖夜必興，衣服冠而坐。」

占例

●二〇一一年十一月中旬，我講《維摩詰經》，在課堂上說起唐玄奘弟子辯機與高陽公主的情事，如此上等根器，又得大師教誨多年，仍甘犯色戒，以致殞身，究竟是甚麼緣故？學生白某即在堂上起占，為不變的大壯卦。畢竟血氣方剛，兩情相悅，遂行世間男女之事，違犯了「非禮弗履」、「利貞」與「大壯則止」之戒。人就是人，情關難過，於此可知。大壯的錯卦為觀卦（䷓），衝動的熱情轉為冷靜，才能深觀自在，照見五蘊皆空啊！

●二〇〇四年四月下旬，我與一位老友重逢，他台大哲學系畢業，父親是素負盛名的軍醫，多年前我不做工程師，自開小書店時，他協作木工，幫了不少忙。後來沒走文哲之路，投資開了家診所，負債累累，連家人也拖進去，十分艱辛。他問我是否繼續經營下去，占得不變的大壯卦。「大壯則止」，應該就此打住了，另尋轉「晉」之路。

䷡

初九：壯于趾，征凶，有孚。

〈小象傳〉曰：壯于趾，其孚窮也。

初九處大壯之初，難抑爭強好勝之情，不知天高地厚，想往前衝，結果必凶。年輕人徒有熱情，不足以成事。本爻變，為恒卦（䷟），尚需穩定心情，長久歷練。

占例

●一九九〇年五月上旬，我開占不到一年，所算才寥寥幾卦，那時比較節制。出版公司租約到期得搬家，前時去看了一處台塑的大樓，規模堂皇，卻似乎不是財務困窘下應有的選項。雖口頭定下，心甚不安，占得大壯卦初九爻動，有恒卦之象。「壯于趾，征凶」，「其孚窮也」。顯然不合適，立刻敦請老闆叫停。後來，我們搬到近郊的新店工業區大樓辦公，繼續艱苦的打拚。大壯還有豪宅之象，我們住不起，不必硬撐。〈繫辭下傳〉第二章稱：「上古穴居而野處，後世聖人易之以宮室，上棟下宇，以待風雨，蓋取諸大壯。」大壯卦之後為大過卦，有棺槨之象。住完陽宅住陰宅，「上棟下宇」變成「棟橈」，深有警世意味。

● 一九九三年三月底，公司的創業名牌雜誌出刊十週年紀念，因為李登輝為訂戶讀者，他的孫女也愛讀，而上了媒體報導，直銷部門建議打李登輝牌，辦攝影展云云。我占得大壯卦初九爻動，有恒卦之象。「壯于趾，征凶」，「其孚窮也」。並不適合，遂作罷，只辦了攝影圖片展。當時也沒想到，一年多後，會去給他上《易經》，而且是在卸除公司職務後。

● 二〇〇九年四月初，我將赴廈門大學南強論壇演講，主題為「由《易經》看世界大勢與民族復興」，為此而有多占。其中占問往後十年人民幣的國際地位，為大壯卦初九爻動，有恒卦之象。「壯于趾，征凶，有孚。」國際化起步太晚，急躁不得，雖經十年努力，建立初步信用，還是當不得大用，故稱「其孚窮也」。爻變為恒卦，明示還需更長遠的時間。

䷡

九二：貞吉。

〈小象傳〉曰：九二貞吉，以中也。

九二陽居陰位，處內卦之中，深識「克己復禮」之道，固守正道即吉。爻變為豐卦（䷶），內明外動，遲早可建豐功偉業。

占例

●二〇〇九年八月下旬，我問在台授《易》近二十載，所有學生資源如何評估？為大壯卦九二爻動，有豐卦之象。「遇大壯之豐」，現階段雖有一定實力，離成熟還早，還是「貞吉，以中」，以俟後機。

●二〇〇九年六月初，馬英九上台已過週年，執政成績不算理想，我問二〇一二年他能否連任？為大壯卦九二爻動，有豐卦之象。「貞吉，以中」，「明以動」，合乎馬的行事風格，看來連任機會不低。二〇一二年元月十四日提前大選，馬英九果然獲勝連任。

●二〇一一年四月下旬，一位朋友再度邀宴，還是談將易理藝品化的企劃。我們原先並不認識，他後來找上我，這些年來也聚了幾次，我也無可無不可，表示些自己的看法，簡單說就是有興趣，但很保留。這回他提出了具體的想法，由我先一對一，給藝術大學的教授上《易經》，試試看能否做出些甚麼？我直覺是不行，也沒興趣，未答應配合，事後占得大壯卦九二爻動，有豐卦之象。「貞吉，以中也」。眼前不動為宜，以後再伺機緣吧！

●二〇一二年十二月下旬，我問二〇一三癸巳年中日關係如何？為大壯卦九二爻動，有豐卦之象。「貞吉，以中」，雖然對峙嚴重，雙方都會克制，不會有過當行動，結果確實如此。

九三：小人用壯，君子用罔，貞厲。羝羊觸藩，羸其角。

〈小象傳〉曰：小人用壯，君子罔也。

九三陽居陽位，過剛不中，和上六相應與，前面又有九四陽剛阻礙，有按捺不住、欲往前衝刺之意。就像發情的公羊一樣，奮力前頂，仍為藩離所阻，無法突破，反而弄傷了一對原本堅硬的大角。山羊性淫剛狠，成群結隊前行，四陽聯成一氣，上二陰恰似羊角，羊、陽音通，遂以為象。羝羊不是溫馴的綿羊，有春藥名「淫羊藿」；「羝羊觸藩」也是「牴觸」一詞的來由，表示作為與環境格格不入。人處此情境，無智無德的小人多半往前亂衝而受傷，君子則懂得克制，有壯而不用。「罔」為無，「用罔」即不用壯，正是老子所稱「勇於不敢則活」之意，歷史上句踐、韓信、張良、德川家康等都深識此道。

本爻變，為歸妹卦（䷵），少女懷春欲嫁，找錯對象容易一場空，卦辭稱：「征凶，无攸利。」大壯為少壯動情，歸妹為少女激動，大壯九三兼具二象，不出事也難，故稱「貞厲」。山羊性淫，西方稱老色鬼為goat，與此同意。現代人團體合照時，每喜惡作劇，在前排人頭頂比V字手勢，都有嘲諷搗蛋的涵意。大壯卦時當陽曆三月，英文稱March，字源為羅馬戰神Mars，也是雄壯威武、好勇鬥狠之象。

大壯與遯相綜一體，大壯卦九三倒過來看，就是遯卦九四，爻辭皆分君子小人，吉凶迥異。「《易》為君子謀，不為小人謀」。

占例

●一九九九年四月中旬，我一位高雄企業界的學生來台北，與我到一位警界大老家用餐，當時台灣將成立海岸巡防署，軍、警及海關三方面，都有人在爭取署長一職，他也牽涉其中。這位警界的前輩為人剛正不阿，已考慮退休。我占其是否接任新署長？為大壯卦九三爻動，有歸妹之象。「君子用罔」，不必也不會去淌渾水，後事果然。

●二〇〇三年十一月中，學生安排我跟國民黨副主席江丙坤見面，討論次年大選事宜，江也是毓老師早期的弟子，算是我的師兄。當時連宋合的情勢下，有人呼籲國親兩黨也合併，我問選前或選後合併如何？為大壯卦九三爻動，有歸妹之象。「小人用壯，君子用罔，貞厲。羝羊觸藩，羸其角。」看來不宜倉卒行事。歸妹少女出嫁，亦為政治和親之意，「征凶，无攸利」，還是從長計議。次年藍營選敗，國親合亦成泡影。

●一九九八年八月初，我到台中教課，學生介紹我去見他老闆，營造業做得很成功，已移民加拿大，過去讀高中時，我們同過校，談起來還有些共同的話題。他想引進一種「預鑄外牆施工法」，與人合資另創業，問前景吉凶如何？為恒卦（䷟）九三爻動，有解卦（䷧）之象。「不恒其德，或承之羞，貞吝」，「无所容也」。太糟，顯然不行，反而敗壞了原先不錯的聲譽。他有些不甘心，再問那應該如何是好？為大壯卦九三爻動，有歸妹之象。「小人用壯，君子用罔，貞厲。羝羊觸藩，羸其角。」如果硬要幹，就是徒勞消耗一場空，不可能成功。所以正確的決策就是「君子用罔」，千萬別做。他見如此不順，放棄構想。

●二〇一一年六月下旬，我與幾位多時不見的老學生餐敘，他們都是資訊電子業的精英，談起賈伯斯掀起的蘋果旋風，頗多感慨，其中兩位是代銷惠普電腦起家的，我即興占問惠普前景如何？為大壯卦九三爻動，有歸妹之象。「小人用壯，君子用罔，貞厲。羝羊觸藩，羸其角。」六十年的世界名牌遭遇難關，筆記電腦宣布停產，衝擊代工代銷產業甚鉅，然亦無奈，只能「君子用罔」，尋求轉機。

●二〇一〇年十月下旬，我教《心經》有感，占問何謂顛倒夢想，如何遠離？為大壯卦九三爻動，有歸妹之象。「小人用壯，君子用罔，貞厲。羝羊觸藩，羸其角。」人的情慾衝動，造成顛倒夢想，依此而行，必然受傷受苦，終至一場空。有智有德的君子，必須「用罔」，「非禮弗履」。

䷡

九四：貞吉，悔亡。藩決不羸，壯于大輿之輹。

〈小象傳〉曰：藩決不羸，尚往也。

九四處外震之初，居四陽前線，前臨二陰，已無任何障礙，似可長驅直入，衝破所有藩籬，也不會碰傷羊角。「大輿」為後勤運補的牛車，「輹」為車體與輪軸相鉤聯的橫木，前文在大畜卦九二「輿脫輹」時介紹過。車子「脫輹」，不能前進，「輹」堅實強勁，則可放心馳騁，故稱「尚往也」。爻動恰值宜變，成泰卦（䷊），「小往大來，吉亨」，應該非常通暢，何以爻辭先稱「貞吉，悔亡」？若體察其意，處此爻時，仍以固守為宜，免貽將來之悔。這是甚麼緣故？這由六五「喪羊于易」、上六「羝羊觸藩」可知，四陽衝進二陰後，銳氣漸失，終至強弩之末，不能穿魯縞，而陷入危境。人貴知機，宜懸崖勒馬，恪遵「大壯則止」之訓，才是正道。

歷史上許多遠征軍深入敵境，補給戰線拉得過長，以至後力不繼，慘遭覆滅的事例，即如大壯卦上卦三爻所示。二陰面對強大的四陽入侵，採誘敵深入、焦土抗戰之策，讓其資源耗盡，進退兩難，這是典型的以柔克剛、以弱擒強。一人敵的武術、萬人敵的兵法，皆與此理相通。拿破崙與二戰時希特勒入侵俄國，大敗而歸，輸在天時不利，俄國守土成功，充分利用了地理的戰略縱深。大壯卦五、上二陰，似弱實強，掌握天時，且控制全卦君位，四陽逞強猛進，吃了大虧，其實並不冤枉。

占例

● 二〇一〇年十月下旬，我占問《心經》中一些重要的觀念，「無智亦無得，以無所得故。」人人琅琅上口，究為何意？為大壯卦九四爻變，成泰卦。「藩決不羸」之際，人都以為必有所得，結果卻是丟盔卸甲一場空，損人又不利己。九四會如此，跟九三「小人用壯」有關。前例說「遠離顛倒夢想」即九三，「以無所得故」為九四，理路一脈相承。

● 二〇一〇年十一月底，我與妻子赴日本京都五日遊，飽覽紅楓勝景，以及廟宇亭台樓閣之美，總結為大壯卦九四爻變，成泰卦。〈繫辭下傳〉第二章舉了十三個卦，說明中華文明的演進，其中大壯即為宮室之象：「上古穴居而野處，後世聖人易之以宮室，上棟下宇，以待風雨，蓋取諸大壯。」泰卦天清地朗，亨通無極，遇大壯之泰，道盡京都風色。

● 一九九七年十月中旬，我讀完杭亭頓名著《文明衝突與世界秩序的重建》，針對八大文明區塊未來一千年的發展，試作占測，其中印度文明為大壯卦九四爻變，成泰卦。「藩決不羸，壯于大輿之輹，尚往也」。二戰後脫離英國殖民，已發展成潛力雄厚的大國，前景相當可觀。「貞吉，悔亡」，仍不宜恃強猛進，得冷靜謙抑，待時而動，才是後進國正確的發展之道。

䷡

六五：喪羊于易，无悔。

〈小象傳〉曰：喪羊于易，位不當也。

六五居大壯君位，遭其下四陽入侵，以陰制陽、以柔克剛，使陽氣不知不覺消耗喪失，在被動應戰中逐漸掌握主動，是相當高明的策略。四陽輕敵深入，把事情看得太簡單，遂陷入泥沼，難以自拔，但自作抉擇，無怨無悔。爻變為夬卦（䷪），「剛決柔」，陰陽對決，鹿死誰手尚未可知。九四「貞吉，悔亡」，六五「无悔」；咸卦九四「貞吉，悔亡」，九五「无悔」。都是先求「悔亡」，再得「无悔」，這是易卦恆例。渙卦九二「悔亡」、六三「无悔」，未濟卦九四「悔亡」、六五「无悔」，皆同此例。

《易》例：「陽遇陰則通，陰遇陽或陽遇陽則窒。」大壯卦四陽前臨二陰，似乎暢通無阻，故犯輕敵之病。《老子》第六十九章稱：「禍莫大於輕敵，輕敵幾喪吾寶。」大壯卦「喪羊于易」，足為好勇逞強者戒。

䷡

上六：羝羊觸藩，不能退，不能遂，无攸利，艱則吉。

〈小象傳〉曰：不能退，不能遂，不詳也；艱則吉，咎不長也。

上六處大壯之終，四陽入陰，已成強弩之末，不能達到既定目標，也不能後退，就像公羊角卡在藩籬中一樣，沒有任何利益。這都是因為當初未詳審形勢，就貿然衝進，悔之晚矣！進不可能，退更危險，這時唯一辦法就是艱苦挺住，尋求轉換。因為陰方據隅固守，力量也差不多用盡了，雙方互相套牢，可協議撤退條件，還有機會全身而退，獲厲中之吉，過咎不會太長久。本爻變為大有卦（䷍），和解而不交相害。

大壯卦九三「羝羊觸藩，羸其角」，是在陽剛陣營內出事，同志還可處罰諒解；上六「羝羊觸藩」，是在陰柔陣營進退失據，萬一挺不住，入侵者會被當地人嚴酷報復，可就生死攸關。所以人生重大行動，一定要考慮風險，預留退路，這也是遯與大壯二卦相綜一體的意義。

占例

●二〇一二年十二月下旬，我問二〇一三癸巳年台灣經濟情勢，為大壯卦上六爻動，有大有之象。

「羝羊觸藩，不能退，不能遂，无攸利，艱則吉。」顯然遭遇障礙難突破，結果二〇一四年二月統計出來，成長率僅百分之二．一一。

多爻變占例之探討

以上為大壯卦、彖、象及六爻單變理論與實例之闡析，往下再看更複雜的多爻變的案例。

二爻變占例

占事遇卦中任意二爻動，若其中一爻值宜變，為主變數，以該爻辭為主論斷；若皆不值宜變，以本卦卦辭卦象為主，亦可參考二爻齊變所成之卦的卦辭卦象。

●一九九八年元月中旬，我聽朋友說，名小說家朱西甯先生癌症住院，病情危急，已不見客。我在二十多歲時曾嘗試小說創作，與朱老師頗有互動，多年未聯繫，遂問其病情吉凶？得出大壯卦初、上爻動，齊變有鼎卦（䷱）之象。老人生死疾病之占，鼎卦並不妙，有香爐祭祀的歸天之象。大壯為消息卦，時當陰曆二月，由初爻走至上爻，也有氣盡之意。「遇大壯之鼎」，多半過不了春分。朱老師果然於當年陽曆三月二十二日往生，享年七十歲，「大壯則止，遯則退也」。

●二〇〇四年耶誕夜，我問五天後三二〇選舉無效之訴宣判，藍營有無勝算？為大壯卦初、上爻動，有鼎卦之象。大壯氣盛，衝撞體制，不滿陳水扁兩顆子彈巧取政權，選期正值大壯月，鼎卦就代表政權，「遇大壯之鼎」，說明了此事本末。初九「壯于趾，征凶」，「其孚窮也」；上六「羝羊觸藩」，「不能遂」。由初至終，難以達成心願。果然宣判揭曉，藍營敗訴，陳水扁坐穩江山。

●二〇〇八年六月中，台灣嘉新水泥創辦人張敏鈺老先生病危，富邦課堂上學員因關心占問其病情吉凶，為大壯卦初、二爻動，有小過卦（䷽）之象。小過卦為兑宮遊魂卦，〈大象傳〉稱：「君子以行過乎恭，喪過乎哀，用過乎儉。」有喪葬之象，占問老人生死遇小過卦，很不吉祥。大壯卦為上棟下宇的陽宅之象，其下二陽轉虛，無立足之地，也大大不妙。果然沒多久，張老先生即過世。

●二〇一一年三月底，毓老師仙逝已九天，我突然想起，他也是大壯月春分前夕往生，遂占問與節氣是否相關？為大壯卦初、二爻動，有小過之象。果然有密切關聯，心中憮然。

●一九九四年七月底，因日前蘇志誠來電告知，李登輝想找我上《易經》，約好八月一日到府裡見面云云，我占算如何應對？為不變的大壯卦。理直氣壯，「非禮弗履」即是。再確認有沒有更多指示？又是大壯卦，四、五爻動，齊變有需卦（䷄）之象。九四「貞吉，悔亡」，六五居君位指李登輝，我若輕舉妄動，小心「喪羊于易」。需卦健行遇險，得耐心等待，以涉大川，遇大壯之需，相當明確，也與我不忮不求的行事風格吻合。三天後去見李，談了兩小時，決定接下授課之事。八月三日晚間，赴官邸開課，持續了一年多。

●二〇〇七年五月底，我一位學生開車載我去他內弟家，有難題想請教云云。那位李先生媒體記者出身，後投效台新金控集團做公關特助，常須為老闆分憂。當時台新金花下鉅資，入股彰化銀行，卻一直無法掌控經營權，難過已極。他問次年三二〇大選前，合併彰銀能否成功？出來不變的坤卦，應該沒法取得主動，涉及廣土眾民利益，只能順勢用柔。再問最後會如何解決？為大壯卦四、五爻動，有需卦之象。雖然需要，只能耐心等待，以涉大川。大壯卦剛好是次年陽曆三月大選期間，政權若再輪替，他們更多阻礙。九四「尚往」，六五「喪羊于易」，硬幹肯定不行。果然次年國民黨贏回政權，台新金迄今也未能完全如願。

●一九九七年十月中旬，我剛看完杭亭頓名著《文明衝突與世界秩序的重建》，占問其書論旨應如何評價？為大壯卦五、上爻動，有乾卦（䷀）之象。杭氏畢竟是站在西方文明為世界中心的觀點看問題，不脫爭霸稱雄的競爭思維，就像大壯卦一樣逞強猛進，其上二陰爻動，意蘊深長。陽入陰中，先是「喪羊于易」，再則「羝羊觸藩，不能退，不能遂，无攸利，艱則吉」。中華傳統的王道思想絕不如是。

●二〇一一年七月下旬，我赴北京給精英班授《易》畢，週日欲返台時，逢大雷雨，受困北京機場五個多小時，才有航班回家。妙的是之前回顧此行績效，為大壯卦二、三爻動，有震卦（䷲）之象。震為連續雷擊，大壯卦「雷在天上」，「非禮弗履」，「大壯則止」，行程受阻已有定數？九二「貞吉」，九三「羝羊觸藩」，只能「君子用罔」。當時在機場確認受阻後，因次日午後台北還有要事，占問能否及時安返？則為不變的謙卦（䷎），「亨，君子有終」，果然午夜搭機安返。

●二〇一一年元月底，小兒參加大學入學測驗，考畢後我問順利否？為大壯卦二、三爻動，有震卦之象。九三「羝羊觸藩，羸其角」，「貞厲」，少壯受阻。震卦連續雷震，「恐懼修省」，多半還得再來一次，果然不算理想，繼續參加七月初的第二次指考，才順利考上政大會計系。

●一九九二年三月下旬，我已接手經營出版公司，前一年還自己成立學校團體銷售部門，想衝出新通路業績，聘了一位經理主打，卻一直不順，反而造成與其他行銷部門的不少紛爭。當時眼見不行，決定裁撤，卻遭該經理反彈，未達業績標準而圖要賴，我問對策，為大壯卦二、三爻動，有震卦之象。理直氣壯，但也不必動怒用強，反正堅定立場就好，最後仍然辭退他，不為所動。

●一九九四年二月中，因同公司直銷部門副總業績遠不及設定標準，按理止付年終獎金，他仍有反彈不快，我問往後應對？為大壯卦二、三爻動，有震卦之象。只能堅定大原則不妥協，但勿強硬過甚，低調冷處理即是。兩個多月後，公司情勢陡變，也不用我再操心了！

●二〇一一年四月下旬，我在徐州路市長官邸的《易經》班教占，大家問辛卯年台灣會不會有天災？時當三一一日本福島大地震之後，全球都有些談災色變。結果占得不變的大壯卦，節氣已過，「雷在天上」，應該風調雨順。我另用手機電占覆核，又得大壯卦初、三爻動，有解卦（䷧）之象。雷雨解，有旱象紓解之象，其〈彖傳〉稱：「天地解而雷雨作，雷雨作而百果草木皆甲坼，解之時大矣哉！」怎麼看都沒問題。果然全年無水旱風災，難得的平安年。

●一九九五年三月中，《聯合報》的一位記者來電，探聽我給國民黨高層上課之事，我請他別報導以免困擾，又請朋友代約該報張總編輯餐敘，希望能壓下此事不表。晤面前問吉凶，為大壯卦三、四爻動，有臨卦（䷒）之象。大壯卦「利貞」，臨卦「教思无窮，容保民无疆」，大壯卦四陽減為二陽，空間遼闊多矣！晤談後，果然獲致協議，壓下了該案未報導。

●二〇一〇年三月下旬，我赴北京清華國學培訓班授《易》半日，來去匆匆，占問此行成果，為大壯卦初、四爻動，齊變有升卦（䷭）之象。大壯卦剛好當令，為陽曆三月時節。升卦自然順遂有成，「遇大壯之升」，績效不錯。

●一九九九年元旦，我作一年之計，特別關注師門可能開展的「奉元志業」，占問自己能做甚麼？為大壯卦初、五爻動，齊變有大過卦（䷛）之象。「大壯則止」，初九「壯于趾，征凶，有孚」；六五「喪羊于易，无悔」。「大過顛也，棟橈」，應不可行，至少當年無有致力處。後勢確實如此，其實毓老師那年也沒有真正推動甚麼，大事還是需要各方機緣成熟才行。

●二〇一二年元月四日，我南下台中教課，距大選只有十天，同學關心勝負，我只談年度情勢，其他諱莫如深。下課後，一位謝姓老學生給我看他當天下午的占象：蔡英文為大壯卦初、五爻動，齊變有大過之象。馬英九為大過卦九四爻動，恰值宜變成井卦。大壯上棟下宇，為陽宅之象，變大過，則有棺槨陰宅之象，由陽入陰，大大不妙。大壯卦初九「壯于趾，征凶」，「其孚窮也」，緣營基層選民的支持熱情，尚不足以成事；六五「喪羊于易，位不當也」，挑戰君位失利。馬英九雖陷大過「棟橈」之局，又絕處逢生，「棟隆」轉吉。我看了點點頭，與我一貫的占測相符合。元月十四日選舉揭曉，馬勝蔡負。

三爻變占例

占事遇卦中任意三爻動，本卦為貞，三爻齊變所成之卦為悔，稱貞悔相爭，合參兩卦卦辭卦象判斷。若三爻其中一爻值宜變，為主變數，加重考量其爻辭所致之影響。

● 二〇一〇年三月上旬，我們學會評估與公關公司合辦世界易學會議，有理事建議何不自辦？我占得大壯卦初、三、上爻動，貞悔相爭成未濟卦（䷿）。「大壯則止」，「未濟」不成，顯然力有未逮。初九「壯于趾，征凶」，「其孚窮也」；九三「羝羊觸藩，羸其角」；上六「羝羊觸藩，不能退，不能遂」。警告太明確，萬萬不可，遂放棄自辦之想。

● 一九九八年九月下旬，我的學生張良維已確定從社會大學基金會辭職，準備建立道場，專心推廣其師熊衛的「太極導引」。我占問其前景，為大壯卦初、二、上爻動，貞悔相爭成旅卦（䷷）。大壯與遯一體相綜，為世代交替之意。初九「壯于趾，征凶，有孚」；九二「貞吉，以中」；上六卻「羝羊觸藩，不能退，不能遂」，「艱則吉」。旅卦飄泊在外，進不了家門，這是怎麼回事？一年多後，他的鋒芒太露，得罪了同門師兄弟，熊衛對他也不諒解，被迫改用「氣機導引」的名號另立門戶。

● 二〇〇二年十二月上旬，我和昔日出版公司的幾位老同事餐敘，我已走上專心講學的路，他們還在出版界自立門戶打拚，談起往事都不免感慨。我當時意動，給他們幾位都算了十年的發展運勢。其中一位王姓同事，為大壯卦下三爻全動，貞悔相爭成豫卦（䷏）。大壯有衝勁，發展卻未見順遂。初九「壯于趾，征凶」，「其孚窮」；九二「貞吉，以中」；九三「羝羊觸藩，羸其角」，「貞厲」。往後十年，他真的編了很多書，由組公司大幹，又退回在家中承包，在台搞出版已成艱困行業，有成就的不多。

●二〇一一年三一一日本核災後，中台灣有自稱通《易》的所謂「王老師」，說五月十一日台灣會發生超大地震，引發海嘯，糾集了一批愚民蓋鐵皮屋，山中避難，明顯是缺乏常識的妖言惑眾。結果當天啥事也沒發生，受盡訕笑。我問這鬧劇的本質為何？得出大壯卦二、四、上爻動，九四值宜變成泰卦，貞悔相爭成賁卦（䷕）。大壯卦衝動有餘，理智不足；賁卦為文飾包裝，假藉人文思想，大言欺世。九二、九四做不到「貞吉」，陷入上六「羝羊觸藩、不能退、不能遂」的窘境。

●二〇一一年六月上旬，美國網球公開大賽已至冠亞軍決戰，瑞士的名將費德勒為大壯卦二、三、上爻動，貞悔相爭成噬嗑卦（䷔）；西班牙的納達爾則為不變的復卦（䷗）。「大壯則止」，九三、上六皆「羝羊觸藩」，為壯志難酬的覆敗之象；噬嗑為劇烈競爭，遇大壯之噬嗑，應該是費天王輸，納達爾贏。果然如是。

●二〇一三年元月中旬，我問中美兩國的關係如何？為大壯卦二、三、上爻動，貞悔相爭成噬嗑卦。大壯剛強易衝突，噬嗑則劇烈鬥爭，這是西方霸權天下的慣性思維所致，必須小心化解。

●二〇一一年八月中旬，我們學會場地的房東要漲房租，調幅甚高，且態度強硬，我請前任理事長去協商處理，占得大壯卦初、二、四爻動，貞悔相爭成謙卦（䷎）。大壯易衝動行事，謙則兼顧雙方利益，求得平衡。「遇謙之大壯」，耐心周旋，應可和平有終。果然，以略調幾千元解決。

●二〇一〇年十一月上旬，我占算一位舊識天賦高、氣勢壯，何以年逾七十，卻難有所成？得出大壯卦二、五、上爻動，貞悔相爭成同人卦（䷌）。「同人于野，利涉大川」，「唯君子為能通天下之志」。大壯卦「剛以動」，氣吞河嶽，但也容易縱情犯錯，做不到「非禮弗履」。六五「喪羊于易」，上六「羝羊觸藩，不能退，不能遂」，雖九死而未悔，然至老而無成。

四爻變占例

占事遇卦中任意四爻動，以四爻齊變所成之卦的卦辭卦象為主判斷吉凶，若其中一爻值宜變，加重考量其爻辭。

●一九九二年八月初，我還在出版公司督戰，營運主力的直銷部一直業績不振，嚴重影響財務調度。我問當如何整頓為宜？得出大壯卦初、三、五、上爻動，齊變成訟卦（䷅）。訟是彼此興爭，並非所宜。大壯氣憤難耐，恐怕還是得強忍，勿輕舉妄動。初九「征凶」、九三與上六皆「羝羊觸藩」，六五「喪羊于易」，警訊明確，決定慢慢周旋。

●二〇一一年五月初，我問：學會當年內是否還會有內鬥之事？為大壯卦初、二、三、四爻動，九三值宜變成歸妹，四爻齊變，成純陰的坤卦（䷁）。大壯卦陽氣壯盛，易起衝突，四陽盡化散為陰，坤卦厚德載物，「利西南得朋」，「先迷後得主」，應該無礙。我前一年大力整頓後，已不容許這種事情再發生，後勢果然。

35. 火地晉（䷢）

晉卦為下經第五卦，為日出之意，下接明夷卦為日落，兩卦相綜一體，有日出就有日落。從太空看地球，一半白天、一半夜暗，晝夜輪替，即為此象。「晉」字上半部為齊頭並進之意，表示太陽不只一個，人人若能開顯自性，都會大放光明。中國歷史上有晉代，春秋時的中原大國名晉國，今日山西省地段稱晉。

〈序卦傳〉稱：「物不可以終壯，故受之以晉。晉者，進也。進必有所傷，故受之以明夷。夷者，傷也。」晉卦之前為大壯卦，積健為雄，剛強猛進，不可能永遠忍耐不動，時機成熟後就會往前推進。前進過度、擴張過速，又會遭遇挫折而受傷，日出之後，繼之以日落，明夷即光明受傷、轉為黯淡。

〈雜卦傳〉稱：「晉，晝也；明夷，誅也。」「晉」為白晝日出，「明夷」即為黑夜日落；「明夷」為誅責，「晉」即為嘉賞。這是修辭上所謂的「互文見義」，舉一可推論其他。晉卦卦辭中就有加官晉爵的描述。明夷卦中，則以殷末紂王迫害西伯姬昌及貴戚箕子為象，以示誅責，和晉卦正相反。明夷之誅，更有深意，表面是君王誅責臣子，其實是天下民眾誅除獨夫。《孟子‧梁惠王篇》記齊宣王質疑：「臣弒其君可乎？」孟子回答：「賊仁者謂之賊，賊義者謂之殘，殘賊之人謂之一夫。聞誅一夫紂矣，未聞弒君也！」一夫即獨夫，統治者傷仁害義，失去民意的支持，眾叛親離就叫獨夫，已喪失統治的合法性。臣民發動革命推翻他，不能算作弒君。

䷢

晉卦卦辭：

康侯用錫馬蕃庶，晝日三接。

晉卦卦辭有微言大義，表面上說的是臣子表現優秀，蒙君王嘉賞，實則涵意更深，藏有撥亂反正的革命思想。康侯在歷史上確有其人，為政績卓著的高官，使百姓富實康樂，遂蒙國君多次接見，勤加慰勉。「錫」同「賜」，國君賜予康侯一對良馬，康侯再用牠們去交配，繁衍生出許多小馬，「晝日三接」，也可以指雌雄交接配種之勤，蘊育出血統優良的後代，像滾雪球一樣生生不息。這是甚麼意思呢？

乾為馬為心，「在天曰命，在人曰性，在身曰心」，人人與生俱來的本性真心，以馬為喻，所謂「心猿意馬」即是。「賜馬」為天賜的良心，有其良知良能，人生在世須「致良知」，將一點靈明自性推廣擴充，發揚光大。「賜馬蕃庶」，實即「明明德」、「致良知」。

「康侯」亦不必指人，「侯」通時候之「候」，前文解屯、豫「利建侯」時已闡明。「康侯」可指民生小康之時，溫飽已不成問題，該注重文化教養，以提升性靈及人格成長了！管仲所稱：「倉廩實而知禮節，衣食足而知榮辱。」正是這個道理。晉卦六爻全變為需卦，需為飲食之道，關注國計民生；晉卦提升教養，重視文化薰陶。需為上經第五卦，晉為下經第五卦，一言天道自然，一稱人事所宜，天人相應，關係密切。

晉卦為乾宮遊魂卦，歸魂卦為大有卦，小康世尚非究竟，天下為公的大同世，才是王道的歸宿。國家社會需先行經濟改革，待中產階級興起、全面小康後，自然會有政治改革的需要。晉卦六爻所述，亦可看成是社會轉型進化的歷程。

訟卦上九：「或錫之鞶帶。」師卦九二：「王三錫命。」皆為君王賜賞臣下。晉卦卦辭：「康侯用錫馬蕃庶。」不言康君而稱康侯，用為用柔、用眾，皆有臣民自立自強的深意。

〈彖〉曰：晉，進也。明出地上，順而麗乎大明。柔進而上行，是以康侯用錫馬蕃庶，晝日三接也。

晉卦下坤地、上離明，故有「明出地上」的日出之象。內卦坤順、外卦離麗，內順天理，外現大明，也是開發自性、致良知的意境。「柔進而上行」，顯然指居君位的六五，與下卦坤所代表的民眾，同屬陰柔之性，表示元首出自民間，了解民間疾苦。如同乾卦〈彖傳〉末所稱：「首出庶物，萬國咸寧。」領導人既由民眾推選而出，自然重視民力，樂於提攜後進，共同為社會服務。「晝日三接」，六五為上卦離明中心，為白天太陽的代表，接引下卦坤的三個陰爻上進，即為「三接」。晉卦與需卦相錯旁通，需卦「健行遇險」，九五居君位，吸引下卦乾三陽上進，最後於上六稱「有不速之客三人來」，接引同類的功能相似。

因此，「柔進而上行」，說透了就是「民進而上行」，主張人人生而自由平等，都有參政的權利。晉卦之前為大壯卦，恃剛猛進，衝撞既有體制的藩籬，類似群眾聚集的抗議運動。「羝羊觸藩」，達不到目的後，轉剛進為柔進，棄暴力而用喚醒民眾的方式，以爭取民權，反而容易取得最後的成功。

〈象〉曰：明出地上，晉。君子以自昭明德。

「昭」即「明」，「自昭明德」，即為《大學》開宗明義所稱的三綱領之首：「大學之道，在明明德。」「明德」為生生不息、終而復始的德性，人人與生俱來，但會受後天習氣汙染而蒙塵，所以須好好修為，使明德復明。開發自性，只能靠自己實修，任何人都愛莫能助，大有卦上九爻辭說得很清楚：「自天祐之，吉无不利。」乾卦〈大象傳〉稱：「君子以自強不息。」集大成的〈彖傳〉亦稱：「大明終始，六位時成，時乘六龍以御天。乾道變化，各正性命。」

《尚書．堯典》稱讚帝堯的政績：「克明俊德，以親九族；九族既睦，平章百姓；百姓昭明，協和萬邦，黎民於變時雍。」亦稱「昭明」，與晉卦〈大象傳〉「自昭明德」之旨全合。

占例

●二〇一〇年三月中旬，我問阿彌陀佛的修行境界如何？為不變的晉卦。「明出地上」，「君子以自昭明德」，原來開發自性成功即成佛，眾生皆有佛性，人人皆能成佛，六祖惠能說的「自性彌陀」一點不假。《壇經．疑問品第三》稱：「佛向性中作，莫向身外求。自性迷即是眾生，自性覺即是佛。」

●二〇〇九年七月中，我問以佛視《易》如何？為不變的晉卦。「明出地上」，「君子以自昭明德」；眾生皆有佛性，人人皆可進修成佛。在這根本的道理上，儒佛實無區別。

●二〇〇九年八月上旬，我問二十一世紀中華兵學的發展前景如何？為不變的晉卦。如日東升，大有發展，「柔進而上行」，與剛強猛進的西方兵法不同，可「不戰而屈人之兵」。

●一九九七年八月中旬，我占問〈彖傳〉的價值定位，為不變的晉卦。〈彖傳〉完成在〈大象傳〉、〈小象傳〉之後，對卦爻結構深入分析，除解釋卦辭外，還有許多創新的見解，令人驚艷。「晉者，進也」，與時俱進，大放異彩。「君子以自昭明德」，衍生出更多豐富的義理，正是「康侯用錫馬蕃庶，晝日三接」。

同年九月上旬，我又問河圖、洛書與大易本旨的關係為何？也是不變的晉卦。「明出地上，順而麗乎大明」，「君子以自昭明德」。看來大易本旨為「大明終始，六位時成」，引發了後世許多創意，依附易理而有所成就，河、洛的圖書之學亦然。龍馬負圖的神話傳說不可信，《易經》的智慧仍從仰觀俯察的體證中來。有關河洛的記載，一見《論語・子罕篇》子曰：「鳳鳥不至，河不出圖，吾已矣夫？」這是假傳說以抒發感慨，認不得真。一見〈繫辭上傳〉第十一章：「河出圖，洛出書，聖人則之。」

●二〇〇九年十月中旬，我讀中醫書，問「七損八益」房中術的評價，為不變的晉卦。晉之前為大壯，血氣方剛，「羝羊觸藩，羸其角」，情慾衝動易受傷，也達不到陰陽調和的目的。「大壯則止」，「物不可以終壯，故受之以晉」，改用柔進的方式會討好得多。「錫馬蕃庶」，生育優秀子女；「晝日三接」，剛柔交接舒服順暢，還可多多益善。飲食男女為人生大欲，中國菜名聞世界，房中術亦講究精微，古代為帝王服務，今日則可解密開發，為常民解惑謀福。

● 一九九七年間，我台中的老學生陳一雄，時任大榮貨運總經理，他有靈異體質，從小就能見人之所未見，問我占卦可有時辰禁忌？我說應該沒有，隨時隨地都可以。他就跟我說了一段經歷：他去紐西蘭出差，深夜降抵基督城，因為臨時安排，大雨中住入一陌生旅舍，等一切就緒，已過子夜時分。他拿出占具，問翌日商業談判是否順利？最後是占出了不變的晉卦。在他起占時，突然發現身邊多人環繞，而且穿著不同時代的衣服，好奇伸頭探望云云。次日一早天放晴，他結帳離開旅館，發現左近有間教堂，後有一百年以上的家族墓園。這就是了！洋鬼子沒見過占卦，前來觀禮。晉為乾宮遊魂卦，卦辭稱「晝日三接」，還真的吸引下卦坤地中眾陰，往上一觀究竟呢。而晉卦前途光明，次日生意談判相當順遂。

● 二〇一五年十二月中旬，我與台灣國樂團合作演出的《觀易賞樂》音樂會第二集圓滿結束，指揮招待大家吃宵夜。之前排練時，曾有團員遞紙條問，另一彈琵琶的音樂家為何結婚多年未生子以及何時生等等，宵夜心情放鬆，她丈夫承認就是遞紙條者。我現場占，為不變的晉卦。「康侯用錫馬蕃庶，晝日三接」，解法明確：以後改白天敦倫，而且多做幾次，最好還在日出之時，一定多子多孫。現代人工作忙碌，晚上精疲力竭，做了也多無效啊！沒過多久真的傳來懷孕喜訊，結果得一寶貝女兒，小夫妻歡樂無限。

初六：晉如，摧如，貞吉。罔孚，裕，无咎。

〈小象傳〉曰：晉如摧如，獨行正也；裕无咎，未受命也。

初六為晉之初，想上進卻遭遇摧毀似的打擊，這時須堅守原則，不屈不撓，獨自奉行正道。人微言輕，尚未取信於民，所以會失敗，當權者才會毫無顧忌打壓。想通了心地放寬，調整調整就沒事。以前人無官職，稱「未受命」，因為當官就有職守，就得接受聽從長官的命令。「命」也可指天命，未受天命，表示修為尚淺，還不足承受天命。

「裕」指心態寬裕，為「明明德」之功，亦可指經濟力量強大，資源不虞匱乏。晉卦推動政治改革，爭取人民權益，雖遭既得利益者打壓，只要財力雄厚，便可長期抗爭，不到成功不休止。國家社會發展進入小康階段，大量中產階級出現，溫飽富實之後，要求參與政治，全球各地的經驗都差不多。

「罔孚」的「罔」，為空無之意，「罔孚」即誠信未達，還不孚眾望。大壯卦九三「君子用罔」，冷靜自持，有壯而不用。「獨行正」的「獨」，為「慎獨」之獨，人人不同，「自昭明德」即開發自性，只能靠自己，任何人都幫不上忙。「在天曰命，在人曰性，在身曰心，在己曰獨。」心同理同，人與人可同心同德，「獨」卻人人各異。復卦見「天地之心」，六四「中行獨復」；蒙卦「童蒙求我」，六四「困蒙，獨遠實」：履卦初九「素履之往，獨行願」；大過卦「棟橈」，「獨立不懼，遯世无悶」。「獨」為人人生命深處蘊涵的核心原創力，「慎獨」即真心體會，並有效開發。

晉卦初六爻變，為噬嗑卦（䷔），民運初起，招致嚴酷的政治打壓。九四居高位而不正，和初六相應，竭力遏制民間勢力的成長。

占例

●二〇一五年三月上旬，我們好幾位朋友餐敘，對當時年輕人佔據立法院、衝入行政院的「太陽花運動」頗感憂心。我問衝擊如何？為晉卦初六爻動，有噬嗑之象。年輕人衝動，會遭打壓，而事實上仍屬政黨惡性鬥爭，總之非台灣之福。晉為日出，又呼應太陽花之象。再問運動能成功嗎？為恒卦上六爻動，有鼎卦之象。「振恒凶，大无功也。」動搖國本，決不會有實質意義的成功。還有朋友擔心反中狂潮會破壞到故宮文物，為觀卦五、上爻動，九五值宜變成剝卦，齊變有坤卦之象。「觀我生，君子无咎」，應該不至於如此。

●二〇一六年元月中，民進黨在大選中獲勝，蔡英文上台，兩岸關係趨緊張。我問大陸當局會如何回應？為晉卦初六爻動，有噬嗑之象。晉卦號稱自由民主，實則有脫中自立之意，「晉如，摧如」，會遭大陸打壓。那麼兩岸和解是否無望呢？為不變的謙卦，卻也未必，仍有亨通可能。

䷢

六二：晉如，愁如，貞吉。受茲介福，于其王母。

〈小象傳〉曰：受茲介福，以中正也。

六二中正，潛力甚佳，在社會上已打下堅實基礎，當權者難以強行壓制，遂改用陰柔迂迴的方式刁難，六二為此發愁，仍應堅持原則奮鬥。六二與六五相應，可得居君位的大力奧援，排除障礙，而承受福報。六五為陰性，介入相助，故稱六二「受茲介福，于其王母」。占卦若遇晉卦六二爻動，恰值宜變之位，爻變成未濟卦（䷿）。六二若無六五貴人相助，本身可能不易過關。

晉卦初六「獨行正」，靠自己硬挺；六二「以中正」，求外在奧援；履卦初九「素履之往，獨行願」；九二「幽人貞吉，中不自亂」。初「獨」二「中」，合於《中庸》先稱「慎獨」、再論「中和」之理。

占例

● 一九九七年間，我的一位學生被親戚無理糾纏，敲詐錢財，甚至還動用黑道恐嚇，我問他如何應對為宜？得出晉卦六二爻變，成未濟卦。「晉如，愁如」，他真的是相當憂愁。「受茲介福，于其王母」，顯然應該尋求外援，找對人排除障礙。這個人是誰呢？好玩的是爻辭都暗示出姓名，他回去後打電話給某黑道大哥，對方答應介入處理，次日親自南下台中，擺平了問題。但也由此欠下人情，後來為此還有困擾，也合乎未濟卦之象，一波未平，一波又起啊！

䷢

六三：眾允，悔亡。

〈小象傳〉曰：眾允之，志上行也。

六三已至下卦坤的極頂，經歷初六「摧如」、六二「愁如」，皆能貞吉，贏得了群眾的肯定和支持，準備突破九四的壓制封鎖，而往上卦高層挺進。「眾允」之「允」，為已孚眾望、大家允許他上進之意。本爻變為旅卦（䷷），尚未得勢得位。

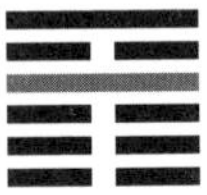

九四：晉如鼫鼠，貞厲。

〈小象傳〉曰：鼫鼠貞厲，位不當也。

九四陽居陰位，居高位而不正，面對下卦坤的民運高漲，採取打壓遏制的態度，無所不用其極。「鼫鼠」或稱碩鼠，為貪吃糧食的大老鼠，見《詩經・魏風・碩鼠》：「碩鼠碩鼠，無食我黍。」本爻變為剝卦（䷖），剝削民眾不遺餘力，違反晉卦發達民運的時代需求，本身也「不利有攸往」。晉卦中初至四爻互成剝卦，九四恰為剝卦上九，「碩果不食，小人剝廬，終不可用也」。

「鼫鼠」之象由何而來？整部《易經》只此一爻以鼠為象，應從艮卦而來。〈說卦傳〉稱：「艮為鼠。」晉卦二、三、四合成艮卦（䷳），九四正當艮之主。戰國末年李斯曾有名言傳世，所謂「溝中之鼠不如倉中之鼠有餘糧」，說透了「晉如鼫鼠」的情態。竊據高位者貪腐弄權，必官官相護，而形成共犯結構，老鼠的繁殖力驚人，與此相當。前好些年洞庭湖鬧鼠患，迅速繁殖成二十億隻，造成附近居民恐慌，即為顯例。

晉卦卦辭稱：「康侯用錫馬蕃庶，晝日三接。」以馬喻心，「錫馬」為與生俱來的良知，「蕃庶」即「致良知」。馬的繁殖力遠遠不如老鼠，這揭示了一樁人性的事實：揚善很難，遏惡不易。諺云：「為善如登，為惡如崩。」人生向善就像登山，非常吃力；墮落作惡，則容易得多。

●二〇〇八年初，我作一年之計，其中陳水扁全年運勢為晉卦九四爻變，有剝卦之象。「晉如鼫鼠貞厲」，「位不當也」，「不利有攸往」。鼫鼠性貪，竊居高位，蹧蹋公糧，說中了陳水扁貪腐政權的稟性，五月下台後，必遭人民所共棄。果然，當年八月東窗事發，十一月中拘押入獄，從此遺臭萬年。

二〇〇九年初，我再算他全年運勢，居然又是晉卦九四爻動，有剝卦之象。占到同卦同爻的機率為四〇九六分之一，扁居然連續兩年同象，可見罪孽深重，只有「鼫鼠」足以形容。「遇晉之剝」，前人有解詩云：「念念多憂失，謀營又害身，持孤一女子，鼠叫厲方貞。見才不見才，見喜不見喜，去處在他人，自身不由己。」用來形容扁入獄的情境，真是太切了！

●二〇〇六年初，我占謝長廷的全年運勢，也是晉卦九四爻動，有剝卦之象。「晉如鼫鼠，貞厲」，「位不當也」。結果開年他就解除閣揆職下台，年底參加台北市長選舉，又輸給郝龍斌，時運不濟如此。「鼫鼠」之患，亦自取之。

●二〇〇九年十二月上旬，台灣舉辦縣市長級的所謂三合一選舉，選前我占問情勢，國民黨為晉卦九四爻動，有剝卦之象，民進黨為不變的豫卦。一邊「晉如鼫鼠，貞厲」，一邊「利建侯行師」，顯然民勝國負。選舉揭曉，國民黨雖保有多數席次，卻失去視為指標的宜蘭縣的執政權，且全部縣市長總得票數幾乎相當，國民黨的執政亮起紅燈。

六五：悔亡。失得勿恤，往吉，无不利。

〈小象傳〉曰：失得勿恤，往有慶也。

六五居晉卦君位，積下卦三爻的努力，終於突破九四之打壓封鎖而登高位，悔恨皆已消亡。人之常情，既得之，又患失之，為了保住得來不易的成果，往往不擇手段以維護之。權勢使人腐敗沉淪，即源於此。爻變成否卦（䷋），「否之匪人，不利君子貞」。真有智慧及修為者，這時應放開得失心，勿負初志，以為民謀福，才能「自天祐之，吉无不利」，且讓大家都蒙福報。「勿恤」己私，眾喜為「慶」，這是領導人必備的涵養與情操。大陸治《春秋公羊傳》的名學者蔣慶，字勿恤，可謂深識天下為公的道理。

占例

● 一九九四年六月下旬，我剛從出版公司的變故中脱身不久，仍按原訂計畫，率二位高幹赴南京參加書展，懷想自己任職公司恰滿十年，心中頗有感慨，晚上在酒店中，占問往後的緣分與吉凶？得出晉卦六五爻動，有否卦之象。「悔亡。失得勿恤。」逝者已矣，沒有什麼好追悔的，更無所謂得失成敗。「往吉，无不利」，擺脱「否之匪人」的舊環境，往前繼續「自昭明德」，必有慶也，正是：「莫愁前路無知己，此去誰人不識君？」

● 二〇一〇年九月下旬，我問在台灣汐止肉身成聖的慈航法師修為境界，為晉卦六五爻動，有否卦之象。「悔亡。失得勿恤，往吉，无不利」，本身開發自性成功，又能教化眾生，皆大歡喜，是有成就的大德高僧。我的先師毓老剛來台灣時，曾去慈航道場聽經，慈老可算是我的太老師。毓師曾聽慈老說：好險啊！有幾次差一點兒，就還俗為慈航先生了！「遇晉之否」，一念之間魔考不通過，即成「非人」，修行談何容易？

●二〇一二年元月上旬，離台灣大選還有五天，十四日大選將要揭曉，我問彼時心境將如何？為晉卦六五爻動，有否卦之象。「悔亡。失得勿恤，往吉，无不利」，「必有慶也」。六五為君位，卦辭又稱「康侯用錫馬蕃庶」，應該是馬英九連任成功之意。果然五天後，馬以八十萬票的領先差距勝選，保住了國民黨的江山，也穩定了得來不易的兩岸關係。

●二〇一七年五月中，我問習近平當年氣運，為晉卦六五爻動，有否卦之象。晉為東方日出，蒸蒸日上，六五君位，「悔亡。失得勿恤，往吉，无不利。」國際國內難關甚多，都一一突破，彷彿「自天祐之」，運勢極順哪！

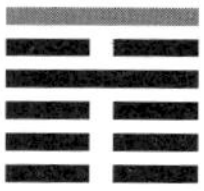

上九：晉其角，維用伐邑，厲吉，无咎，貞吝。

〈小象傳〉曰：維用伐邑，道未光也。

上九為晉卦之終，下接黑暗的明夷卦，由日出轉向日落，前進的動力已消，再難有所寸進。這時只宜回頭整頓內部，以維持高高在上的態勢，雖有動盪風險，仍可獲吉而無咎。這樣做雖然正確，畢竟已是上進的盡頭，路子愈來愈窄狹了！「道未光」，前景不再光明，得做好過苦日子的準備。本爻動，恰值宜變成豫卦（䷏），既有此預期，當「建侯行師」以「伐邑」平亂，不可再往外擴充。

占例

●二〇〇四年十一月中旬，我提前算次年形勢，其中李登輝的氣運為晉卦上九動，恰值宜變成豫卦。「晉其角」，「道未光也」，他下台已三年半，影響政局的能量大減，不容易再興風作浪了！同年馬英九為不變的晉卦，「康侯用錫馬蕃庶，晝日三接」，正如東升旭日，光芒萬丈。長江後浪推前浪，一代新人換舊人，世事變遷恆如是。

●二〇〇八年十一月中，有學生占問何謂「卡到陰」？為晉卦上九爻動，恰值宜變成豫卦。「晉其角」，下接陰暗的明夷卦，晉、明夷分屬乾宮、坎宮的遊魂卦，形容得真切啊！「維用伐邑」，這時必須整頓內心，以恢復平寧，還有機會獲吉而無咎。豫卦〈大象傳〉稱：「先王以作樂崇德，殷薦之上帝以配祖考。」誠心祭拜天地祖宗，應可消除化解。

●二〇一一年七月下旬，我赴北京首屆菁英班授《易》，學員之一的青島電力科技公司的秦總跟我說，他創業後成長甚快，正籌劃上市，自占得晉卦上九爻動，恰值宜變成豫卦。「晉其角，維用伐邑」。公司擴大後，許多老幹部無法與時俱進，遭遇成長的瓶頸，必須整頓內部，提升戰力，才能更上層樓。他連呼斷得太準，易占真是一針見血。

由晉卦九四、上九爻辭看，陽爻皆有受阻停滯之象，另四陰爻則激勵上進，可知〈彖傳〉稱「柔進而上行」，為晉卦主旨，與大壯剛進的態勢相反。

多爻變占例之探討

以上為晉卦卦、彖、象及六爻單變之闡析，往下繼續研究二爻以上變動的情形。

二爻變占例

占事遇卦中任意二爻動，若其中一爻值宜變，為主變數，以該爻辭為主斷占，若皆不值宜變，仍以本卦卦象卦辭為主，參考兩爻齊變所成之卦以論斷。

●二〇〇九年六月下旬，我占問十五年內，中國大陸能否成為世界最大經濟體？為晉卦四、上爻動，齊變有坤卦之象。上九「晉其角，維用伐邑」，上衝的力道不足，瓶頸出在內部，應該好好整頓。九四「晉如鼫鼠，貞厲」，執政高層的貪腐，必須整飭以正人心。「遇晉之坤」，為廣土眾民謀福，宜順勢用柔；晉卦為「柔進而上行」，兩陽爻動，自然難以上進。中國經濟遲早趕上美國，但還需更長的時間。

●二〇一一年二月下旬，小兒考完大學學測，成績不盡理想，我問政治大學財經領域的五系推甄，上不上得了？得出晉卦四、上爻動，有坤卦（䷁）之象。「晉如鼫鼠，貞厲」，「晉其角，……貞吝」，「道未光也」，看來難以如願。果然沒錄取，再接再厲參加七月初的指考，終於考上政大會計系。

●一九九六年十二月中，我問人生的命運能否改造？得出晉卦四、五爻動，九四值宜變成剝卦，兩爻齊變又有觀卦（䷓）之象。晉卦「明出地上，自昭明德」，人人正確努力是可能創造命運，但九四爻變，「晉如鼫鼠，貞厲」，人的貪嗔習氣不易超越，很多人在此處敗下陣來，「不利有攸往」。六五爻動，表示仍有少數人修為得法，可以突破障礙，而至大明的境界，自己決定人生的吉凶禍福。「遇晉之觀」，「省方觀民設教」，因人而異，各個不同。一般說來，晉下卦坤的三爻，完全可以靠努力開創人生，「晉如，摧如」、「晉如，愁如」、「眾允，悔亡」，「志上行也」。

●二○○三年六月下旬，我一位電子業總經理的學生因投資過鉅，造成財務困難，問我過不過得了關？得出晉卦四、五爻動，九四值宜變成剝卦，兩爻齊變，則有觀卦之象。「晉如鼫鼠，貞厲」，剝卦「不利有攸往」，這關很不好過；六五「悔亡」，「往有慶也」，仍有一線機會突破，得觀情勢而定。後來聽說他沒有自力過關，一年多後總經理換人做，然後公司以私募方式邀得日商入股，董事會大幅改組，他及子弟兵們算是力戰失敗。有意思的是，這位學生叫林明德，恰與晉卦「自昭明德」相合，只可惜沒能過關。

●一九九九年十一月下旬，跨世紀將至，我問台灣未來十年的整體運勢如何？為晉卦三、四爻動，九四值宜變成剝卦，兩爻齊變為艮卦（䷳）。晉卦如日東升，企盼上進，正如六三所稱「眾允，悔亡」；卻遭九四「晉如鼫鼠」阻擋，不得如願，「不利有攸往」，資源鬆動流失，成長近乎停滯。「遇晉之剝之艮」，真是令人扼腕！此占完全應驗，次年起陳水扁上台執政，大肆貪腐，敗壞朝綱，兩岸關係惡化至極，台灣真的失落了十年。

●二○一○年四月八日，台北錯卦進階班結業，同學宴請我謝師云云。當晚酒席上，大家突然想起，去年今日組團赴廈門時，一位同學不幸在鼓浪嶼猝逝之事，週年忌他的現況可安？有來現場看老師與同學嗎？我占得現狀為不變的坎卦（䷜），來了沒有？則是晉卦三、四爻動，九四值宜變成剝卦，兩爻齊變，則為艮卦。坎繼大過之後，往生後當晚想來，卻來不了，晉為乾宮遊魂卦，六三「眾允悔亡，志上行」，卻受阻於九四「晉如鼫鼠，貞厲」，「不利有攸往」。「遇晉之剝之艮」，重重阻礙，無法來去自如。

● 一九九八年初，我做一年之計，問當年的兩岸關係如何？為晉卦二、四爻動，九四值宜變成剝卦，兩爻齊變，則有蒙卦之象。晉卦六二「晉如，愁如，貞吉。受茲介福，于其王母」。兩岸關係因李登輝的台獨傾向，中斷交流近三年，終於當年十月，恢復辜汪二次會晤於上海，但重要共識不易獲致，主要是李登輝真正意圖不明，九四「晉如鼫鼠，貞厲」，說明了這種狀況。「遇晉之剝之蒙」，還是難有大的突破啊！

● 二〇〇六年二月下旬，我問當年台美關係如何？亦得出晉卦二、四爻動，九四值宜變成剝卦，兩爻齊變為蒙卦。台灣的特殊形勢需要美國介入，以維持戰略平衡，「王母」就是老美；又因執政的民進黨意識型態干擾，對大陸對美國的關係皆受阻滯，遂有剝蝕蒙昧之象。當年因扁政權貪腐過甚，激起紅衫軍憤怒反扁的浪潮，對外關係確實陷入低潮。

● 一九九八年十月中旬，我提前占測一九九九年的兩岸關係，得出晉卦初、三爻動，初六值宜變，成噬嗑卦，兩爻齊變為離卦。一九九九年七月，李登輝提出兩國論，又嚴重影響剛恢復協商不久的兩岸關係，汪道涵取消來台。晉卦初六所稱「晉如，摧如」，「罔孚」，又有互信動搖、噬嗑鬥爭的態勢。六三「眾允之，志上行」，再欲交往，勢所不能，占象不幸而言中矣！

● 一九九八年十二月五日，台北市長選舉前夕，我問陳水扁能否連任？為晉卦初、四爻動，九四值宜變成剝卦，兩爻齊變為頤卦。初六「晉如，摧如」，九四「晉如鼫鼠，貞厲」，剝卦「不利有攸往」，應該過不了關。次日選舉揭曉，果然馬勝陳敗。馬真是陳的剋星，晉卦辭中「用錫馬蕃庶」，隱隱也指馬而言。

●二〇一一年元月上旬，我占問一位舊識何以棄儒就道，甚至去信奉某位爭議性極高的女上師？得出晉卦初、四爻動，九四值宜變成剝卦，兩爻齊變為頤卦。占卦貞我悔彼，晉卦初六「晉如，摧如」，是這位舊識的修行狀態，九四「晉如鼫鼠，貞厲」，「位不當也」，則對他所崇信的女上師嚴厲批判。剝卦柔變剛也，「不利有攸往」，「小人長也」，明顯誤入歧途，奈何呼喚不回。

●二〇〇三年十二月下旬，一位女學生遭致身心靈的某些困境，也去找過一位修行人，觀前世今生云云，這人我後來也見過。當時占測其法有效否？得出晉卦初、二爻動，初六值宜變，成噬嗑卦，兩爻齊變，則為睽卦（䷥）。晉為乾宮遊魂卦，噬嗑卦壓力不輕，睽卦為反目疏離，可能看到幻象。晉卦初六「晉如，摧如」，六二「晉如，愁如」，「受茲介福，于其王母」，皆稱「貞吉」。若心行皆正，是可能透視個人生命本質而有些效益。但我對這些事興致不大，總覺得人還是「自昭明德」，「自天祐之」，可以不假外求。

●二〇一一年十一月中，學生招待至烏來洗溫泉，另一位學生是民進黨大老，手機中即有迄至當日為主的大選民調數據，馬英九和蔡英文幾乎打成平手，立委則親民黨遙遙落後。回程暗暗的車後座中，我以手機占測兩個月後的選舉結果，親民黨立委為晉卦初、上爻動，齊變有震卦之象。晉卦初六「晉如，摧如」，「罔孚，裕，无咎」，飽受兩大黨夾殺，民望不足，財力又匱乏，顯然甚糟。上九「晉其角」，「貞吝」，「道未光也」，一意孤行的結果，走入死胡同。晉卦「自昭明德」，《大學》講「在明明德，在親民，在止於至善」，親民黨都不能做到啊！

同時算民進黨立委選情為需卦初、二爻動，齊變有蹇卦之象；國民黨則為隨卦初、五爻動，齊變有豫卦之象。「遇需之蹇」，「需于郊」、「需于沙」，尚未過河，其道難行；「遇隨之豫」，「出門交有功」、「孚于嘉吉」，「利建侯行師」，相當不錯。

二〇一二年元月十四日選舉結果：親民黨三席，勉強組成政團；民進黨四十席，國民黨六十四席單獨過半，仍掌握立院最大優勢。卦象早已預示了這樣的結果。

●二〇一一年七月上旬，我赴北京為首屆菁英班授《易》，課畢後赴承德避暑山莊遊覽，占問此行成果如何？為晉卦三、五爻動，齊變有遯卦（䷠）之象。「晉者，進也」，「遯則退也」，進中有退，卦象有趣。晉卦六三「眾允，悔亡」，「志上行」；六五「悔亡」，「失得勿恤，往有慶也」。三與五同功而異位，配合呼應不錯，希望這次的播種，假以時日能生根發芽、開花結果，正所謂「康侯用錫馬蕃庶，晝日三接」也。

●一九九七年五月底，我在《自由時報》的專欄「時習易」彙編出書，我問銷售反應如何？為晉卦五、上爻動，齊變有萃卦（䷬）之象。「遇晉之萃」，本應不錯，上九「晉其角」，「貞吝」，「道未光也」，似乎會有難以突破的瓶頸，六五「失得勿恤」，只能這樣應對。由於日後我到處開班上課，這本小書其實賣的還可以，只是以易理論時勢，不免有時過境遷的問題，再印幾次後，終於絕版。

●二〇〇八年元月下旬，我試測大陸股市全年的表現，得出晉卦三、上爻動，齊變有小過卦（䷽）之象。小過卦形似大坎，風險不低，卦辭稱：「可小事，不可大事……不宜上，宜下。」晉卦六三「眾允，之志上行」，前兩年的狂漲，讓許多人想投入牟利；上九「晉其角」，「貞吝」，「道未光」，明確告知再難上進，必須進行內部結構的盤整，「維用伐邑」即此意。當年九月金融風暴爆發，上海綜合指數全年大跌了百分之六十五，應驗了卦象。

同時測算當年美國股市情勢，為大畜卦（䷙）初九爻動，有蠱卦（䷑）之象。「有厲利已，不犯災也」。當年美股跌幅超過百分之五十，堪稱有史以來的大股災，大畜「不家食」，還會嚴重影響到國際社會。爻辭警示在先，看不懂或硬衝的人，只能怨自己了！

三爻變占例

占事遇卦中任意三爻動，以本卦為貞，三爻齊變為悔，稱貞悔相爭，合參兩卦卦辭判斷吉凶。若本卦三爻中一爻值宜變，為主變數，加重考量其爻辭。

● 一九九二年四月初，我在出版公司任總經理，思考虧損慘重的所謂子公司的分合問題，其一為出教學錄影帶的部門，占出晉卦初、二、上爻動，六二值宜變，成未濟卦，貞悔相爭成歸妹卦（䷵）。其二為兒童才藝教室，得出不變的未濟卦（䷿）。看來兩個都難搞定，老闆親自操盤經營，母公司也難置喙定奪。晉卦初六「晉如，摧如」，六二「晉如，愁如」，「受茲介福，于其王母」，就是需要母公司不時伸援手挹注，成了極大包袱。不救不好，救也終究好不了！上九「晉其角」，「貞吝」，還是得「維用伐邑」，整頓內部才有活路，問題是怎麼操刀？歸妹卦辭：「征凶，无攸利。」最後一場空。

● 一九九三年元旦，我做一年之計，問公司一份不賺錢的童話月刊如何經營？為晉卦二、四、五爻動，六二值宜變，成未濟卦，貞悔相爭成渙卦（䷺）。「遇晉之未濟之渙」，看來不妙，難以上進，可能瓦解離散。晉卦六二「晉如，愁如」，需要爭取六五「王母」的援助，中間卻遭九四隔斷，「晉如鼫鼠，貞厲」，「位不當」啊！其後果然沒有起色。

●二〇〇五年八月上旬，我占問：在台授《易》十四年，所有學生資源如何運用？為晉卦初、三、四爻動，貞悔相爭成賁卦（䷕）。賁有「人文化成」之意，也是文飾虛有其表，或利或弊，何者居多？晉卦初六「晉如，摧如」，「獨行正」，教學效果不理想，我只能「裕，无咎」，想開就好。六三「眾允，悔亡」，「志上行」，多少有些成績而思突破；無奈九四「晉如鼫鼠，貞厲」，「位不當」，這關難以超越。整體來說，須努力處尚多。

●二〇一一年七月中旬，我在授《易》課畢赴承德避暑山莊遊覽時，不免又想起滿清皇族出身的毓老師，占問仙逝已逾百日的恩師現今可好？為晉卦上卦三爻全動，上九值宜變成豫卦，貞悔相爭成比卦（䷇）。晉為乾宮遊魂卦，比為坤宮歸魂卦，「遇晉之比」，由「自昭明德」，到「建萬國，親諸侯」，老師安矣！「晉如鼫鼠」關已超越，「悔亡。失得勿恤，往吉，无不利」；「晉其角，維用伐邑，厲吉，无咎」。豫卦〈大象傳〉稱：「雷出地奮，先王以作樂崇德，殷薦之上帝以配祖考。」我們這些後生弟子，緬懷先師遺烈，當知有所奮發。

●二〇一六年六月中，我問彼時內閣滿一年後的政績可能如何？得出晉卦初、四、上爻動，上九值宜變為豫卦，貞悔相爭成復卦。晉卦九四「鼫鼠貞厲，位不當」，執政貪婪無能；初六「晉如，摧如」，百姓深受其苦；上九「晉其角」，「道未光」，步入窮途。《焦氏易林》「遇晉之復」的詞語稱：「賦斂重數，政為民賊，杼軸空虛，我去其室。」真糟透了！

二〇一六年八月底，我問往後六週至雙十國慶的台灣政局，又是「遇晉之復」，危局已成，難以變革。

●二〇一四年九月下旬，我在《聯合報》第七期易經班開辦，我問前景如何？為晉卦二、五、上爻動，六二值宜變為未濟卦，貞悔相爭成困卦。晉卦二、五相應，師生有一定緣分，我可以帶他們進入《易經》的殿堂。上九「晉其角」，畢竟大環境形勢已非，一年多後，這班畢業，報社不繼續辦課程，成了所謂的末代班，倒有不少人之後轉到我們咸臨書院繼續深造，應驗了卦象。

36. 地火明夷（䷣）

明夷卦為全易第三十六卦，為光明受傷的日落之象，排序在象徵日出的晉卦之後，正顯日出日落的交替之理。明夷卦之後接家人卦，人在外面奮鬥受挫，回家療傷止痛，社會上失業人士在家待業亦然。以前農業社會日出而作，日入而息，「明夷」後也該回家休息。〈序卦傳〉稱：「晉者，進也。進必有所傷，故受之以明夷。夷者，傷也。傷于外者必反其家，故受之以家人。」

明夷卦大概是全易中最痛苦的卦，卦爻中述及殷末周初的一段史實，文王姬昌曾被紂王關在羑里七年之久，還被逼著吃了長子伯邑考的肉，人間慘酷之事，莫此為甚。又如紂王至親的箕子，裝瘋賣傻，以避政治迫害，都是韜光養晦、強忍以渡劫難的典範。「夷」為傷，也有野蠻落後之意，古有華夏夷狄之分，明夷就是人性墮落、文明沉淪。《易經》中最顯示文王個人經歷教訓的為坎、明夷二卦，坎稱「習坎」，「明夷」也是人生必修的學分。我們對人性深處的幽暗面，必須有所認識。

明末遺老黃宗羲著有《明夷待訪錄》一書，發抒其政治見解，即取明夷卦中箕子的典故，剛好也扣住明朝滅亡、淪於所謂夷狄的史實。亡國亡政權可以，亡天下、亡文明則萬劫不復矣！

䷣

明夷卦卦辭：

利艱貞。

明夷卦辭只有簡單三個字，利於在無比艱困的環境下，咬牙苦撐，堅持大原則奮鬥到底。長夜漫漫，熬到黑暗過去，明朝太陽依舊東升。

〈象〉曰：明入地中，明夷。內文明而外柔順，以蒙大難，文王以之。利艱貞，晦其明也。內難而能正其志，箕子以之。

明夷卦下離明、上坤地，故稱「明入地中」，內離明、外坤順，又有韜光養晦、蒙受大難之象，文王當年就用這種堅忍功夫渡過劫難。箕子的處境又更艱難，家門不幸稱「內難」，勸諫無效，又不能勾結外敵來對付自家人，只能藏晦待時，保存住殷商文化的血脈，不因政權的淪亡而陪葬。《尚書・洪範九疇》據說即箕子授予武王，然後飄然遠引至朝鮮，將華夏文明弘揚至海外，這種志向與行事，真是難能可貴。

〈象〉曰：明入地中，明夷。君子以蒞眾，用晦而明。

明夷卦的〈大象傳〉以領導統御的智慧，來闡發明夷之理，可謂別開生面。蒞臨領導群眾，不宜苛酷深察，所謂「水清無大魚」，只要大節無虧，都以含渾包容為尚，這樣反而能有較好的治績。古代帝王冠前有冕旒遮目，即寓此意。晉卦「自昭明德」，嚴以律己；明夷「蒞眾，用晦而明」，寬以待人。另外，「晦明」也是帝王常用的心術，對事不輕易發表意見，讓臣下暢所欲言，以暗中考核，並杜絕部屬揣摩上意的可能。

占例

- 一九八九年十一月中旬，我開占第三卦，其時出版公司經營壓力極大，問困境中的應對之道，得出不變的明夷卦。明夷之前為晉卦，「進而不已，必有所傷」，老闆好大喜功，前些年擴張過速，造成週轉不靈，財務重傷，關係企業殃及本業。既已如此，只能咬牙苦撐，奮戰到底，「利艱貞」三字，道盡箇中況味。經營公司的那幾年裡，明夷卦一再出現，真是艱苦備嘗。
- 二〇〇四年三一九槍擊案爆發，陳水扁在高度爭議下連任，台局陷入混亂，當時我問爾後自己當如何因應？為不變的明夷卦。環境險惡黑暗，只有「利艱貞」。同年六月中旬，藍營律師爭取司法驗票，我問有無翻盤可能？也是不變的明夷卦，難矣哉！事後發展確實如此。
- 二〇一二年元旦，我作一年之計，問全球世局，為不變的明夷卦，日落昏黃，艱辛困苦，確實天災人禍不斷，民生凋敝。明夷之後為家人卦，社會失業率高到前所未見的程度，年輕人找不到工作，只能回家靠父母。再問馬英九的年運，亦為不變的明夷卦。他選勝連任後，幾乎無一順遂之事，經濟日暮途窮，政策推行不合時宜，用林益世做行政院秘書長，被揭發貪污納賄，凡此種種，都被罵到臭頭，民意支持掉到最低點。二〇〇五年時，他的運勢為不變的晉卦，輕取國民黨黨主席，三年後贏得大位，前後七年，由日出到日落，何以故？

●一九九七年三月下旬，我問：「易為君子謀」，確然否？為不變的明夷卦。「利艱貞」，「君子以蒞眾，用晦而明。」人生多憂患，有德君子當坦然面對，不為貧賤困頓所移，「吉凶與民同患」，更積極與民除患。

初九：明夷于飛，垂其翼。君子于行，三日不食。有攸往，主人有言。

〈小象傳〉曰：君子于行，義不食也。

初九當明夷之初，又為基層民眾之位，由晉至明夷，情勢急轉直下，必須趕快低調應變。好像鳥在空中飛翔突遇暴風雨，立刻低飛斂翼，尋覓安全之處迫降。君子迫於生計，到處奔波求助，可能三天都吃不上飯；登門拜託時，就算主人肯收留協助，說話也不會好聽。為了生存，還得忍氣吞聲，低調接受。本爻變，為謙卦（䷎），若能藏晦忍耐，或可「用涉大川」。

「明夷」意指暴君或昏君當政，時代黑暗，民不聊生，有君亦等於無君。〈雜卦傳〉稱：「明夷，誅也。」若不能揭竿起義誅除暴君，至少心中已不承認獨夫為君。古代國君去世，民眾須服國喪，有「三日不食」之禮，見《禮記・喪大記》：「君之喪，子、大夫、公子、眾士皆三日不食。」「三日不食」，暗喻國君等於已死，不能照顧民眾，反而禍國殃民。

●一九九〇年八月中旬，我占問出版公司情勢，為明夷卦初九爻動，有謙卦之象。「明夷于飛，垂其翼。君子于行，三日不食。有攸往，主人有言。」說的太真切！當時就是週轉不靈，到處求助，受盡冷嘲熱諷。以明夷卦理而論，當然跟老闆經營不善有關，而初期他也費盡心思，多方嘗試解決問題。

●二〇一六年十一月上旬，我問二〇一七年初民進黨政府處境，為明夷卦初爻動，有謙卦之象。「三日不食」，民生艱苦，糟透了！

●二〇〇六年七月初，我開始給老同學講三十六計與《易經》的關係，輔以易占說明。首計為「瞞天過海」，占象即為明夷卦初九爻動，有謙卦之象。趁著夜暗低調行事，「用晦而明」，偷渡彼岸，爻辭爻象形容精當。

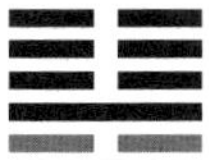

六二：明夷，夷于左股，用拯馬壯，吉。

《小象傳》曰：六二之吉，順以則也。

六二陰居陰位中正，為下卦離明中心，上承九三，可獲援助而轉危為安，爻動恰值宜變之位，爻變成泰卦（䷊），「小往大來，吉亨」。九三為反抗昏暴領導人的民間主力，爻變為復卦（䷗），可能成功，恢復光明。「復見天地之心」，乾陽為馬為心，志氣豪壯故稱「壯馬」，六二依附九三，可獲拯救而得吉。六二以身體易觀之，約當人的腿股之處，左腿受傷，不良於行，當然要找壯馬作代步工具，馱著逃離劫難。本身陰柔虛弱，需借陽剛壯實之力，完全順從自然法則。中國尚「右」，「左」有旁門左道的劣義。「夷于左股」，表示世態昏昧之時，容易中人暗算，怎麼受傷，都未必知曉。

九三陽剛有實力，六二陰柔有智慧，二者結盟以抗暴政，大有成功希望。此二爻皆動，為臨卦之象，自由開放，君臨天下，「教思无窮，容保民无疆」。九三壯馬從何而來？晉卦卦辭：「康侯用錫馬蕃庶，晝日三接。」優良血統的公馬母馬交配，生出一堆小馬，由晉發展至明夷，自然長成壯馬而當大用。人若平時「自昭明德」，遭遇艱難考驗時，便能發揮良知良能的效用，棄暗就明，撥亂反正。

占例

●二〇一五年六月底，針對九月習近平應邀訪問美國，我問成果會如何？得出明夷卦六二爻變，成泰卦。顯然改善中美關係，消弭緊張，促進合作，大有成效。

䷣

九三：明夷于南狩，得其大首，不可疾，貞。

〈小象傳〉曰：南狩之志，乃大得也。

九三陽居陽位，在明夷黑暗的時代中，負起除暴安良的重責大任。大首指上六，實即禍害病灶之所在，為造成時代黑暗的獨夫，「南狩」即發動革命，似行獵般以誅除之。南方屬後天離卦光明之方位，「南狩」即去暗就明的軍事行動。為免一擊不中，對方反制而殃及無辜民眾，故而不可輕舉妄動，必須找到最佳時機，出手解決問題。「得其大首」，為擒賊擒王，與離卦上九相似：「王用出征，有嘉折首，獲匪其醜，无咎。」〈小象傳〉稱：「以正邦也。」

〈說卦傳〉稱：「離也者，明也。萬物皆相見，南方之卦也。聖人南面而聽天下，嚮明而治，蓋取諸此也。」明夷下卦為離，受壓制而嚮往光明，遂奮起抗暴，取而代之。九三爻變為復卦，「見天地之心」；上六散播黑暗，稱為「明夷之心」。「遇明夷之復」，黑暗之心轉成天地光明之心；復卦六三爻變成明夷卦，光明之心沉淪為黑暗之心。為佛為魔，成聖趨狂，實亦一念之間。孔子作《春秋》，寓撥亂反正之志，經末以「西狩獲麟」為喻，顯示除害而致太平，與明夷卦九三「南狩之志」相當。復卦卦辭：「出入无疾，朋來无咎。」明夷卦九三提醒：「不可疾。」革命之師以韜晦為上，務求找到最佳時機，一舉成功。以卦中有卦的理論來看，明夷卦三至上爻可組成復卦，藏在明夷之內，而明夷卦九三即當內復卦的初九之位，正是「天地之心」的所在。

占例

●二〇〇四年八月底，我問未來三至五年內的中美關係，為明夷卦九三爻動，有復卦之象。中美兩大國既競爭又合作的關係不是秘密，明夷韜光養晦，各自佈局準備，卻誰也不會輕舉妄動。明夷黯淡，復則光明，兩國交往是壞是好，亦繫於彼此一念之間。

●二〇一〇年四月上旬，我們議決放棄年底與公關公司合辦世界易學會議的方案，原議題轉化成學會春秋兩季研習營來討論，共辦四回，至二〇一一年春天為止。主題定為：「文明浩劫與人類文明的永續經營」。當時我問這種轉換合宜否？為明夷卦九三爻動，有復卦之象。明夷為文明沉淪之象，復則提振永續生生不息，卦象非常切題。「遇明夷之復」，也表示脱離原先承辦國際會議的困境，找到一條自辦的正路。後來四次研習營如期舉辦，都相當成功。

● 一九九九年五月初，我給學生講《韓非子》，闡析法家精湛的治術，對其中一些重要篇章作易占探測。〈主道第五〉的論述主旨，為明夷卦九三爻動，有復卦之象。〈主道篇〉講君主領導統御之道，與明夷卦〈大象傳〉所言相通：「君子以蒞眾，用晦而明。」明君督責臣下，當援用老子虛靜無為之道，讓臣下發表意見、積極任事，而無所遁形，再暗中觀察考核，以定賞罰，如此則有不測之威。「道在不可見，用在不可知，虛靜無事，以闇見疵。」既能防弊，又可督責績效而獲成功。明夷卦九三的「南狩之志」，與此相合。

六四：入于左腹，獲明夷之心，于出門庭。

〈小象傳〉曰：入于左腹，獲心意也。

六四陰居陰位，為上卦執政高層，屬於領導的心腹，熟悉其想法與行事。九三欲推翻暴政，必須打入這個層級，以掌握核心的情報資訊，作為「南狩」行動的重要依據。得到情報之後，還得安全送出，故稱「于出門庭」。「入于左腹」，循非常管道滲透入核心，不易被敵方察覺。「獲心意」，「意」在「心」先，暴君起心動念，皆可於第一時間偵知。本爻變，為豐卦（䷶），內離明、外震動，看準了才進行斬首行動，可成豐功偉業。

《孫子兵法・用間篇》將間諜分為五種：鄉間、內間、反間、死間、生間。「內間者，因其官人而用之……生間者，反報也。」明夷卦六四應屬內間或生間，或兩者兼備。情資佈建不外打入、拉出兩種，派己方間諜滲透敵方臥底，或直接吸收對方高幹而為己用。六四的情報工作，配上九三的軍事行動，裡應外合，可成大功。三「狩」四「獲」，想在明夷時代抗爭，必須修練此術。六二「夷於左股」，六四「入于左腹」，黑暗時代旁門左道甚多，箇中門檻得好好研究。

占例

● 一九九四年八月初，我應邀入府與李登輝面晤兩小時，兩天後即在官邸授易，會面前，我占測他往後的氣運，為明夷卦六四爻動，有豐卦之象。「入于左腹，獲明夷之心，于出門庭」。他的前途與他內心中真正的想法有關，明夷「利艱貞」，「蒞眾，用晦而明」，他一直把反統偏獨的心意韜晦深藏，瞞過了大多數人，而獲致高位。掌權以後，志得意滿，漸漸於言行間不大掩飾，而現出端倪，這就決定了他往後日趨黯淡的前程，退位後被逐出國民黨，所謀也不可能實現。

以我跟他的機緣來論，也是爻辭所言：「入于左腹，獲明夷之心，于出門庭。」每週三夜講經一次，多所觀察，自有心得，最終還是會全身而退。課程繼續了一年多，一九九六年起，台灣政情有變，幾次雙方時間不能配合，就自然畫上句點。

記得上課沒多久，不意洩漏了此占所示的卦象，他表情十分錯愕，大概是想發展那麼順利，怎會明夷趨黯吧！而我解釋起來也結結巴巴，儘量往圓融處引申，其實就是沒講實話。看來權勢底下，連《易經》老師也不容易據實以告啊！

●一九九一年元月下旬，出版公司險象環生，財務瀕於絕滅，老闆四處調頭寸，拖得所有人都苦不堪言。我再占問公司前景，為明夷卦六四爻動，有豐卦之象。「入于左腹，獲明夷之心，于出門庭。」當時我就跟老闆去過一次金主家，這位同業風格保守，財力雄厚，家中還真有個門庭大院。談談雙方起了口角衝突，金援協議自然流產，過程全如六四爻辭所述。六四和初九相應與，有因果關係。「明夷于飛，垂其翼。君子于行，三日不食。有攸往，主人有言。」公司困頓已極，不能不低頭求助，金主果然講話難聽：「獲其心意」，談不攏，只能離開他家的門庭。

●一九九七年十二月初，我讀完戰略學者鈕先鍾《孫子三論》一書，說理曉暢，自成體系。遂占問其學術價值，為明夷六四爻動，有豐卦之象。「入于左腹，獲明夷之心，于出門庭」，這是能入能出之象。鈕先生長期譯介西方戰略叢書，晚年才攻讀中國兵法，卻能深入理解、融會貫通，而有豐富的研究成果，值得稱揚。

●二〇〇八年四月下旬，我一位學生的么兒長期為前世冤孽糾纏，用盡各種方法驅之不去。我們問如何應對為宜？為明夷卦六四爻動，有豐卦之象。豐卦〈彖傳〉稱：「天地盈虛，與時消息，而況于人乎？況于鬼神乎？」這個宇宙很豐富，天地人鬼神一應俱全。〈大象傳〉稱：「君子以折獄致刑。」冤孽何時結下，又當如何斷定是非？只有「入于左腹」，才能獲知「明夷之心」，還得「于出門庭」，回來解決問題。可是明夷深處誰敢去？明夷為坎宮遊魂卦，我們也不是這方面的專家。後來是念《楞嚴咒》化解了冤孽，前文「小畜之復」的占例已經說明。

●一九九二年八月底，某夜颱風吹襲台灣，我占問內人是否有喜？為明夷卦六四爻動，有豐卦之象。「入于左腹，獲明夷之心，于出門庭。」爻辭所述，多像用內視鏡檢查體內的過程？外卦坤為母為腹，六四爻動成震，又為長子胎動之象。看來確定懷孕有喜，而且是男孩。果然次年四月，小兒降生。

䷣

六五：箕子之明夷，利貞。

〈小象傳〉曰：箕子之貞，明不可息也。

六五居明夷卦之君位，爻辭卻言箕子的痛苦，這是微言大義所在。明夷無君，為六十四卦的特例，殘民以逞，不夠資格為人君上。身為皇親國戚的箕子逢此內難，只能強忍堅持下去，內心那一點光明，絕不可讓它熄滅。所謂「一燈能照千年暗，一智能破萬年愚」，本爻變為既濟卦（䷾），撐過昏暗的難關後，終渡彼岸而獲成功。

占例

● 二〇〇四年十二月中旬，針對當年底藍營的選舉無效之訴，我問可有勝算？為明夷卦六五爻動，有既濟之象。「箕子之明夷，利貞」，「明不可息也」。領導人陳水扁狂悖禍國，民難與官鬥，堅持不屈服，或可贏得最後勝利。官司是輸了，卻刺激二〇〇六年紅衫軍反扁的浪潮洶湧，間接造成二〇〇八年阿扁下台後的入獄服刑。

● 二〇一〇年十二月中，我提前問次年中美關係，為明夷卦六五爻動，有既濟之象。「箕子之明夷，利貞」，「明不可息也」。兩大國之間的競合關係，愈見明顯而尖銳，雙方都得韜晦以待，箕子與北朝鮮有關，問題錯綜難理，真得小心應付。

䷣

上六：不明，晦。初登于天，後入于地。

〈小象傳〉曰：初登于天，照四國也；後入于地，失則也。

上六為明夷之終，「不明，晦」為黑暗已極，意指時代病灶之所在，九三欲革除的禍首、六四所獲知的「明夷之心」，皆為此爻高高在上，陰影籠罩全局。殷末時，即指亡國之君紂王，剛登基時表現不錯，照臨天下四國，後來狂悖墮落，為萬民所鄙棄。「初登于天」，似晉日出，「後入于地」，即為明夷日落，先盛後衰，都是因為失去了自然法則。既稱「獨夫」，故不承認其為君，改列於上爻過氣之位，以昭炯戒。

六二「順以則」，明夷成泰；上六「失則」，爻變為賁卦，官樣文章，外強中乾，遲早覆亡。「則」為天則，乾卦〈文言傳〉稱：「乾元用九，乃見天則。」群龍無首，自然容不得獨夫肆虐於民眾之上，必須予以誅除。明夷卦六爻中，下五爻的爻辭皆有「明夷」，唯獨上六不見「明夷」二字，可見連箕子在內的全民皆深受禍害，上六將自已的逸樂，建築在大家的痛苦上。

占例

●二〇〇六年十月初，紅衫軍反扁的浪潮未消，我與一票廣電媒體的朋友餐敘，他們問王金平舊曆年前會出任閣揆嗎？我現占得明夷卦上六爻動，有賁卦之象。「不明，晦。初登于天，後入于地」，看來傳聞雖盛，應該絕無可能。王為老國民黨，出任聲名狼藉的扁政府閣揆，步子跨的大了些，也不合他圓融的處世風格。後果如是，紅衫軍運動暫歇，一年半後，馬英九贏回政權，王金平仍任立法院長一職。

多爻變占例之探討

以上為明夷卦卦、爻之全部解說及占例，往下繼續探討更複雜的多爻變的情況。

二爻變占例

占事遇卦中任意二爻動，若其中一爻值宜變，為主變數，以該爻辭為主論斷。若皆不值宜變，以本卦卦象卦辭為主，亦可參考兩爻齊變所成之卦，思考其間的變化因由。

● 二〇〇五年七月上旬，國民黨連戰退位，改選黨主席，馬英九與王金平互相競爭。我工商建研會的學生在課堂上占測王有無勝算？得出明夷卦初、三爻動，齊變有坤卦之象。明夷前景黯淡，二陽爻動，陽氣散盡成坤，應該勝選無望。初九「明夷于飛，垂其翼」，奔波困頓；九三「明夷于南狩」，奮力一擊，欲問鼎大位。當年初算馬英九年運，為不變的晉卦，如日東升；王則為離卦九三爻動，日落昏黃，有噬嗑之象，政爭必然失敗。選舉揭曉，王果然大敗。

● 二〇〇三年十一月中，我因學生引介，初見時任國民黨副主席的江丙坤，談了一些次年大選前的議題，當時占問：欲助藍營勝選，當如何籌謀？得出明夷卦初、上爻動，齊變有艮卦之象。明夷

「利艱貞」，艮則阻礙重重，不易超越，「遇明夷之艮」，為極度艱困之局。初九「明夷于飛，垂其翼」；上六「不明，晦。初登于天，後入于地」，連宋合氣勢甚旺，先盛後衰，最後還是輸給陳水扁一萬多票。這些後來都實現，明夷的大環境，是民進黨執政四年所造成，在野翻盤確實不易。

●二〇〇五年三月中旬，我有一位學生籌組台商會之類的組織，介紹某位身份不明人士見面，大肆吹捧其重要性云云，幾度邀我入會共襄盛舉。我心中已有定見，還是占測驗證，為明夷卦初、五爻動，齊變有蹇卦（䷦）之象。「遇明夷之蹇」，黑暗難行，何必淌這渾水？當然婉拒推託，該會紛爭數年無所成，早在料中。

●二〇一〇年三月中，我針對國史上一些建功立業的人物，占測其人其事，伊尹為明夷卦初、四爻動，六四值宜變成豐卦，齊變則有小過卦（䷽）之象。伊尹助商湯伐夏桀，屢次深入敵方陣營探知虛實，孫子稱其為「上智之間」，正為明夷卦六四之意。積極承擔大任，深入虎穴，遂立不世之功，孟子譽為「聖之任者」。

●二〇〇六年中，我的學生邱雲斌占問：人生有輪迴嗎？為明夷卦初、四爻動，六四值宜變為豐卦，齊變為小過卦。明夷卦為坎宮遊魂卦，小過卦為兌宮遊魂卦，〈大象傳〉且稱「喪過乎哀」，豐卦〈彖傳〉稱：「天地盈虛，與時消息，而況于人乎？況于鬼神乎？」明夷卦初九「于飛、垂翼」，六四與之相應，「入于左腹，獲明夷之心」後，再「于出門庭」，真正煞有介事，似生死輪迴呢？初九就像人生的奔波忙碌，苦不堪言；六四命終投胎，鑽入母腹，承襲前世的業障隨身，經十月懷胎成熟後降生。明夷卦之後為家人卦，這真應了佛教的說法：一世為親人者，都是前世的冤親債主啊！報恩的報恩，還債的還債，不好好相處不行。「遇明夷之小過」，小過前為中孚，正是孵育之象，成熟後破殼而出，幼鳥練習飛翔。眾生輪迴亦復如是，又開始新的生命，跌跌撞撞往前摸索。

● 二〇〇五年五月，邱雲斌在《經濟日報》任職，想在彰化辦數位生活展，占問前景如何？為明夷三、五爻動，齊變有屯卦（䷂）之象。明夷卦「利艱貞」，九三至彰化「南狩」，期望「大得」，六五「箕子之明夷」，痛苦不堪；屯卦「動乎險中」，資源匱乏。「遇明夷之屯」，情勢未可樂觀。後來八月徵展缺三百攤位，參觀人數每日僅數百人次，報社認賠作收。

● 一九九一年元月下旬，我問出版公司年關前的財務企劃，能否爭取到外援？為明夷卦三、四爻動，六四值宜變成豐，齊變則有震卦（䷲）之象。九三「明夷于南狩，得其大首」，設定目標謹慎出擊；六四「入于左腹，獲明夷之心，于出門庭」，老闆與金主晤談不歡而散，願望成空。前文六四單爻動的占例中，已經說明。

● 二〇一二年八月底，時值中元普渡，我在學會道場講《楞嚴經》，知道當日有「非人」旁聽，見前述咸卦三爻變占例說明。講完後，問這些客人聽懂了嗎？為明夷卦三、四爻動，六四值宜變為豐，齊變有震卦之象。明夷卦為坎宮遊魂卦，九三「南狩」嚮往光明，六四入而後出，獲益豐富，聆聽佛法有其功德。

● 一九九六年七月中，我在出版公司沉潛已兩年多，一位兒童刊物的總編輯仍賣力打拚，在財務極不正常的環境中辛苦備嚐，偏偏家中又有巨債待償，不辛勤工作也不行。我看了不忍，占其本命為明夷卦初、二爻動，齊變有升卦（䷭）之象。「遇明夷之升」，熬過一段艱苦期後，應可止跌回升。明夷卦初九「垂其翼」，「三日不食」；六二「夷于左股，用拯馬壯，吉」。心志強韌，當遇貴人而脱離苦海。幾年後公司崩解，她換了幾個地方，終於找到一穩定高薪的經理職，還去進修到博士學位，派往南京工作，昔年占象皆已應驗，我很為她高興。

●二〇一〇年九月中，我赴慕尼黑授《易》後，去近郊寧芬宮遊覽，該處是巴伐利亞王室的夏宮，在美人畫廊徘徊時，占問眾妃幽魂還遊蕩否？為明夷卦初、三爻動，齊變有坤卦（䷁）之象。明夷卦為坎宮遊魂卦，陽氣散盡成坤，歸陰入土已一百七十多年，猶繞室流連而不忍去，所為何來呢？

宮中還有一處神壇，氛圍特異，我再占得頤卦（䷚）初、二、上爻動，上九值宜變成復卦，貞悔相爭成師卦（䷆）。頤卦為巽宮遊魂卦，師卦為坎宮歸魂卦，「遇頤之師」，眾魂已安息主懷。頤卦上九為堅定有力的靠山，「由頤，厲吉，利涉大川，大有慶也」。

●二〇一四年八月上旬，我與北京朋友聚晤，談起生辰命理，他說出身貧農家庭，只知冬天寒冷時出生，連母親都搞不清楚確定時日。我覺得有趣，試占他的出生年月，為「明夷之坤」。坤為陰曆十月，明夷為陰曆九月，應該就在這兩月間，冬寒已至，差不多了！

●二〇一七年六月初，網路上有專家認為，日漸流行的每天走萬步健身可能有問題，應該走六千步才適中。我們不少學生關切此論，我遂占出明夷卦二、上爻動，齊變有大畜之象。「夷于左股，用拯馬壯，吉」，「順以則也」；「初登於天，後入于地」，「失則也」，大畜又有「止健」之意，看來是有些問題。

占事遇卦中任意三爻動，以本卦為貞，三爻齊變所成之卦為悔，稱貞悔相爭，合參兩卦卦辭卦象以斷吉凶。若本卦三爻其中一爻值宜變，為主變數，加重考量其爻辭。

●二〇〇八年元旦，我問三二二台灣大選藍營的勝算，得出明夷卦二、三、上爻動，六二值宜變成泰卦，貞悔相爭成損卦。民進黨執政八年，造成明夷昏昧的大環境，六二「夷于左股，用拯馬壯，吉」，由馬英九出來競選恰合其辭，勝選即可國泰民安。九三「南狩之志」，即在推翻上六的禍首，以恢復光明。〈繫辭下傳〉第七章：「損，德之修也……損以遠害。」以形象清廉的馬英九對抗貪腐的扁政權，應該很有勝算。三月選舉揭曉，藍營果然大勝，贏回了執政權。

●二〇一六年元月中，蔡英文勝選，我問她未來可能的歷史定位，為明夷卦下三爻全動，貞悔相爭成師卦。此占神機無限，如從反對國民黨過去威權統治來說，她是靠選戰革命成功了！若就台灣未來安危論，可真耐人尋味：「明夷于南狩，得其大首」，指的是甚麼？

二〇一七年七月底，我問陳建仁副總統的未來氣運，為明夷卦三、上爻動，齊變有頤卦之象。「南狩」指何而言？怎麼又「不明，晦。初登于天，後入于地」呢？正副元首應該是命運共同體，吉凶禍福與共啊！

●二〇〇〇年初，我推算台灣全年的經濟情勢，為明夷卦初、三、上爻動，上六值宜變成賁卦，貞悔相爭為剝卦（䷖）。明夷「利艱貞」，剝則「不利有攸往」，「遇明夷之剝」，真是糟糕透頂。初九民不聊生，九三試圖振興，卻受上六「不明，晦」的壓制，而難以突破。「初登于天，後入于地」，景氣變化先盛後衰，原因在於失去了經濟市場的規律。二〇〇〇年三月有跨世紀大選，選前選後的政府習慣作多拉抬，以製造繁榮的假象，賁卦的官樣文章會誤導民眾。一旦支撐的力道不足，經濟的各項指標即會崩盤下滑，而拖垮一大堆人。登天入地的轉折點，何時發生呢？明夷卦及剝卦都在陰曆九月，當年十月初起，台灣所有經濟數據大幅下滑，完全應驗了占象。

●二〇一一年七月中旬，我於北京授《易》後，赴承德避暑山莊遊覽，至煙波致爽殿，懷想嘉慶、咸豐二帝均崩於此，占問其時其情？得出明夷卦初、三、上爻動，上六值宜變成賁，貞悔相爭為剝卦。「遇明夷之剝」，顯然痛苦已極。初九「君子于行，三日不食」，奔波逃難，又是君喪之象。九三欲反擊而未能，上六「不明，晦」，登天入地矣！明夷卦為坎宮遊魂卦，英法聯軍入侵的國恥難忘，清帝魂魄不安哪！

●一九九八年十一月中，出版公司面臨終局危機，媒體也有曝光報導，我問自己可能的際遇及對策？為明夷卦初、五、上爻動，貞悔相爭成漸卦（䷴）。明夷卦「利艱貞」，初九「君子于行，三日不食」，君位出大問題；六五「箕子之貞，明不可息」，還真似我的處境；上六「不明，晦」登天入地，搞到這步田地，實意料中事。漸卦循序漸進，為雁行團隊，似乎還不會立刻結束？果然，其後又苟延殘喘了幾年，才真正掛點。

●二〇一一年十月初，在毓老師仙逝半年多後，我們終於遵其遺願，成立了中華奉元學會，宗旨為老師所囑：「以夏學奧質，尋拯世真文。」當天在成立大會上票選理監事，我以高票當選，另一位師兄古道熱腸，彼此志同道合，我也支持他任理事。當時占問選舉結果將如何？為明夷卦初、

三、五爻動，貞悔相爭成比卦（䷇）。比卦互助合作，建國親侯，「遇明夷之比」，有機會脫困入選。果然票選進十五人的安全名單，大家一起為弘揚文化努力。當天還有一占，為蠱卦（䷑）二、三、四爻動，貞悔相爭成晉卦（䷢）。幹蠱繼往開來，晉卦「自昭明德」，正是薪火相傳之意。「康侯用錫馬蕃庶，晝日三接」，同類相引，王道之正也。

大會安排播放毓老師生前上課的光碟片，音容笑貌仍是那麼熟悉，我問老師英靈對此會成果，有何品鑑？為不變的復卦。「七日來復，利有攸往」，開始走上正道，前程漫漫，有待大家共同努力。會前，我問整個議程順利否？為賁卦（䷕）上九爻動，有明夷卦之象。「白賁无咎，上得志也」。賁為「人文化成」，毓師已歸道山，「尋拯世真文」的志業，要我們來實踐了！

三週之後，當選的理監事繼續開會，我剛從西藏倦遊回台北，抱病參加，又獲選為常務理事，大家議決了不少待開展的事項。會後我問首屆理監事會成效如何？為師卦（䷆）初、二爻動，有復卦（䷗）之象。「遇師之復」，有將有兵，團隊組成了，這是復興文化的王師啊！

四爻變占例

占事遇卦中任意四爻動，以齊變所成之卦的卦辭卦象為主判斷吉凶，若四爻中一爻值宜變，稍稍加重考量其爻辭。

● 二〇一七年七月底，我在北疆旅遊，至特克斯八卦城觀千年石人陣，問當初立意為何？為明夷卦初、三、四、上爻動，六四值宜變成豐卦，四爻齊變為晉卦。明夷日落、豐如日中天、晉為日出，應與太陽有關。

37. 風火家人（䷤）

家人卦為《易經》第三十七卦，在明夷卦之後、睽卦之前。〈序卦傳〉稱：「傷于外者必反其家，故受之以家人。家道窮必乖，故受之以睽。睽者，乖也。」明夷卦環境惡劣，民不聊生，各行各業受創嚴重，失業率飆高，大量人口回家待業，心情鬱沮可能造成家庭失和，夫妻親子之間乖違悖逆，不祥莫大焉。

〈雜卦傳〉稱：「睽，外也；家人，內也。」家門以內，親情洋溢，血肉相依；一旦反目成仇，因愛生恨，形同陌路，情何以堪？

家人、睽、蹇、解四卦，因果相連，錯綜交互，是人情的反覆輪迴。家人、睽相綜，蹇、解相綜；睽與蹇相錯，解與家人相錯。卦序中，相錯二卦如乾坤坎離等，皆為奇偶相連，只有睽、蹇為先偶後奇，瞬間六爻全變，值得研究。

這四卦又與既濟、未濟二卦關係密切：初或上爻變，成既濟或未濟卦，卦中卦皆含既濟及未濟卦。這顯示人生的究竟成敗，繫於人情人際的悲歡離合，若能處之以正，得大解脫；如狂悖執迷，終生痛苦不堪。

家人卦卦辭：

利女貞。

家人卦辭只有三字，利於女子固守正道。無論東方西方，自古家庭重心都在婦女，男主外，女主內，「家人內也」，女人決定家道是否興旺。

〈象〉曰：家人，女正位乎內，男正位乎外，男女正，天地之大義也。家人有嚴君焉，父母之謂也。父父、子子、兄兄、弟弟、夫夫、婦婦、而家道正，正家而天下定矣！

〈彖傳〉較長，意義明白易曉，夫婦分工為天經地義，父子兄弟各盡本分，齊家便能治國平天下。這與《大學》稱八條目完全一致：「古之欲明明德於天下者，先治其國；欲治其國者，先齊其家；欲齊其家者，先修其身……身修而後家齊，家齊而後國治，國治而後天下平。」晉卦稱「自昭明德」，明夷卦稱「蒞眾」，家人卦稱「齊家治國平天下」，〈易傳〉的思想主張一以貫之。

「嚴君」的「嚴」，不是嚴厲，而是自敬自重之意。父母領導一家，須以身作則，修身方能齊家。父母並稱，也有兩性平等的涵義。過去習稱父親為「家嚴」，母親為「家慈」，父親過世稱「嚴制」，母親稱「慈制」，好像嚴父慈母為定規。其實「嚴」若指嚴厲管教，很多家庭都是慈父嚴母呢。父慈子孝，兄友弟恭，誰說慈愛是母親的專利？

〈彖傳〉稱家道正、天下定，是從家人卦的結構解析出。各正其位為既濟卦（䷾），六爻陽居陽位、陰居陰位，穩定而有秩序。〈雜卦傳〉稱：「既濟，定也。」家人卦初至五爻皆正位，上爻變為既濟卦，初至四爻合成卦中之卦，亦為既濟卦。上九陽居陰位不正，表示家道已窮，下接乖離睽違的睽卦。

〈象〉曰：風自火出，家人。君子以言有物而行有恒。

家人外卦巽風，內卦離火，社會風氣的良窳，繫於民眾家庭的教養如何。上卦巽風，下卦離火，社會高層的領導人物風範如何，亦視其基層歷練時的功夫火候而定。家人上下卦易位，風火家人成了火風鼎，調和鼎鼐先得齊家。家教好的人，言之有物，行事有恆，為國家社會的安定力量。

占例

● 一九九八年七月下旬，我悉心研究「大衍之術」的占法，在四十九根蓍草分而為二後，一般都是從右邊半堆取出一根，象徵天地生人，然後四根四根一數，象徵四時循環。為什麼要從右邊取呢？從左邊可不可以？由數理推算，右取左取結果會不同，規定右取是何道理？我乾脆占問：從左半堆取如何？為不變的家人卦，「利女貞」，適合女性這麼操作。若果真如此，就有陰陽差異的方向性，跟一般男左女右還不同。那為什麼自古傳筮法教我們從右邊取呢？因為以前都是男人占筮，女人很少參與嗎？其實我授《易》多年，很多女生沿用古法右取占筮，也沒聽說有不準啊！

䷤

初九：閑有家，悔亡。

〈小象傳〉曰：閑有家，志未變也。

初九居家人之初，屬最基層成員，既蒙接納，負責看門把關，不讓外人隨便入內。「閑」字門中有木，為進門時的門檻，邁過門檻才能進門。家中設門禁門檻，為必要的保安措施，以免外人混入生悔，也確保一家人情投意合，志向不變。本爻變，為漸卦（䷴），循序漸進努力，可至高位。漸卦為雁行團隊，成員分工合作，無怨無悔。

大畜卦「不家食吉」，出家前仍設門檻，以保證優秀品質，到外地光大門楣。九三爻辭稱：「良馬逐，利艱貞，日閑輿衛，利有攸往。」乾卦九二「見龍在田」，〈文言傳〉稱：「庸言之信，庸行之謹，閑邪存其誠。善世而不伐，德博而化。」具備君德之人，必得純淨組織，慎選部屬，免貽將來之憂。

占例

●二〇〇七年元旦，我作一年之計，問大陸全年的經濟情勢，為家人卦初九爻動，有漸卦之象。「閑有家，悔亡。」當時為金融風暴爆發前一年，外貿風險漸高，引發的失衡爭議亦大，應該會重視內需，加強宏觀調控，以防經濟過熱。外資外企要進入大陸市場，門檻會拉的更高，也就是更難經營，後來的態勢確實如此。

●二〇一一年十月下旬，中華奉元學會首屆理監事會召開，將從十五名理事中，再選出五名常務理事，我問能獲選否？為家人卦初九爻動，有漸卦之象。「閑有家，悔亡」，「志未變也」，可過門檻加入團隊，為共同的志向努力。票選結果為居中的第三名，占象果驗。

䷤

六二：无攸遂，在中饋，貞吉。

〈小象傳〉曰：六二之吉，順以巽也。

六二中正，居內卦離火之中，和外卦居君位的九五相應與，為家庭主婦之象。〈彖傳〉所稱：「女正位乎內，男正位乎外，男女正，天地之大義也。」「正」指此而言。賢內助放棄自己功成名遂的可能，在家中主持中饋，讓一家大小溫飽，固守「牝馬之貞」則吉。既順又巽，卦辭所稱「利女貞」，亦以六二為主。本爻變，為小畜卦（䷈），以小事大，以柔應剛，家和萬事興。

䷤

九三：家人嗃嗃，悔厲吉；婦子嘻嘻，終吝。

〈小象傳〉曰：家人嗃嗃，未失也；婦子嘻嘻，失家節也。

九三陽居陽位，過剛不中，為下卦離火之極，有嚴格管教之象。「嗃嗃」為狀聲詞，大聲吼叫，過剛生悔，危厲不安，當管則管，不溺愛姑息而獲吉。若該管不管，放縱婦子嘻嘻哈哈，失去節制終吝。「吝」為文口，有文過飾非之意。本爻變，為益卦（䷩），其〈大象傳〉稱：「君子以見善則遷，有過則改。」遷善改過，遵守家法，對人的成長有益。

以卦中卦理論來看，三至上爻可組合成家人卦，家人中有家人，核心小組控管大眾。九三為內含家人卦的初九，「閑有家，悔亡」，等於是第二重把關，一般組織都有這種內規委員會，以維持紀律。

占例

- 一九九八年終，我的學生名建築師姚仁喜打電話給我，說他開占第一卦就踢到鐵板，完全答非所問。他是問事務所的經營策略，卻出現家人卦九三爻動，有益卦之象，公司也並沒違規犯紀之事。後來我們才弄清楚，他在起占之前，因小孩太調皮出手管教，小孩變乖沒事，他反而心生追悔，自覺失控，這種負面的情緒帶入了占象中，遮蔽了原先想問的問題意識。我教他待心情平復後，再占問即可。
- 二〇〇一年三月下旬，我問習《易》在日常生活中的效用為何？得出家人卦九三爻動，有益卦之象。家居生活亦常犯錯，有過則改，善莫大焉。

䷤

六四：富家，大吉。

〈小象傳〉曰：富家大吉，順在位也。

六四陰居陰位，為上卦巽伏之根，上承君位九五，發揮理財本事，使家道興旺致富，而獲大吉。本爻變，為同人卦（䷌），由家人而同人，事業愈做愈大，可在世界各處牟利。〈說卦傳〉：「巽為風，為長女……為近利市三倍。」長女看準市場變化的風向，大發特發。

占例

●二〇〇〇年三月中旬，台灣跨世紀大選前五天，我占問陳水扁勝負，為家人卦六四爻動，有同人之象。「富家，大吉」，這是何意？他選上後，五月中旬就職前十天，我又問他未來的歷史定位？居然又是家人卦六四爻動，怎麼回事？任最高領導跟家庭致富何干？

二〇〇六年陳的貪瀆劣跡事發，我才恍然大悟，以權牟錢，人民給了他機會，而歷史上也永遠記下這一筆，就此遺臭萬年。家人卦六四為善於理財的內助，吳淑珍足以當之，由家人而同人，污錢藏錢，全球洗錢，遂有「海角七億」之事。《易經》看人成不成材，眼光明澈犀利，還沒上任就知結果。

䷤

九五：王假有家，勿恤，吉。

〈小象傳〉曰：王假有家，交相愛也。

九五中正居君位，下乘六四，又和六二相應與，往外理財、內部飲食生計，都有好手協助料理，自己完全不用操心。身為最高領導的大家長，應真心照顧家屬，不要憂慮一己的得失。「王假有家」，「假」通「格」，音也唸格，為「親臨感通」之意。初九、九五皆稱「有家」，基層把關重要，領導無私重要。九五爻變，為賁卦，修齊治平，有人文化成之功。

占例

●馬英九在一九九八年底台北市長選戰中，擊敗陳水扁而上任，從此有了馬為扁的剋星之說。二〇〇一年八月底，我問二〇〇四年若兩人對決，馬能勝扁嗎？為家人卦九五爻動，有賁卦之象。「王假有家，勿恤，吉」，看來真有勝算。家人「利女貞」，馬夫人周美青絕無豪奢習氣，比吳淑貞的貪婪強過太多，而馬的外表優勢，對吸引女性選票也有幫助。再則馬清廉自持，「言有物而行有恒」，顯然也勝過扁的胡作非為。後來二〇〇四年大選，輪不到馬扁對決，連宋聯手，一戰敗陣。

●一九九七年九月中，我問胡蘭成之學的恰當定位，為家人卦九五爻動，有賁卦之象。「王假有家」，成一家之言，賁為文飾之美，詞章有獨造之境。家人卦「利女貞」，胡學陰柔之氣偏勝，對女性有很大吸引力。我跟胡的緣分淺，多年前在朱西甯家附近，聽他講過一堂需卦，解釋「飲食宴樂」，做大事也要懂得玩云云。

●二〇〇七年八月下旬，我問：授《易》十六年，所有學生的資源評估？得出家人卦九五爻動，有賁卦之象。「王假有家，勿恤，吉。」我是也成一家之言了，弘揚易道，或有人文化成之功，「言有物」尚可，「行有恒」還遠遠不及。「利女貞」，學生中女多於男，可能不僅我這兒如此，台灣各處的道場皆然。

●二〇一四年十一月下旬，我赴福建七日行，在廈門與舊雨新知夜宴。鼓浪嶼的曹放書記稱他應是曹操之後裔，我占其確否？為家人卦九五爻動，有賁卦之象。魏武帝曹操是大家長，賁卦人文化成，流風遺韻迷煞人。曹書記還真有可能是其後代呢？

這種占測其實很尷尬，例如某某美女的私生子，一直傳聞是某政要所生，我也占得不變的家人卦，難道就敢鐵口直斷？

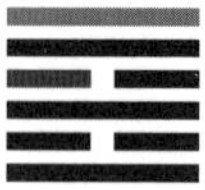

上九：有孚威如，終吉。

〈小象傳〉曰：威如之吉，反身之謂也。

上九為家人之終，前五爻皆位正，此爻陽居陰起了變化，若不反身修德，可能鬧家變而成睽卦。爻辭勉勵人慎始誠終，珍惜家人情緣，威如並非嚴酷待人，而是嚴格要求自己。若能做到，可獲「終吉」。本爻變，為既濟卦（䷾），成功安定。

大有卦六五爻辭：「厥孚交如，威如，吉。」其中義理和家人卦上九相近，可以並參。

占例

●二〇一〇年八月上旬，我給學生講《壇經．機緣品第七》，至智隍經六祖點撥悟道一段，經云：「其夜，河北士庶聞空中有聲云：『隍禪師今日得道』。」事涉神異，我占此為何意？得出家人卦上九爻動，有既濟之象。「有孚威如，終吉」，「反身之謂也」。智隍返歸自性，修行功成。「既濟，定也」，他本來庵居長坐二十年，自謂得定，經六祖指引，方知性相如如，無不定時，這叫「楞嚴大定」。

多爻變占例之探討

以上為家人卦卦、彖、象、爻之闡析，往下繼續研究更複雜的多爻變的情況。

二爻變占例

占事遇卦中任意二爻動，若其中一爻值宜變，為主變數，以該爻爻辭為主論斷；若皆不值宜變，以本卦卦辭為主，亦可參考二爻齊變所成之卦象。

●二〇〇四年五月中旬，陳水扁在三一九槍擊案爭議下將連任就職，連戰兩次參選落敗，心情鬱沮，透過學生輾轉安排，當時他問到國親新泛藍三黨合併事宜，我占得家人卦初、三爻動，齊變有觀卦之象。泛藍一家親，家有家規，寧缺勿濫。初九「閑有家，悔亡」，「志未變也」；九三「家人嗃嗃，悔厲吉」，「未失也」。促進團結，同時嚴格把關，而且最好在陰曆五月至八月間完成。觀卦為八月消息卦，家人卦氣屬五月初。話雖如此，我坦言不知宋楚瑜的心意與動向，後來他果然另有想法，隔年還去搞了毫無誠意的扁宋會，國親合併也就此終止。

●二〇一一年十一月中，學生邀我去烏來洗溫泉，也從綠營學生處看到了最新的民調數據，蔡英文有後來居上之勢。回程夜車中，我覆核大選勝負，馬英九為家人卦初、五爻動，齊變有艮卦之象。雖有阻礙，應可突破無虞。家人卦初九「閑有家，悔亡」，九五居君位，「王假有家，勿恤，吉」，基層與君位皆稱「有家」，不必擔心。蔡為无妄卦四、上爻動，上九值宜變成隨，齊變有屯之象。「无妄之行，窮之災也」，最終還是沒有希望。兩個月後揭曉，果然如此。

●二〇〇六年八月上旬，我問年底高雄市長選戰，陳菊為家人卦五、上爻動，上九值宜變成既濟，齊變則有明夷之象。家人「利女貞」，九五君位動，「王假有家，勿恤，吉」。上九「有孚威如，終吉」，既濟為成功搞定。明夷雖然辛苦，應可獲勝，果然最後以極微差距領先勝選。

●一九九七年十一月下旬，當時盛傳《孫子兵法》十三篇非全豹，僅係摘錄。我占問是否如此？為家人卦五、上爻動，上九值宜變成既濟，齊變則有明夷之象。「既濟，定也」，十三篇體大思精，環環相扣，就是孫武的完稿無疑，標準的一家之言。

●二〇〇二年十二月六日，台北市長選舉前夕，我問民進黨李應元的勝負，為家人卦初、四爻動，齊變為遯卦。馬英九則為不變的豐卦。「遇家人之遯」，比起豐的如日中天，氣勢差得太遠。次日揭曉，馬獲大勝連任。

●二〇〇九年十月中，我們學會內部再起紛爭，數月前才調解過，我不免動怒，問是否再出手一回？為家人卦初、四爻動，齊變有遯卦之象。不是一家人，不入一家門，「閑有家，悔亡」，才有機會「富家，大吉」。遯卦〈大象傳〉稱：「君子以遠小人，不惡而嚴。」不徹底清理門戶，是非總是難斷，是該再出手了！綿亙一年，這事才算真正了結。

●二〇〇九年十一月中，我問何謂真愛？為家人卦三、五爻動，齊變有頤卦（䷚）之象。家人親情純出自然，九五「勿恤，吉」，「交相愛」，九三「嗃嗃，悔厲吉」，互相尊重不失分寸。回答的真好！

一九九八年十月底，我問內人的本命，為家人卦三、五爻動，有頤卦之象。家人卦「利女貞」，九五「交相愛」，九三管教子女也有分寸。生性純孝，事父母能盡其力，易占斷得精準。

● 二〇〇六年元旦，我作一年之計，算蘇貞昌當年運勢為家人卦初、上爻動，上九值宜變成既濟卦，齊變有蹇卦之象。其時蘇因縣市長選舉民進黨敗選，而辭去黨主席不久，元月二十五日，又接任閣揆至二〇〇七年五月，整個二〇〇六年運勢甚佳。家人卦從初至上爻都不錯，「閑有家，悔亡」，「有孚威如，終吉」，在民進黨內很吃得開。

● 二〇一一年七月初，一位女學生問她往生六週的弟弟的「近況」如何？為家人卦初、上爻動，上九值宜變為既濟卦，齊變為蹇卦。再問則為頤卦（䷚）初、上爻動，齊變有坤卦（䷁）之象。親密的家人緣盡，由初至上走完全程，下接睽違之卦，爻變既濟，渡彼岸矣！頤卦初至上亦然，上九「利涉大川」，下為大過卦，出生入死，爻變為坤卦，歸陰入土矣！頤卦為巽宮遊魂卦，說明了當時的情況。

● 一九九七年四月上旬，我跟一位學生接觸較頻繁，他是行事幹練之材，熱誠也夠，我問可堪信賴否？為家人卦初、二爻動，六二值宜變成小畜卦，齊變則有巽卦（䷸）之象。「无攸遂，在中饋，貞吉」，「順以巽也」；「閑有家，悔亡」，通得過門檻的考驗。巽卦又是低調行事，不爭鋒出頭，確可信賴無虞。迄今已過二十年，沒有任何狀況，彼此配合極佳。

三爻變占例

占事遇卦中任意三爻動，以本卦為貞，三爻齊變所成之卦為悔，稱貞悔相爭，合參兩卦卦辭卦象以判斷。若本卦三爻中一爻值宜變，加重考量其爻辭。

●二〇〇一年元旦，學生們籌組台灣周易文化研究會，我問最佳定位宜如何？為家人卦內卦全變，貞悔相爭成渙卦（䷺）。渙卦為文化傳播無遠弗屆，家人卦從台灣基地出發，完全合乎學會成立的宗旨。

●二〇一〇年二月上旬，我問西方哲學的成就，為家人卦初、三、五爻動，九五值宜變成賁卦，貞悔相爭成剝卦（䷖）。西哲論理嚴謹，思維精密，卓然成家者眾。賁為人文化成，剝為層層解析以探討事物真相。「遇家人之賁之剝」，易占懂得西方哲學的特色。

●二〇一〇年七月中，我煩惱於學會內部人事糾紛不斷，逼得出了重手，將一個拉幫結派的學生逐出課堂，她事後一再請求原諒，我絲毫不為所動。占其困獸猶鬥的後續效應，為家人卦初、三、五爻動，九五值宜變成賁卦，貞悔相爭成剝卦。「閑有家，悔亡」，「家人嗃嗃，悔，厲吉」，「王假有家，勿恤，吉」，堅定既有立場，防止「婦子嘻嘻，終吝」。賁卦人文化成，剝極以求復元，她只能知難而退。

●二〇一一年三月六日，毓老師約見我談奉元學會之事。當天驚蟄，氣候陰寒，老師身體狀況很不好，聽話都要一旁的張師兄複述。我不敢待太久，告辭行禮出門，占問老師大壯月過後，身體可康復否？得出家人卦二、三、上爻動，貞悔相爭成節卦（䷻）。節卦位序第六十，甲子循環氣數已滿，不是祥兆。「遇家人之節」，表示老師將卒於家？兩週後的春分前夕，老師在家中仙逝，卦象不幸而言中。

●二〇一五年元月中旬，我們應邀參加辜嚴倬雲女士壽誕，冠蓋雲集，觥籌交錯，好是熱鬧。我問往生多年的辜振甫老先生英靈有至宴會廳嗎？為家人卦初、三、上爻動，貞悔相爭成比卦。家人

「利女貞」，以女性為主的家庭盛宴，比卦「建萬國，親諸侯」，又有眾多政商高層與會親比。比又是坤宮歸魂卦，宰老確定有來。

●二〇一五年十一月上旬，北京奉元書院設計一系列的漢裝作為制服，我問成效如何？「遇家人之比」，希望樹立門風，並廣傳天下，目標明確。《焦氏易林》詞云：「更旦初歲，振除禍敗，新衣元服，拜受利福。」真切啊！

●二〇一五年十二月下旬，我們安排好赴英倫及愛爾蘭的家庭旅遊行程，時間長達十六天，我問合宜否？為家人卦上三爻全動，六四值宜變成同人卦，貞悔相爭成豐卦。親情融洽，壯遊天下，肯定收穫豐富。

四爻變占例

占事遇卦中任意四爻動，以齊變所成之卦的卦辭卦象為主判斷吉凶，若四爻中一爻值宜變，稍稍加重考量其爻辭。

●一九九五年十二月初，我占問立委選舉勝負，國民黨為家人卦初、四、五、上爻動，上九值宜變成既濟，四爻齊變成小過卦（䷽）。當屆立委共一百六十四席，國民黨獲八十五席，剛剛過半，恰為小過之象。「有孚威如，終吉」，算是成功過關，穩住執政優勢。

●二〇一〇年九月上旬，我應邀赴德國慕尼黑授《易》，其後主辦單位再招待去維也納等地遊覽，來回行程共十二天。我問一切順利否？為家人卦初、三、五、上爻動，九三值宜變成益卦，四爻齊變成坤卦（䷁）。家人卦「利女貞」，我帶了內人同行；坤卦含弘光大，「行地无疆」，玩得相當過癮，跟老外講《易經》，也新鮮有趣。

●二〇一二年十月底，我給學生講《楞嚴經》，這是「以易通佛」課程的最後一部佛經，前面講過《金剛經》、《六祖壇經》、《心經》、《法華經》、《維摩詰經》等五部，對初學來講，《楞嚴經》最難。共十卷，卷二開始繁複論理，我問其主旨為何？得出家人卦初、二、三、上爻動，上九值宜變為既濟卦，四爻齊變成坎卦。「家人」為真心佛性的本來面目，世人「習坎」陷溺，「睽」違久矣，遂成人生「蹇」難之途，需「反身修德」才能「解」脫自在。家人卦上九爻辭：「有孚威如，終吉」，「反身之謂也」。單變成既濟，功德圓滿，安渡彼岸。

六爻變占例

占事遇卦中六爻全動，即以其錯卦的卦辭卦象論斷，思考其所以變動的因果。

●二〇一一年元月上旬，我問內人辛卯兔年運勢，為家人卦六爻全動，齊變成解卦（䷧）。她真的是全年都在忙婆家、娘家及自己家的事，扶老攜幼，心甘情願奉獻一切。妙的是我當年為大畜卦上九爻動，有泰卦之象。大畜「不家食吉，利涉大川」。我全年往外到處跑，她負責解決家中之事，還真是分工得當！

38.火澤睽（䷥）

睽卦繼家人卦之後，在蹇卦之前，全易中排序第三十八。一家人處久了鬧意見，反目成仇，原先互助的力量轉為可怕的大敵，雙方都困頓難行。〈序卦傳〉稱：「家道窮必乖，故受之以睽。睽者，乖也。乖必有難，故受之以蹇。蹇者，難也。」睽卦六爻全變為蹇卦，屬人情鉅變，也是全《易》卦序中最特殊的一段。一般相錯兩卦都是奇偶配對，如乾一坤二、頤二十七大過二十八等，唯獨睽三十八、蹇三十九是偶奇相連，箇中因由值得玩味。

「睽」字從「目」從「癸」，「癸」為天干最末，雙方恩斷義絕、愛恨交織的微妙關係，可從目光中看出，互相都不正眼看對方，反目即為此意。人際一旦生變，往往多有猜忌，愛之欲其生，惡之欲其死，情感蒙蔽理智，看事情偏頗失正。眼光有問題，做事就行不通，「蹇」字從「寒」從「足」，寒氣侵足，蹣跚難行矣！

䷥

睽卦卦辭：

小事吉。

明夷卦「利艱貞」，家人卦「利女貞」，睽卦「小事吉」，接連三卦卦辭都只有三個字，簡潔明確。家人內鬨反目之時，不可能共大事，小心翼翼做些小事還行。《易》例陽大陰小，睽乖之際，須順勢用柔，不宜過剛逞強，否則關係會更惡化。

〈彖〉曰：睽，火動而上，澤動而下，二女同居，其志不同行。悅而麗乎明，柔進而上行，得中而應乎剛，是以小事吉。天地睽而其事同也，男女睽而其志通也，萬物睽而其事類也，睽之時用大矣哉！

睽卦上卦離火，火勢上燃，下卦兌澤，其中之水下流，各行其是，漸行漸遠。上卦離為中女，下卦兌為少女，又有二女共事一夫，互相爭寵，同居而不同志、不同行之意。古代一夫多妻制，常生家庭糾紛，其來有自。家人卦上卦巽為長女，下卦離為中女，大房當家理財，二房打理炊事，長幼有序，暫時不生事端。睽卦中女當家，少女在下，那麼原先的長女哪裡去了？由家人至睽，顯然發生奪權鬥爭，大房可能被幹掉，要不就去了廟裡清修，二房扶了正，居上管事。男人的貪心沒有止境，又娶了三房承歡。所謂有樣學樣，二房和三房間怎會沒有嫌隙？怎不互相提防？

雖然如此，若雙方能識大體，還是有合睽的機會。睽卦下卦兌悅，上卦離明，下悅而附麗上明，謹守分寸，不生事端。六五柔進而上行，得居上卦之中，和下卦九二陽剛相應與，睽違中仍有合作可能，所以稱「小事吉」。

天上地下，其勢相反卻能相成，共同化育萬物；男女大大不同，夫婦結合能生育後代；萬物各色各樣，類聚群分，形成豐富生態。如此看來，睽未必是壞事，巧妙運用睽以成就人事的智慧，可太重要了！〈彖傳〉論述坎卦，稱：「險之時用大矣哉！」「時用」非「常用」，而是在特殊時候的反面運用，深徹了解人情反應，從中取利，化阻力為助力，轉負債成資產。例如鷸蚌相爭，漁翁得利，對漁翁來說就是「睽之時用」。挑撥離間，分化敵方團結，也是「睽之時用」。美、日列強不希望兩岸統一，繼續保持現狀，才有利可圖，為「睽之時用」。

睽本來負面意義居多，〈彖傳〉作者獨具慧眼，由消極的「小事吉」，轉論成「睽之時用大矣哉」，真是了不起！

〈象〉曰：上火下澤，睽，君子以同而異。

〈大象傳〉揭明「上下異路、朝野不合」，卻認為可「求同存異，各有立場」，不必混同。家人、睽相綜，一體兩面，同時俱存。睽為異，家人為同，同中有異，異不礙同。體悟此理，心胸寬廣矣！

占例

●二〇〇〇年元旦，我作一年之計，問台灣當年有無重大天災人禍？得出不變的睽卦。一九九九年九二一大地震剛過，大家餘悸猶存，故有此問。結果當年並無重大天災，倒是人禍不輕，三一八的大選民進黨獲勝上台，陳水扁開始執政，賄賂公行，殃民八年，台灣的競爭力大大削弱。

●一九九七年十二月下旬，我占問〈易傳〉術語「位不當」的確切意涵，為不變的睽卦。睽即不合，睽卦中除初爻外，其他五爻皆不正，或陽居陰位，或陰居陽位，與六爻皆不正的未濟卦（䷿），只差初爻不同，睽與未濟皆難成大事。睽卦六三、未濟卦六三〈小象傳〉同稱：「位不當也。」其他如晉卦九四、大壯卦六五、噬嗑卦六三、臨卦六三、豫卦六三、否卦六三、履卦六三、夬卦九四、萃卦九四、震卦六三、豐卦九四、兑卦六三、中孚卦六三、小過卦九四等，〈小象傳〉亦稱「位不當也」。歸妹卦征凶，〈象傳〉稱「位不當也」。由這些卦爻所當之時位，應可了解其意涵。

●二〇〇一年間，我在學生張良維處習練太極導引，中間汗流浹背休息時，一位法國人湊近來問我，說他發明一套大衍之數的電算程式，不知準確否？我就叫他用手機試問一下，結果出來不變的睽卦，亦即不合。自己發明的程式都沒自信不捧場，那還怎麼行？

初九：悔亡。喪馬勿逐，自復。見惡人，无咎。

〈小象傳〉曰：見惡人，以避咎也。

初九陽居陽位，為睽卦唯一正位之爻，當睽之初，家人剛剛反目，處置得宜，還有復合機會，應好好把握。人生相聚不容易，過剛生悔，睽卦「小事吉」，宜以柔化剛使悔恨消亡。睽卦上火下澤，背道而馳，相應的爻位皆生睽違，六爻爻辭就在指示人如何合睽。初九和九四睽，九四居高位執政，為初九基層民眾服務，初九喪失九四的友誼，等於跑掉一匹良馬，行動很不方便。這時不要急著去追回，先冷靜下來深切反省，改過之後，再與交惡之人見面，仍可回復常道而無咎。

「自復」不是說啥事不做，跑掉的馬就會自動回頭，而是復卦講的「反復其道」，乾卦九三朝乾夕惕的「反復道」，以及小畜卦初九的「復自道，何其咎」。彼此既生睽違，總有言行不當處，自己先虛心反省，比一昧怪罪對方好得多。人習於感情用事，一家人交好時甜如蜜，吵嘴翻臉，馬上視之若寇讎，看對方就像十惡不赦之人，其實只是交惡而已。不管是真的惡人，還是交惡，都不宜拒不見面，而是維持適當接觸，所謂見面三分情，凡事總有轉圜可能。錯過這機會，可能負氣分手，爻變遂成未濟卦（䷿）之局。

「喪馬」之「馬」，其實是比喻人心，「喪馬」即孟子所謂「放失的良心」。「勿逐」是說別追求嗜欲，如頤卦六四所稱：「虎視眈眈，其欲逐逐。」「自復」則是：「學問之道無他，求其放心焉爾矣！」晉卦「自昭明德」，「康侯用錫馬蕃庶，晝日三接」；明夷卦六二「夷于左股，用拯馬壯，吉」；家人卦回歸自家本心，九五「王假有廟，勿恤，吉」；睽卦初九「喪馬勿逐，自復」，求其放心。《易》序所含義理之嚴密，嘆為觀止。

「見惡人」既是表現風度，期待合睽，言歸於好，也是人情世故基本的考量。寧可得罪君子，不可輕易得罪小人，遯卦〈大象傳〉稱：「君子以遠小人，不惡而嚴。」既嚴守分際，不與小人合作，也別動輒交惡。《論語．陽貨篇》記陽貨欲見孔子，孔子不想見，還是冤家路窄半途而遇，彼此敷衍應對那段，既有趣，也發人深省。

睽卦初至四爻合組，又成一睽卦。睽中有睽，人情生變，會不斷內鬥分裂，不知伊於胡底。初九當睽之初，必須珍惜過去的親密關係，別太任性縱情。

占例

●二〇一一年十一月中，學生邀我赴烏來泡溫泉，夜行車中，我以手機電占未來十年的世界大勢，中美關係為睽卦初九爻動，有未濟卦之象。美國未來會以中國為主要競爭對手，關係變得緊張，但尚不至於直接衝突，雙方都會有一定的節制，以充實本身國力為主，並維持適度的接觸協商。初九爻辭翻成白話就是這樣，須小心提防，卻不必過分緊張。

至於兩岸關係，未來十年為不變的比卦，一定愈走愈近，不會大動干戈，大勢所趨，不以個人或黨派的意志為轉移。

歐債的問題呢？為比卦（䷇）九五爻動，有坤卦（䷁）之象。「顯比，王用三驅，失前禽，邑人不誡，吉。」歐元區會以德、法為核心，強化統籌管理，繼續維持國際聯盟的架構，實在不合規範的弱國，也不會強留在內。美債為不變的坎卦（䷜），重險難以在十年內解決，由於為單一世界強國，比歐元區好管理，甚至可以拖欠不急著還。美元的優勢至少二十年不成問題，全世界被套牢也無可奈何，正所謂：「險之時用大矣哉！」

當夜我還算了不少其他大勢，易占回答都乾淨俐落。最後我不免又問：「未來十年的世界，真的就是這樣嗎？」得出不變的比卦。「比。吉，原筮，元永貞，无咎。」「先王以建萬國，親諸侯。」易占的回答：一點不錯，就是這樣！占象比擬世事完全正確。

䷥

九二：遇主于巷，无咎。

〈小象傳〉曰：遇主于巷，未失道也。

九二起爻位皆變不正，睽違加深。九二為下卦中心，和上卦中心、也是全卦君位的六五相應與，兩人竭力合睽，約在小巷中密會，商議解決之策，雖非正式場合見面，仍屬處理人際糾葛的正道。本爻變，為噬嗑卦（䷔），睽違鬥爭的氛圍中，只宜安排密會，免生困擾。

占例

●一九九三年三月底，我經營出版公司已有起色，卻也加深了與老闆間的微妙隔閡，如何掌握分際，煞費斟酌，占問得出睽卦九二爻動，有噬嗑之象。睽違之中，「遇主于巷，无咎」，「未失道也」。說的真切！為防酷烈的噬嗑鬥爭，仍應維持私下溝通的管道。

●二〇一〇年八月中旬，某密宗大師往生，我曾在電視台錄影時跟他同過節目，當時已心體皆衰，還要兩位女弟子扶持，感覺有些怪。他既往生，我占其修為，為睽卦九二爻動，有噬嗑之象。「遇主于巷，未失道也」，雖有些走旁門之嫌，大致還有一定的道理，但也並非什麼高深的境界。

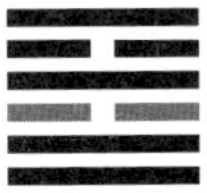

六三：見輿曳，其牛掣，其人天且劓。无初有終。

〈小象傳〉曰：見輿曳，位不當也；无初有終，遇剛也。

六三不中不正，居下兌卦之口，下乘九二，有情慾蒙蔽理智之象，和上九相應與，睽違至極，頗難善了。透過六三的眼光看上九，就像窮兇極惡的車夫，強拖著自己這輛老牛破車往前進，自己拚命抗拒不從。「天且劓」為罪犯的形貌，「天」為剃光頭，「劓」為割去鼻子，這麼糟糕的關係，仍須儘量化解仇怨，還可能開始不好，最後仍得善終。本爻變，為大有卦（䷍），永不輕易放棄和平共存的可能。

占例

●二〇〇一年三月上旬，老友主持的社會大學基金會邀我，為其幹訓班甄選良才。我占得睽卦六三爻動，具大有卦之象。如此勉強，可見當時的配合關係已出現嚴重問題，沒幾年，就徹底斷了來往。

䷥

九四：睽孤，遇元夫，交孚，厲无咎。

〈小象傳〉曰：交孚无咎，志行也。

九四居高位不正，和初九基層相應與，本應密切合作，因睽違而陷於孤立的危險情境。這時必須設法合睽，與初九相會，誠意溝通，雖有些危厲不安，可獲無咎。一旦雙方同意和解，九四才能實現自己的志向。對九四來說，初九為其元氣創意的來源，絕不能失去，故稱「元夫」。本爻動，恰值宜變成損卦（䷨），「懲忿窒欲」，理智尋求和解。

占例

●二〇〇四年二月底，我輾轉收到一封怪信，發信的陌生人隱居在中部山裡，讚揚我多年弘《易》

之功，語涉玄機，希望我去找他，還附了一段對〈繫辭傳〉的看法，頗有見地。我不大喜歡扯這方面的事，沒有任何回應。當時有占此事的本質為何？得出睽卦九四爻動，恰值宜變成損卦。「睽孤，遇元夫，交孚，厲无咎」，「志行也」。易道深奧，知音者渺，願與同參共證？

六五：悔亡。厥宗噬膚，往何咎？

〈小象傳〉曰：厥宗噬膚，往有慶也。

六五居全卦君位，下和九二相應與，睽違之時，應竭力彌縫嫌隙，使悔恨消亡。睽從家人而來，本出同宗，關係親近，只要決心突破隔閡，就像咬薄薄的肉片一樣，一定可以復合。往前會晤，承擔咎責，會給大家帶來福報。本爻變，成履卦（䷉），「履以和行」，致力和解，不必猶豫。

睽卦初九、六五皆強調「悔亡」，基層民眾不希望內鬥生亂，為人君上者當體會斯意，盡力合睽。「噬膚」之意，同噬嗑卦六二爻辭：「噬膚滅鼻，无咎。」人生鬧意氣，有時就是面子下不來，一旦想通，其實突破很容易。「何咎」之「何」，還應作承擔負荷解，同小畜卦初九：「復自道，何其咎，吉。」亦同大畜卦上九：「何天之衢，亨。」棄小怨，成大事，領導者當有此胸襟抱負。睽卦〈彖傳〉中所稱：「柔進而上行，得中而應乎剛。」即指六五而言。

䷥

上九：睽孤，見豕負塗，載鬼一車。先張之弧，後脫之弧。匪寇婚媾，往遇雨則吉。

〈小象傳〉曰：遇雨之吉，群疑亡也。

上九居上卦離火之頂，為睽極之位，和下卦六三結怨甚深，眾目睽睽之下，陷於孤立。剛愎自用，疑心生暗鬼，看到了許多光怪陸離的幻象。先是看到一隻豬，身背上沾滿了泥巴，又彷彿看到豬拖著一車子的鬼，前來要害他，於是張開弓弦要射，後來發現對方並非挑釁，而是前來和解，便放下弓箭，善意接受則吉。「雨」是陰陽和合之意，雙方化干戈為玉帛，所有的疑忌消失，皆大歡喜收場。若不懸崖勒馬，爻變成歸妹卦（䷵），「征凶，无攸利」，一切落空無所得。

本爻爻辭長達二十七字，為全易最長一爻，描述類似精神病患的夢幻之境，深刻動人。初九「喪馬勿逐」，若指「喪心」，上九「見豕、載鬼」，則是「病狂」了！睽違之甚，可淪落至喪心病狂的地步，人際相處怎能不審慎？世間族群對立衝突，往往肆意抹黑對方，將對方不當人看，視之豬狗不如，甚至詆毀成魔鬼，其實豬身上的泥巴，就是病狂者抹上的啊！

〈繫辭下傳〉第二章談文明發展，取了十三個卦，睽為其中之一：「弦木為弧，剡木為矢，弧矢之利，以威天下，蓋取諸睽。」以前征戰用弧矢弓箭，現代則進展至核子洲際導彈，殺傷力強大，一旦失控互射，人類有滅亡之憂。「先張之弧」，當心擦槍走火，「後脫之弧」，才是人間和解的正道。豫卦「重門擊柝」，正當防衛；睽卦弧矢之威，先發制人成了侵略。「利禦寇，不利為寇」啊！

「匪寇婚媾」一辭，全《易》出現三次，另兩處為屯卦六二、賁卦六四。大易思想反對流血鬥爭，主張人際和合，其道一以貫之。

綜觀睽卦六爻，兩兩相對，企圖合睽，互有得失。初九眼中，視九四為乘載工具的馬匹、為棄己而去的惡人；九四重視初九為「元夫」，希望破鏡重圓。九二尊重六五為主，六五視九二為同宗。六三、上九這對冤家最嚴重，一視對方為罪犯，一視對方為髒豬為鬼。「睽」字從目，恩怨情仇影響人的視野及判斷，情人眼裡出西施，仇人眼中變鬼怪。無論如何睽違，合睽之法在「復」與「遇」，初九「勿逐，自復」，勿為情慾所困，一切回歸基本面，重新思考與定位。「遇」為不期而遇，為姤卦的概念，睽爭對立時沒有正式管道，須私下秘密溝通，看看有無續緣的機會。復與姤兩卦相錯，睽時以「復」為主，以「姤」為輔。初九「自復」之後，九二「遇主于巷」，六三「遇剛」，九四「遇元夫」，上九「遇雨則吉」。

占例

●二〇〇三年二月中，經營社會大學基金會的老友來我家拜訪，電話中承諾會先還債云云，我占問他的真正來意為何？得出睽卦上九爻動，有歸妹卦之象。確實是睽極欲和解之意，「往遇雨則吉」。他是有些忐忑不安，我不作聲色，收下債款，也同意了往下新的合作事項：將過去六十四卦的講解匯編成錄音光碟，取名《復見天地之心：決策易CD全集》，還銷售了不少套，彼此皆大歡喜。

多爻變占例之探討

以上為睽卦彖爻象之全部解釋，以及單爻變占例分析，往下繼續討論更複雜的多爻變的情形。

二爻變占例

占事遇卦中任意二爻動，若其中一爻值宜變，為主變數，以該爻辭為主論斷。若皆不值宜變，以本卦卦辭卦象為主，並參考二爻齊變所成之卦的卦辭卦象。

● 一九九四年九月上旬，報界一位編輯朋友找我晤談，她面臨婚姻危機，發展態勢為「遇噬嗑之剝」，已見前文分析。當時再問斷然離婚如何？為睽卦二、上爻動，上九值宜變成歸妹卦，齊變則有震卦（䷲）之象。睽是離異，上九睽極很難挽回，九二雖存「遇主于巷」之心，奈何沒有善意回應，多半只好如此了！沒多久兩人議定離婚，從此各奔前程。

● 二〇〇二年間，我的學生劉文山任職榮工處，工地發生嚴重意外，有工人從六米高處失足墜落昏迷，他問是否有生命危險？為睽卦二、上爻動，上九值宜變為歸妹，齊變有震卦之象。九二「遇主于巷，无咎」，上九「睽孤」險極，歸妹且是兌宮歸魂卦。結果送板橋亞東醫院急救，他返回辦公室時，騎車淋雨，應了「往遇雨則吉」之象，傷患平安出院，算是一場虛驚，震撼不小。

● 二〇〇八年初，我問兒子全年氣運，為睽卦二、三爻動，九二值宜變成噬嗑，兩爻齊變，則有離卦（䷝）之象。由於他將參加高中入學測驗，我問他考運如何？為不變的艮卦。兩占例一參照，大概可知運勢不佳。艮為障礙重重，難以翻越；睽卦六三老牛破車，鞭策不動，督促起來還傷感情，都說中了親子間的情況。果然兩輪考試都不算順遂，後來上了成淵高中。《荀子・勸學篇》：「積水成淵，蛟龍生焉。」成淵的校徽就是三劃「坎中滿」（☵）的卦象，他在那兒倒讀得不錯，師生相處融洽，三年後考上政大會計系。

- 一九九八年六月初，我問年底高雄市長選舉，吳敦義連任的勝算如何？得出睽卦初、上爻動，上九值宜變成歸妹卦，兩爻齊變，則有解卦之象。睽始睽終，歸妹成空，情勢不佳。果然年底吳敗選，謝長廷以四千多票之微，選上高雄市長。妙的是吳之敗選與一緋聞錄音帶有關，不管是否謝的選舉操作，吳終因不及解釋箇中疑雲而敗陣。如今看來，「見豕負塗、載鬼一車」之事，純屬虛構抹黑，但已無法挽回事實。

- 二〇〇四年十二月中，台灣政壇傳聞江丙坤可能組閣，其時陳水扁三一九案的訴訟等於已結束，藍營沒有翻盤機會，江若組閣，有跨黨派和解的意味。我問有無可能？為睽卦初、上爻動，上九值宜變成歸妹，齊變則有解卦之象。睽始睽終，歸妹成空，朝野黨派之間的猜忌太深，應該不會成局。如果這樣，江如何應對最宜？為離卦初、三、四、上爻動，九三值宜變成噬嗑卦，四爻齊變成坤卦。「遇離之坤」，審慎行止以避咎，免得被利用而遭「焚如」之災，還得花大功夫來善後。後來陳水扁還是用了同黨的謝長廷出面組閣，此事遂作罷論。

- 二〇〇一年十月中旬，李登輝再提國民黨是外來政權的說法，我占其用意，為不變的賁卦。賁為文飾，與噬嗑相綜一體，當然還是在掩飾政治鬥爭。能否收效呢？為睽卦四、上爻動，上九值宜變成歸妹卦，齊變則有臨卦之象。睽為族群對立，上九居大老之位，極盡挑撥分化之能事；九四「睽孤」，中央執政或議政者會受影響而媚俗。以此臨政，民粹之風令人擔憂。

同月下旬，我續問台獨在當時還有無市場？為睽卦三、四爻動，齊變有大畜卦之象。兩岸本為一家人，睽自是統獨鬥爭，六三意氣用事，立場偏獨；九四「睽孤，遇元夫，交孚，厲无咎」，立場偏統。三凶四懼，皆屬人位，充分反映台人想法的紛歧。

●二〇一二年元月下旬，我與學生春酒宴，他們曾問過何謂天命？得出睽卦四、上爻動，上九值宜變成歸妹卦，齊變則有臨卦之象。「天命之謂性，率性之謂道」，人人秉承天命而生，屬性卻各個不同。乾卦〈彖傳〉稱：「乾道變化，各正性命。」睽卦〈大象傳〉稱：「君子以同而異。」九四、上九皆稱「睽孤」，從這個意義上講，每個人都是獨立的個體，擁有永恆的孤寂。大多數人想不開，活在疑神疑鬼的心態中，充滿著不安全感，深怕被人迫害；少數智者懂得「遇元夫」，發掘自我生命的本源，「交孚而志行」。

當晚我們聊起各種算命的法門，還占問奇門遁甲的有效性，得出睽卦二、五爻動，九二值宜變成噬嗑，齊變則有无妄卦（䷘）之象。睽是有特色，九二「遇主于巷，无咎」，真是走的奇門，「未失道也」，並未偏離正道。二、五相應與，配合得當，可以算得很細，卦辭稱「小事吉」。无妄卦教人意誠心正，勿胡作非為，「遇睽之无妄」，雖小道，必有可觀者焉！運用此術趨吉避凶，本身得有相當修為，否則害人害己。

●二〇一二年元旦，我算當年舉世有無重大災禍？為睽卦四、上爻動，上九值宜變為歸妹卦，齊變則有臨卦之象。四、上爻辭皆稱「睽孤」，九四懂得回頭與群眾和合，雖危厲而無咎；上九疑神疑鬼，在被迫害妄想的驅動下，會衝動釀災。看來這不是天災，而是人際或國際間的矛盾衝突所致的重大人禍。黃海、東海、南海的劍拔弩張，已見其兆，七月二十日美國丹佛市發生戲院濫殺事件，更切合占象。

三爻變占例

占事遇卦中任意三爻動，以本卦為貞，三爻齊變之卦為悔，稱貞悔相爭，合參兩卦之卦辭卦象論斷。若本卦三爻中一爻值宜變，加重考量其爻辭。

●二〇〇六年十月下旬，中信金控的辜家出事，二次金融改革中插旗兆豐金案，被檢方查緝，辜仲諒流亡日本，台灣朝野為之震動。我問中信未來三年之運勢，為睽卦初、四、上爻動，貞悔相爭成師卦（䷆）。辜家為台灣超級政商，民進黨上台後關係也套得很近，這回翻臉是因分贓不均？民與官難鬥，初九、九四相應，雙方應該還是會透過各種管道溝通，上九睽極生變，恐怕不易善了！「遇睽之師」，往下必須為生存苦戰。兒子流亡海外，年近八十的老翁辜濂松無法退休，還得跳下來領導作戰，應了師卦卦辭：「貞。丈人吉，无咎。」

●二〇〇〇年十一月上旬，我預占二〇〇一年的兩岸關係，為睽卦初、二、上爻動，貞悔相爭成豫卦。民進黨上台後，兩岸關係進一步惡化。貞我悔彼，台灣這邊「喪馬勿逐」、「遇主于巷」，嘗試其他管道溝通；大陸那邊睽極生疑，「先張之弧」，不予回應。豫卦為武備之象，「利建侯行師」，皆由不信任而來。「睽之時用大矣哉！」「豫之時義大矣哉！」貞睽悔豫，為春秋時代的歷史名占，情勢微妙，考驗雙方的智慧。

當時還有段小插曲，一位電視台的記者電話採訪，我告之貞睽悔豫之象，她問「睽」字怎麼寫？我說一個「目」一個「癸」，結果當晚電視螢幕上打出「槐」卦，不是一個「木」一個「鬼」

嗎？老天！槐音懷，也不唸睽啊？事已至此，只能啼笑皆非。

●一九九一年十二月下旬，出版公司境況維艱，市場派的大股東俟機介入，除了由高幹聯名信貸外，老闆本身的股票也抵押在他那兒，一定期限內須還款，否則股權失衡，公司即淪於其手。我占問到時贖不贖得回股票？也是貞睽悔豫（䷏）的格局。贖不回則「睽」，從此與所開創的事業睽違；贖回則「豫」，繼續和團隊共同奮鬥。貞悔相爭，機會一半一半。後來真的是千鈞一髮，在設定的期限最後一刻，將救援款軋入，保住了主權。

●二〇一四年九月初，我受邀與一老教育家見面，素昧平生卻已猜到找我的原由，肯定跟子女遺產分配有關。去程中占算，「遇睽之豫」，家人反目猜忌，必須思患豫防，早作謀劃。另一為解卦九二爻動，爻變為豫卦，也是需事先安排解決之意。

●一九九六年十月下旬，我試占自己在易學史上可能的定位，為睽卦二、四、五爻動，九四值宜變成損，貞悔相爭成益卦（䷩）。睽為自有特色，與主流傳統不同，先損後益，頗有意趣。睽卦九二「遇主于巷，未失道也」；六五「厥宗噬膚，往有慶也」，與六二配合絕佳；九四「遇元夫」，「交孚无咎，志行也」。整體看來，肯定有所建樹。

●二〇〇三年十一月中，我的學生徐崇智找我談所謂的「萃計畫」，藉一貫道的道場平台，長期培訓大專學生熟習中國經典。我聽完他的構想後，占問合宜否？為睽卦初、二、四爻動，貞悔相爭成剝卦（䷖）。睽卦初、四相應，九二「未失道」，大致還好。「遇睽之剝」，總讓人不安心，於是再問如何調整為宜？為家人卦（䷤）初、五、上爻動，九五值宜變成賁，貞悔相爭成謙卦（䷎）。由睽轉為家人，必須創造親切感，也得嚴格甄選，重視指導老師的愛心教化，以身作則，才會「謙亨，君子有終」。崇智不幸於二〇〇六年八月中過世，這計畫不知往後一貫道如何推動了！

●二〇一〇年三月下旬，上海友人來電郵接洽，想整編後出版我授權三聯的書《易經與現代生活》。由於事涉版權爭議，我不敢怠慢，占問能這樣做嗎？為睽卦下三爻全動，貞悔相爭成旅卦（䷷）。睽為不合，旅則失位，「遇睽之旅」，顯然不宜。睽卦六三還有罪犯之象，尤其不合適，遂回函婉謝。

●二〇一一年元月中，我們周易學會的鄧理事長建議我開專講如何斷卦的課，我直覺不妥，占得坤卦六四爻動，恰值宜變成豫卦。「括囊，无咎无譽」，「慎不害也」。占例涉及許多人事，相當敏感，不宜公開講述。再占確認一下，得出睽卦二、三、四爻動，九四值宜變成損，貞悔相爭成賁卦（䷕）。私密外洩，會造成人際失和，六三結怨深重，最好還是文飾文飾。其實，這也是本書需注意考量之處，書尚如此，開課就不必了！《焦氏易林》「遇睽之賁」的斷詞：「剠刖髡劓，子所賤棄；批捍之言，我心不快。」說出了箇中顧慮。

●二〇一一年二月下旬，毓老師原先要去我們學會看看，臨時身體不適取消，我不免有些不祥的預感，占問奉元志業的後續事宜如何？為睽卦初、五、上爻動，貞悔相爭成困卦（䷮）。「遇睽之困」，果然堪憂。睽初「喪馬勿逐」、六五「厥宗噬膚」、上九「睽孤」生變，都讓人忐忑不安。三月二十日老師在家中仙逝，原先的大願受挫。

●二〇〇五年五月，我們學會在劍潭辦春研營，再邀台大電機系教授李嗣涔演講特異功能，學生邱雲斌占問：當如何看待這種研究？為睽卦初、二、五爻動，貞悔相爭成否卦（䷋）。睽有許多光怪陸離的現象，但初、二、五爻還好，九二、六五相應與，「否之匪人，不利君子貞」。「遇睽之否」，與現實人事迥異，見怪不怪，存而不論即可。

四爻變占例

占事遇卦中任意四爻動，以四爻齊變所成之卦的卦辭卦象為主判斷，若其中一爻值宜變，稍加重考量其爻辭。

● 二〇一〇年九月中旬，我應邀赴德國慕尼黑授《易》，課畢後主辦方招待去維也納遊覽，看了不少王宮。富麗堂皇的擺設下，總讓人覺得透著寂寞悽涼，當下占古往今來宮殿的意義，為睽卦四陽爻動，齊變成坤卦（䷁）。王宮為勾心鬥角殘酷奪權之所，一家人六親不認，臣弒其君，子弒其父，屢見不鮮，坤卦初六「履霜」之戒已予揭露。家人反目的結果，陽氣耗盡，歸陰入土。

● 二〇一一年十一月中旬，我占測未來十年美國的國勢，得出睽卦四陽爻齊動，成坤卦。老美稱霸世界多年，對其他文明大國總是心懷偏見，猜忌打壓不遺餘力。前蘇聯垮台之後，對中國將迎頭趕上的趨勢，如芒刺在背，未來十年的中美關係即為睽卦初九爻動，可見一斑。

● 一九九二年七月下旬，出版公司股東大會改選董監事，市場派的大股東願辭去副董一職，我們幾經商議，改選出新的董監席位，希望有番作為。我試占選後如何安排大股東哥哥的職位，他的不稱職其實很明顯，只是誰也不敢動他。得出睽卦二、三、五、上爻動，九二值宜變成噬嗑，四爻齊變成革卦（䷰）。睽二、五相應與，三、上多仇怨，「遇睽之革」，還是可以做些新安排，但不能翻臉而生事端。

稍前兩個多月，老闆跳票太多，正式被列為拒絕往來戶。我問吉凶對策，得出睽卦二、三、四、上爻動，上九值宜變成歸妹，四爻齊變，成明夷卦（䷣）。「遇睽之明夷」，上九又是睽極之爻，可見災情慘重，必然波及公司。

一九九五年七月下旬，我剛從美加地區暢遊返台，又有公司中人告訊，股爭再起，重要人事動盪。我心思已不在此，還是順便一占個人的吉凶？為睽卦初、三、四、上爻動，上九值宜變成歸妹，四爻齊變成升卦（䷭）。睽初、四藕斷絲連，三、上結怨甚深，上九又是睽極之爻，怎樣都影響有限了！升卦卦辭：「元亨。用見大人，勿恤，南征吉。」趁早擺脫這些沒完沒了的羈絆，追求自己的錦繡前程吧！

39.水山蹇(䷦)

蹇卦為全易第三十九卦，為寒氣侵足、困頓難行之意，在睽卦之後，解卦之前。〈序卦傳〉稱：「睽者，乖也。乖必有難，故受之以蹇。蹇者，難也。物不可以終難，故受之以解。解者，緩也。」家人反目、關係睽違之後，力量分散抵消，對外競爭力降低，搞得寸步難行。發現行不通，分裂的雙方又嘗試和解。人情愛憎有其心結，化解須慢慢來，所謂事緩則圓，耐心處理，總有恩仇俱泯之時。

〈雜卦傳〉稱：「解，緩也；蹇，難也。」蹇、解相綜，為一體兩面、同時俱有的關係，表示再困難的問題也有解答。大易基本上就是面對問題，尋求最佳的解法。蹇(䷦)、睽(䷥)相錯，解(䷧)、家人(䷤)相錯，這四卦道盡人情的輪迴之苦。正常的卦序從三十七至四十，掛搭在一起，〈雜卦傳〉的卦序從三十五至三十八，仍無法打斷。台灣泛藍陣營的分裂及整合即為顯例，新黨、親民黨相繼出走，為家人、睽，輸掉二〇〇〇年大選後，國、親、新合作力拼民進黨，為蹇、解。台灣本屬一家人，藍綠對立族群矛盾為睽；兩岸同文同種，內戰對峙為睽；基督教徒與伊斯蘭教徒根本是兄弟，《舊約聖經》及《古蘭經》都有記載，全是亞伯拉罕的子孫，宗教戰爭逾千年未休。這些都造成人類文明蹇困難行，必須尋求對話和解，才是王道，正是：「渡盡劫波兄弟在，相逢一笑泯恩仇。」

䷦

蹇卦卦辭：

利西南，不利東北。利見大人，貞吉。

蹇難之時需要朋友相助，不宜樹敵。坤卦卦辭稱：「利西南得朋，東北喪朋，安貞吉。」西南為柔順之方，包容順勢，廣結善緣；東北為陽剛之方，逞強爭鬥，惹事生非。各方合作，需德孚眾望的大人領導，大家固守正道而行，才能轉危為安而獲吉。

〈彖〉曰：蹇，難也，險在前也。見險而能止，知矣哉！蹇利西南，往得中也；不利東北，其道窮也。利見大人，往有功也；當位貞吉，以正邦也。蹇之時用大矣哉！

蹇外卦坎險、內卦艮止，內憂外患交織，見危險能暫停前進，這是有智慧的表現。「往得中」指九五君位，往居上卦坎險之中，與民眾同甘苦共患難。「其道窮」指九三，受阻於下，不能前進。「利見大人」，九五領導有方，團結大家共同奮鬥，可突破難關終獲成功。「當位貞吉」，二至上爻皆得正位，各盡其職，以振興邦國。蹇難之時，正好利用外患的威脅，以化除內部派系矛盾，促進風雨同舟的大團結，這種反面運用的智慧太重要了！坎卦〈彖傳〉稱：「險之時用大矣哉！」蹇外卦坎險，正好發揮其用，以消弭內卦艮阻的山頭勢力，統歸中央的九五指揮。坎、睽、蹇三卦，皆稱「時用大矣哉」，值得深入體會。

水山蹇，「見險而能止，知矣哉！」有知而難行。山水蒙（䷃），「險而止，以亨行時中」，摸索力行以求知。蹇、蒙二卦相交，知與行間的關係如此。

〈象〉曰：山上有水，蹇。君子以反身修德。

蹇卦上坎水、下艮山，山上有水奔流，造成行進艱難。《孟子・離婁篇》稱：「行有不得者，皆反求諸己，其身正而天下歸之。」反身修德，強化本身內部的實力後，才有機會突破外在的艱險。家人卦上九「終吉」，〈小象傳〉稱：「反身之謂也。」爻變既濟卦而成功。睽卦初九「喪馬勿逐，自復」，若外逐而不求其放失的內心，爻變則成未濟卦，皆為此義。

占例

●二〇一一年九月下旬，宋楚瑜選了林瑞雄作角逐大位的副手，正式顯示參選到底的決心。我問不到四個月後的選舉勝負：宋為不變的蹇卦，蔡英文為不變的觀卦，馬為不變的謙卦。《易經》回答的可真乾脆！蹇難難行，宋當然不可能當選；謙「亨，君子有終」，大位還是馬英九坐；觀卦「風行地上」，與臨卦相綜，繼續在野旁觀，沒法入朝君臨天下。

有趣的是林瑞雄這樣的人士出現，宣稱卦象顯示宋有天子命，一定會當選，又是推背圖，又是電磁波云云。他所講的「趨之有因」，亦不知語出何典？《易經》的地位崇高，自古就有許多人假借為說，以遂行某種目的，一般人不知所以，為其所惑，真正懂得的人，只好見怪不怪了！

●二〇〇一年十月底，台灣立委改選在即，陳水扁出書暗批李登輝職務交接不清，加上台聯黨與民進黨的競爭，兩人關係弄得有些緊張。我問選後的李扁關係如何？為不變的蹇卦。「蹇之時用大矣哉！」雖然有矛盾衝突，在統獨分際上可能仍會合作，團結次要敵人，以打擊主要敵人。果然兩人狼狽為奸的關係持續了頗久，直到扁確定垮台後，才再分道揚鑣。

同年十一月中，新黨郁慕明呼籲泛藍陣營三合一大團結，以對抗綠營的台獨路線，我問能否成功？為不變的蹇卦。國、親、新三黨係出同門，由家人而睽而蹇，正應和解才是。卻一直迄今也未完全整合。二〇一二年初，宋三度參選再敗後，親民黨及新黨已經名存實亡，不解而解矣！

●二〇〇五年元月中，我問江丙坤的年運？為不變的蹇卦。仕途如何？為不變的未濟卦。確實在民進黨執政下，他也只能如此，直到三年多後，馬英九贏回政權，江才得任海基會董事長，主責推動兩岸關係。

●二〇一二年元旦，我問歐元區年運，為不變的蹇卦。外險內阻，寸步難行，風雨同舟，必須和衷共濟。

●一九九一年十月下旬，我所任職的出版公司開始劇烈股爭，市場派財力雄厚的大股東強勢介入經營，我問對公司的吉凶？為不變的蹇卦，顯然從此艱困難行矣！

●二〇〇八年八月底，一位《中國時報》前高幹約我吃日本料理，談她可能赴任的新差事，幫人辦經理人菁英培訓云云。我實在不看好，幫她占出的也是不變的蹇卦。後來她沒聽勸阻，仍去任職，一年多後飽嚐苦果，與女老闆的關係也變壞，只能放棄，大嘆下回一定要聽易經的了！

●二〇〇〇年年底，我問《聖經》的價值、特色與定位？為不變的蹇卦。人生多艱，家人睽蹇，基督的愛或可助人化解仇怨？

●二〇〇九年元月中，我給學生上《易》與老莊的課，占問我們在二十一世紀研習老子的意義為何？也是不變的蹇卦。人之大患為與生俱來的種種情慾，以及因之而起的種種紛爭。老子主張：「塞其兌，閉其門，挫其銳，解其紛，和其光，同其塵。」反身修德，清心寡慾，自能化解仇怨，排難解紛。

●二〇〇九年七月中旬，我即將參加一連串的兩岸兵學會議，占問兵法的本質為何？為不變的蹇卦。兵道凶險，因家人睽違而生，如何深刻反省，尋求和解，不戰而屈人之兵，為善之善者也。

●一九九八年底，我教學生劉劭名著《人物志》，針對〈效難第十一〉問其主旨，為不變的蹇卦。知人識人難，知人後使人才獲用，也不容易，有時因客觀形勢的限制，有時因微妙的嫉妒心理作祟，這是〈效難篇〉闡釋的要點。

●二〇一五年六月初，一位石油公司老闆娘問我頁岩氣未來二十年的前景，我占出不變的蹇卦。應該尚有許多問題不好解決，成本效益與油輪運輸還待突破。接著問目前的液化石油前景，為豫卦初、四爻動，有復卦之象。豫卦九四傾動天下，初六只能狂熱追隨。「由豫，大有得，勿疑，朋盍簪，志大行也。」液化石油仍為眾所仰望的能源，無法取代，拋離不了！

䷦

初六：往蹇，來譽。

〈小象傳〉曰：往蹇來譽，宜待也。

初六陰居陽位不當，處蹇難之初，當然無力越阻濟險，只宜稍安勿躁，靜待時機成熟再前進，如此冷靜自持，會贏得眾人稱譽。此爻變，成既濟卦（䷾），穩定行事，以期待最後的成功。〈象傳〉稱：「見險而能止，知矣哉！」知難不進，不逞匹夫之勇，才是聰明智慧，才獲稱譽。蹇卦初至四爻，合組成又一蹇卦，蹇中有蹇，千難萬難。初六實力不足，當然不宜輕舉妄動，孤身涉險。

蹇卦二至五爻皆正，初六不正即成蹇卦，表示萬事起頭難，第一步走錯了，後面再怎麼做對，都很難扳回。

六二：王臣蹇蹇，匪躬之故。

〈小象傳〉曰：王臣蹇蹇，終无尤也。

六二中正，和上卦九五中正相應與，本來配合絕佳，無奈遭遇蹇難之局，雙雙受制，不能動彈。九五為王，六二為臣，故稱「王臣」；王蹇臣亦蹇，稱「王臣蹇蹇」。「躬」為自身，六二無辜受難，非由自身造業，卻得坦然承擔，稱「匪躬之故」。蹇難為大形勢，形勢比人強，六二人在江湖，身不由己，謹守崗位，沒有什麼好抱怨的。

《中庸》稱：「在上位，不陵下；在下位，不援上。正己而不求於人，則無怨。上不怨天，下不尤人，故君子居易以俟命，小人行險以僥倖。」正是蹇卦六二的風範。占事遇蹇六二爻動，恰值宜變之位，成井卦（䷯），前為困、後為革，積極尋求脫困之策，甚至變化創新。

占例

● 二〇〇二年二月下旬，我占問年底的北、高市長選舉，泛藍能否精誠合作？得出蹇卦六二爻動，恰值宜變成井卦。「王臣蹇蹇，匪躬之故」，「終无尤也」。泛藍分裂，家人而睽而蹇，二〇〇〇年失去政權後，痛定思痛，皆知不團結不足以回朝執政。六二在野，居下卦之中，應會放棄怨尤而謀求合作。結果是合作了，成績一勝一負：馬英九大勝連任台北市長，黃俊英小輸給謝長廷，挑戰高雄市長失利。

● 二〇一一年元月下旬，我問如何為「仁者」？得出蹇卦六二爻動，恰值宜變成井卦。「王臣蹇蹇，匪躬之故」，「終无尤也」。《論語‧雍也篇》樊遲問仁，子曰：「仁者先難而後獲，可謂仁矣！」〈述而篇〉記孔子稱譽伯夷、叔齊：「求仁而得仁，又何怨？」

䷦

九三：往蹇，來反。

〈小象傳〉曰：往蹇來反，內喜之也。

九三居下卦艮山之頂，下有六二相承、又和上六相應與，陽剛有實，在蹇難之中一樣受阻，往前必蹇。這時當回頭整合內部，團結共同涉險，由於九三實力堅強，內部的六二、初六深表慶幸與歡迎。九三爻變，成比卦（䷇），互助合作以渡險難。〈大象傳〉所稱「反身修德」，即指此爻而言。

九三為組織內部派系山頭之主，往往與九五之君分庭抗禮，造成睽蹇不合的局面。若能互相體諒，以大局安危為重，則組織幸甚！「三與五，同功而異位。」九三、九五為蹇卦中二陽爻，分居內阻外險之要津，為群陰之所倚附，不宜意氣用事。

占例

- 二〇〇四年四月中，三一九槍擊案的疑雲籠罩全台，落選的連戰雖提出訴訟抗告，民與官鬥，恐極度艱難，我問是否勝負已定？得出蹇卦九三爻動，有比卦之象。「往蹇，來反」，看來多半如此，只能藉此鞏固內部團結，穩住陣腳，選舉翻盤不易，後來果然如此。
- 二〇〇八年三月再戰，馬英九代表藍營贏回政權，算是由蹇而解，同仇敵愾發揮了後效。二〇〇九年十月下旬，我問二〇一二民進黨再上台執政的機率如何？為蹇卦九三爻動，有比卦之象。「往蹇，來反」，機會不大，只能待在下卦維持團結而已，此占亦已靈驗。
- 一九九一年十二月中旬，我在出版公司惡戰，問自己與公司的緣分為何？得出蹇卦九三爻動，有比卦之象。「往蹇來反，內喜之也。」江湖險惡，世道難行，藉此磨練自己任事的能耐而已，突破而有大成不易。一九九四年五月公司生變，從此沉潛讀書多年，二〇〇〇年後公司已名存實亡，我也順勢不告而別，開展另一段嶄新的人生旅程。
- 一九九三年八月上旬，我總籌公司經營，投入大量心力斡旋，自問如此久戰，究竟值不值得？為小畜卦（䷈）初、五爻動，齊變有蠱卦（䷑）之象。「密雲不雨」，以小事大，在夾縫中求生存有夠悶。「幹父之蠱」，革除積弊，推動改革，談何容易？初九「復自道，何其咎」，「其義吉也」，可以學到很多基本功；九五「有孚攣如，富以其鄰」，「不獨富也」，居君位負責經營，還可以幫助一些人。

然後我再問：繼續積極經營下去，吉凶如何？為蹇卦九三爻動，有比卦之象，「往蹇來反，內喜之也。」基本的大形勢未變，就當人生該經歷的修行吧！

六四：往蹇，來連。

〈小象傳〉曰：往蹇來連，當位實也。

六四處於三、五爻之間，陰虛無實力，當然往蹇；五為君位、三為派系首領，其中矛盾正好由六四來化解牽合。六四身為高幹，須分君之憂，力勸九三團結一致，共度險難。「當位實」指九三，陽剛當位，值得爭取連合。六四爻變，為咸卦（䷞），當以感情打動九三，勿講理說教，睽、蹇本由家人而來，情分俱在。

占例

●二〇〇七年初，我作一年之計，問綠營的執政氣運，為蹇卦六四爻動，有咸卦之象。藍營的在野氣運，為臨卦六四爻動，有歸妹之象。六四居高位，執政黨蹇困難行，在野黨反而「至臨，无咎」，顯然陳水扁的貪腐禍國，已經搞得天怒人怨！這樣的態勢持續至年底，造成隔年元月立委選舉藍營大勝的結果，三月大選，再由馬英九奪回執政權。

九五：大蹇，朋來。

〈小象傳〉曰：大蹇朋來，以中節也。

九五居君位，身陷坎險之中，和六二中正相應與，近旁六四又忠心承事，在最困難之時，有多方朋友相助，爻變為謙（䷎），「君子亨通有終」。九五行事中節，得道多助，〈彖傳〉稱：「利西南」，西南得朋，「往得中」；「利見大人，往有功」，「當位貞吉，以正邦」，皆指九五而言。復卦卦辭稱：「朋來无咎，反復其道。」陰陽合為朋，剛柔相濟，可發揮核心的創造力，反敗為勝。蹇卦九三「來反」，〈大象傳〉稱「反身修德」，實即「反復其道」之義。爻辭中「來譽」、「來反」、「來連」、「來碩」、「朋來」，皆稱「來」，反省強化內部實力，以應付外患。

蹇卦六爻爻辭皆稱「蹇」，表示所有人皆困頓難行，真的是不合作不行。《孫子兵法・九地篇》稱：「吳人與越人相惡也，當其同舟而濟，其相救也，如左右手。」吳越為世仇，必要時都會合作，何況家人反目所成之蹇，兄弟鬩牆，共禦外侮，實屬當然。六爻中，初、三、四、上稱「往蹇」，六二稱「蹇蹇」，九五稱「大蹇」，可見二、五爻承擔壓力更大，尤其辛苦。其他四爻有「往」有「來」，穿梭不息，以謀整合；九五無「往」稱「來」，六二全無「往、來」，只宜固守崗位，不能離開。

占例

●一九九三年八月下旬，我全力經營出版公司，問全年衝刺四．二億台幣業績目標能否達成？為蹇卦九五爻動，有謙卦之象。「大蹇朋來，以中節也」，謙亨有終，雖然很難，只要我盡心領導，仍有機會。蹇卦節氣當陰曆十一月上旬、謙卦當十二月上旬，由蹇至謙，正好是年終結算期。結果當年將士用命，上下一心，真的完成目標，創下了史無前例的佳績，真是「蹇之時用大矣哉！」

上六：往蹇，來碩，吉，利見大人。

〈小象傳〉曰：往蹇來碩，志在內也；利見大人，以從貴也。

上六居蹇之終，有蹇極將解之象，本身陰虛無實力，又為退休不任職之位，當然「往蹇」。「來碩」之「碩」，指的是陽剛有山頭勢力的九三，如剝卦上九「碩果不食」，即為上卦艮山之頂。爻往上、往外行進稱「往」、向下向內稱「來」。「來碩，志在內」，上六和九三應與，以大老身分出面斡旋，勸其為大局著想，與九五合作。然後以此成果去見九五大人，完成整合要務，九五君位為尊，故稱「以從貴也」。上六爻變，為漸卦（䷴），以團隊精神循序漸進，遂成解除蹇難的大功。〈彖傳〉稱：「利見大人，往有功也。」

蹇難由睽而來，九三內部派系不合為主要原因，「碩果不食」，岌岌可危。上六勸其合作，即剝除果皮果肉，取其核仁，發揮內蘊的創造力，剝極而復，轉危為安。這種整合的程序非常重要，必須先見九三，談成後再見九五，必受領導感激而獲熱烈歡迎。倘若沒頭沒腦，空手先見九五，只給本已焦頭爛額的領導添煩，就太不識相了！以交際關係而論，上六陰柔乘於九五陽剛之上，大老與老大的關係並不和諧，共遇蹇難之時，亦宜捐棄成見，共謀合作，而說服九三，就是上六去見九五必備的「伴手禮」啊！

人生處世，待人接物都有分寸，都得講究體貼細膩，尤其去見重要人物，更不能馬虎。領導人日理萬機，撥冗與你見面已不容易，若不能在短時間內具體陳述意見，或有實際成果表現，往往話不投機，就此斷線。戰國時蘇秦、張儀等說客，之所以能縱橫天下，在這方面都深下功夫，不可不知。先選擇哪一國君遊說，成功後，再說服下一目標，就比較容易，這就是所謂的「伴手禮效應」。下圍棋有先後次序的「手順」，先後次序若錯，結果完全不同。甲加乙，絕不等於乙加甲，數學上的交換律未考慮時間因素，而《易經》特重時機、時勢的變化與精準的掌握，「時義大矣哉！」「時用大矣哉！」「時大矣哉！」

占例

●二〇〇九年，我內人因服侍坐輪椅的老母親下車，動作太急，扭傷右膝韌帶，全年不良於行。查她的《河洛理數》本命流年，當年行運恰為蹇卦上六，結果真的是多方治療，直到年終才漸漸痊癒，易象氣數真是不可思議。當年底，學會籌備翌年組團赴湖北遊覽，我占得蹇卦，心想肯定算錯，不以為意；結果二〇一〇年四月下旬，抵武漢當晚，腰疾發作，在旅館休憩五天，不能隨團出遊。易占之靈，令人驚嘆！

●一九九一年十二月中旬，出版公司開始綿延數年的股權鬥爭，我問當時緊張情勢下的對策，為蹇卦上六爻動，有漸卦之象。「往蹇，來碩，吉，利見大人」，應儘量整合內部各方力量以勤王，共禦外侮。後來平安度過，我也挑起經營重責，開始兩年半難得的艱苦歷練。

多爻變占例之探討

以上為蹇卦卦、彖、象、六爻的理論及占例說明，往下繼續探究多爻變的情形。

二爻變占例

占事遇卦中任意二爻動，若其中一爻值宜變，以該爻爻辭為主論斷；若皆不值宜變，則以本卦卦辭為主，亦可參考二爻齊變所成之卦的卦辭卦象。

●二〇〇〇年三月十八日，台灣跨世紀大選當天，已經陸續開票，我做最後驗算，宋楚瑜為蹇卦四、上爻動，齊變有遯卦之象。「遇蹇之遯」，遭遇難以突破的困難而敗下陣來。結果揭曉，宋以三十萬票的差距落選，陳水扁取得大位。國民黨分裂，家人睽蹇，鷸蚌相爭，遂使漁翁得利。

●一九九八年十月中，台灣高鐵開始興建，這是第一個BOT方式興建營運的大工程，資金募集及施工技術都有不少問題。我富邦班的學生當時問高鐵興建的前景如何？得出蹇卦三、五爻動，九五值宜變，單爻變為謙卦，二爻齊變為坤（☷）。「大蹇朋來」，「謙亨有終」，加上「往蹇來反，內喜之」，過程雖然蹇困難行，最後應能完工營運。其後近十年，歷經很多困難，終於完成，為台灣南北交通的大動脈。

●二〇〇〇年十二月中，我們原先計畫春節時全家赴美國東部遊覽十天，富邦班的學生提出邀請，轉赴日本北海道旅行，並為「世界青年總裁協會」YPO的同遊團員講四個晚上《易經》。我占問合宜否？為蹇卦三、五爻動，九五值宜變成謙卦，兩爻齊變為坤。「大蹇朋來」，「謙亨有終」，「往蹇來反」，「反身修德」，給企業家講經並同遊，應該不錯。蹇從何來呢？「利西南，不利東北」，北海道正在台灣東北方向；蹇之節氣，當陰曆十一月、謙為十二月，北國風光天寒地凍。結果我們去了北海道，玩得開心，講得有趣，返台我卻重感冒，咳嗽不止，半個月無法上課，真是「不利東北」？

●一九九七年九二八孔子誕辰紀念日，我問王財貴推動兒童讀經之志業的定位，為蹇卦三、五爻動，九五值宜變成謙，兩爻齊變為坤卦。世運蹇難之時，登高一呼，教人「反身修德」，「厚德載物」，「謙亨有終」。十幾年來辛苦推動，在海峽兩岸都有不錯的績效。

●二〇〇四年五月中，我因學生牽線去見了一次連戰，算是為三一八敗選打氣，是有一定效果。當天坐車進國民黨中央黨部前的幾分鐘內，竟然手機響，接到一位有靈通人士的傳話，說她師父促她一定要跟我連繫云云。那次晤面我嚴格保密，沒跟任何人透露行蹤，怎麼可能她師父會得知？她至終也不知我要去見誰，我也不跟她說，只答應代為傳話，心中卻是驚駭。她師父是無形的神靈，前世與她同山修道，真是舉頭三尺有神靈？當此台局群魔亂舞的「大蹇」之時，「朋來」示警，「朋來」支援？我占問此事究竟為何，得出蹇卦三、五爻動，九五值宜變成謙，齊變為坤卦。謙卦涉及天地人鬼神，坤卦則與廣土眾民的福祉有關啊！

二〇〇六年二月下旬，她來我家拜訪，盤桓了半日，說已奉師命去杭州開茶館，辛苦備嚐。她來之前，我占問其來歷與機緣，為謙卦（䷎）六二爻動，有升卦（䷭）之象。「鳴謙貞吉，中心得也。」謙卦涉及天地人鬼神，六二盡心服務眾生，升卦卦辭稱「勿恤，南征吉」，相當光明正面，不必擔心。二〇〇八年五月中旬，我參加兩岸兵法會議時，到杭州還跟她通電話，當晚她帶了兩位助理來旅館，暢談一陣，人生際遇也很奇妙。

● 二〇一二年十一月初，本書的簡體字版準備在大陸出版，書名《劉君祖易斷全書》，近百萬字分兩巨冊發行，封面文宣稱：「震古爍今的易占百科全書」。我問本書成就如何？為蹇卦三、五爻動，九五值宜變為謙卦，齊變有坤卦之象。「遇蹇之謙之坤」，看來還真是不錯，沒枉費我兩整年筆耕不輟的努力啊！

二〇一四年十月中，大塊文化與我協議出《易經》系列書，就曾考慮此書出繁體字版，後來還是先出了《劉君祖易經世界》十冊套書。當時占的也是「遇蹇之謙之坤」，定位似有確論。而稍後評估決定給大塊出版，為蹇卦初、五爻動，有明夷之象。雖然辛苦，「大蹇朋來，以中節也」，還是給人期待，遂開啟一段合作的機緣。

● 二〇一〇年元月初，我因長期右臂痠麻，作西醫復健的頸椎牽引，也不見根治，有學生推薦某處的民間療法，以機器壓擠活化氣脈，有奇效云云。我占測其療效，為蹇卦初、三爻動，齊變有屯卦（䷂）之象。屯為新生，「遇蹇之屯」，打通蹇滯氣血，而恢復肌體鬆柔，應該有效。當年四月下旬，我赴武漢腰疾發作，在旅館休息多日，返台後才去彼處一試，確有改善，一直持續復健了一年半左右。

當時也有學生建議，訂做一日式專利的足墊，價錢貴得嚇人，我還是買了下來，置於鞋內穿著至今。其占象為蹇卦初、五爻動，有明夷卦（䷣）之象。初六「往蹇，來譽」，九五「大蹇朋來，以中節也」，量腳訂做使入規範，值得一試。

●二○○四年二月中，一位國民黨的女黨工邀我午餐，一方面談大選選情，一方面也請教她選後的仕途。我針對她心目中的職位問占，得出蹇卦初、五爻動，有明夷之象。「遇蹇之明夷」，其困難可知。三二○連戰敗選，君位未奪回，她的心願也自然成空。

●一九九八年十一月上旬，我問《黃帝陰符經》的價值定位，為蹇卦二、五爻動，齊變有升卦（䷭）之象。該經言簡意深，四百多字講亂世修練建功之道，自古即深受大智者喜愛。「王臣蹇蹇」和「大蹇朋來」，中正相應與，內外配合得宜，不僅可度蹇難，還能大建奇功。蹇「利西南」，升卦內巽而外順，皆用柔道行事。「遇蹇之升」，何其壯哉！《焦氏易林》稱：「黃帝出遊，駕龍乘馬；東上泰山，南過齊魯，邦國咸喜。」斷詞亦稱黃帝，是巧合嗎？

●二○一四年七月中，我講佛經有感，問究竟何謂「三界」？為謙卦九三爻動，有坤卦之象。謙卦通天地人鬼神，九三「勞謙君子，有終吉。」謙卦三至上爻互成復卦，九三相當於復卦初九，為創造一切的真心。依真起妄，遂有「欲界、色界、無色界」的眾生相。再問如何「跳出三界外」？為蹇卦二、五爻動，有升卦之象。「王臣蹇蹇」與「大蹇朋來」相應與，修德增慧，超升於有情眾生之外，不再受塵勞妄想之苦。

三爻變占例

占事遇卦中任意三爻動，以本卦為貞，三爻齊變所成之卦為悔，稱貞悔相爭，合參兩卦卦辭卦象以斷吉凶。若本卦三爻中一爻恰值宜變，為主變數，加重考量該爻爻辭。

●二〇〇四年初，我做一年之計，問當年會實現兩岸三通否？為蹇卦二、三、四爻動，六二值宜變成井，貞悔相爭成困卦（䷮）。「遇蹇之困」，多半難成，困後為井，有研發轉型之意，格於大形勢不佳，很難獨力突破。「王臣蹇蹇，匪躬之故」，無奈亦無怨尤。當年三二〇大選陳水扁險勝連任，三通自然不成。

●二〇一二年八月中旬，台灣鴻海企業欲與日本夏普公司策略聯盟，所謂聯日抗韓，「鴻夏戀」云云，搞得很是鬧騰。我問能否成功？為「遇蹇之困」。二、三、四爻穿梭往來，竭力整合，卻很難突破困境。關鍵應在九五君位沒動，若動則四爻齊變，變成解卦（䷧），蹇難得以解決。君位代表品牌，夏普百年老店的身段下不來，台日合作有其困難。幾年後形移勢轉，雙方重開談判，二〇一六年三月終於成功。當年初我占得漸卦五、上爻動，齊變有謙卦之象，「亨通有終」。漸為雁行團隊，代表品牌的君位九五已動，「鴻漸于陵」，上九「鴻漸于陸」，又與鴻海集團的「鴻」字相應，易占太妙了！

●一九九八年八月下旬，我問小説家朱西甯先生的歷史定位，為蹇卦二、三、上爻動，六二值宜變成井，貞悔相爭成渙卦（䷺）。我跟朱老師在三十多年前走得很近，他因罹癌，已於一九九八年三月過世，前文大壯卦二爻變占例中曾説明。朱為軍中作家，隨國民政府遷徙來台，確是「王臣蹇蹇，匪躬之故」，國共內戰豈非家人睽？他是真做到了無怨無尤。九三、上六相應與，「往蹇來反」，「往蹇來碩」，「內喜之」，「志在內」，在文學的崗位上造就不少人才。渙卦有文化傳播之義，「遇蹇之渙」，朱老師足以當之。

●二〇〇九年十月上旬，我在富邦的易佛課堂上占問星雲大師的修為境界，也是「遇蹇之渙」。星雲白手起家，弘揚佛法，度眾生蹇難，占象相當適切。蹇後為解卦，解憂除患，度人生苦厄。

●二〇一一年二月中，我的學生樓中亮中醫師出了《算病》一書，市場反應大銷，為乘勝推廣，安排了一些上電視台的專訪。其中有次邀訪為命理節目，口碑形象不甚佳，他託我占得蹇卦下三爻全動，貞悔相爭成節卦（䷻）。「遇蹇之節」，最好有所節制，別去參加。命理術數並非沒有道理，但修習之人往往媚俗取寵，搞得氣勢狹隘，大不足取。

二〇一五年四月下旬，樓與我餐敘，提出合作著書的新構想。我占算他多年苦心孤詣建構的模式可靠否？為蹇卦三、五、上爻動，上六值宜變成漸卦，貞悔相爭成剝卦。三與五「同功而異位」，九三與上六應與，格局呼應周延，應該沒問題。

●二〇〇七年十一月中旬，我任兩屆周易學會理事長期滿，理監事須改選，我考慮其中一位學生是否合適任理事？為蹇卦初、五、上爻動，貞悔相爭成賁卦（䷕）。賁為文飾，可能文勝於質，蹇則艱困難行，「遇蹇之賁」，勉強安排意義不大，遂作罷。兩、三年後學會人事紛爭不斷，這位學生捲入漩渦，果然易占有其遠見。

二〇一〇年八月初，我積極著手整頓會務，改組理監事大致確定後，問預計成效如何？為蹇卦初、四、五爻動，貞悔相爭成豐卦（䷶）。蹇卦表示出了狀況，家人變睽，恪須整合。「往蹇來連」，「大蹇朋來，以中節也」。豐內明外動，「明以動」可成「豐大」，卦辭稱：「亨，王假之，勿憂，宜日中。」十月初改選出新的理監事會，除舊布新，撥亂反正矣！

●一九九六年元月底，我已沉潛不問出版公司事許久，大股東又與老闆開戰，火爆的衝突下，老闆召開董事會，悍然反擊。我問自己的最佳對策？為蹇卦三、四、五爻動，貞悔相爭成豫卦（䷏）。「蹇之時用大矣哉！」「豫之時義大矣哉！」「往蹇來反」，「往蹇來連」，「大蹇朋來」，配合行事就對了。豫卦為防備之義，卦辭稱：「利建侯行師。」「遇蹇之豫」，還真有兄弟鬩牆、共禦外侮的味道，其實我心裡早已不做此想，遊戲人間，度過此關。

四爻變占例

占事遇卦中任意四爻動，以四爻齊變所成之卦的卦辭卦象論斷，若其中一爻值宜變，稍加重考量其爻辭所致之影響。

● 二〇一一年八月上旬，我赴北京授《易》畢，與友人赴近郊檀柘寺遊覽。午餐時清風徐來，友人談起他想辦「新心靈」的講座，問推廣前景，我占得不變的艮卦。重重阻礙，不易突破。再問一樁與鄭州某機構合作的可能性？得出蹇卦初、二、三、四爻動，初六值宜變為既濟，四爻齊變成兌卦（䷹）。蹇難不易，得費心整合多方資源，才有成功機會。兌卦卦辭「亨利貞」，〈大象傳〉稱：「麗澤兌，君子以朋友講習。」正為合作講習之意。後來發展，確實如此。

● 二〇一六年六月中，我已恢復給溫世仁的長子溫泰鈞上《易經》課，詳細講解幾堂後，改為他們四人課前先看完DVD，一卦長達五小時。上課時只提問，並就一些眾所關切的時事試占，再綜合論斷。我問這種學習方式好嗎？為蹇卦三、四、五、上爻動，六四值宜變為咸卦，四爻齊變成晉卦。「蹇」就是人生難題，「咸」為對之有感共同參與，「晉」則「自昭明德」而有進境。「遇蹇之咸之晉」，太好了！連我都覺得教學相長，頗有受益。

40. 雷水解（䷧）

解卦為《易經》第四十卦，在蹇之後，居損之前。蹇難中人捐棄前嫌合作，獲致和解。〈序卦傳〉稱：「蹇者，難也。物不可以終難，故受之以解。解者，緩也。緩必有所失，故受之以損。」和解夙怨不能急，所謂事緩則圓，解開繩結不能硬扯，得耐心節節鬆開。蹇卦初至四爻，互成蹇卦，蹇中有蹇，為連環套；解卦三至上爻，互成解卦，解中有解，也得一步步來。人際矛盾互有心結，化解很花時間，消耗心力就是損失。

〈雜卦傳〉稱：「解，緩也；蹇，難也。」仍是用「緩」、「難」二字解釋，只將二卦順序顛倒。蹇、解一體相綜，再艱難的問題，都有巧妙的解決之道，所有的解答，必然對應某些問題。全易六十四卦三百八十四爻，以及四千零九十六種變化，就代表各式各樣的問題，而卦爻辭就是相應的答案。

解卦六爻全變，為家人卦，和解後，又成相親相愛的一家人。家人與睽相綜，睽、蹇相錯，蹇、解相綜，解與家人又相錯，這四卦錯綜複雜，說透了人際的離合悲歡與愛恨情仇，古往今來，不知多少人都陷溺在其中輪迴，真正超越解脫不易。下經首咸、恒，觀之而「見天地萬物之情」，而遯、大壯，而晉、明夷，而家人、睽、蹇、解，都在感情世界打轉，跌宕起伏，受盡情傷。一旦獲得解脫，理性超越感性，即進入損益的精打細算。整部《易經》各爻各卦，其實就在求取理性與感性的最佳諧衡。

䷧

解卦卦辭：

利西南，无所往，其來復吉，有攸往，夙吉。

解卦卦辭十五字，放緩步調，冷靜從容，可視為解決一切理論及實務問題的公式，先「无所往」，再「有攸往」，先後順序一定不能錯。「利西南」為總綱，和解當然以「得朋」為要，蹇卦卦辭「利西南，不利東北」，解卦只稱「利西南」，自然不利東北喪朋。「西南」為坤卦所代表的柔順之方，和解放鬆用柔，放下放下，一切放下。家人「利女貞」，睽「小事吉」，蹇、解「利西南」，這四卦都尚柔順勢，厚德包容，以待人處事。

蹇難發生後，先需鎮定冷靜，沒搞清楚狀況前，別急著胡亂處理，以免治絲益棼，這就是「无所往」。等到深入研究，了解其中因果脈絡後，再剝極而復，採取正確行動解決問題，這是「其來復吉，有攸往，夙吉」。「夙」為「早敬」，成竹在胸，計畫早定，掌握時機出手快捷，乾淨俐落完成。

〈彖〉曰：解，險以動，動而免乎險，解。解利西南，往得眾也；其來復吉，乃得中也；有攸往夙吉，往有功也。天地解而雷雨作，雷雨作而百果草木皆甲坼，解之時大矣哉！

解卦內坎險、外震動，為奮動出險之象。坤為眾，「利西南得朋」，解「利西南，往得眾」，此指外卦九四而言，陽入陰中為震動之主。「其來復吉，乃得中」，則指九二來居內卦坎險之中，深入了解問題所在。「有攸往夙吉，往有功」，九二先知險，九四行出險，而獲成功。雷水解，有打雷下雨、鬱悶盡消之象。一場傾盆大雨滋潤百果草木，使其外殼都迸裂開，以吸取水分，青翠光亮，欣欣向榮，大地上充滿了生機。和解的時代太重要、太令人欣慰了！

成功不離風險，坎卦、蹇卦、需卦、解卦的〈彖傳〉皆稱「往有功」，蒙卦〈彖傳〉稱「聖功」，師卦六三〈小象傳〉稱「大无功」、上六〈小象傳〉稱「以正功」，這些卦都有三劃的坎（☵）在內或外卦。無論內險外險，都要冒險犯難，以求成功。屯卦外坎險、內震動，仍動乎險中；解卦外震動、內坎險，已脫乎險外，兩卦相交，上下內外調換即互易。

睽、蹇之「時用大矣哉」！合睽共蹇之後，團結奮鬥出險，則稱「解之時大矣哉」，不勝欣慰之情。稱「時大矣哉」的卦，還有頤、大過及革卦，都有重大的時代意義。

〈象〉曰：雷雨作，解。君子以赦過宥罪。

解卦上震雷、下坎水，為雷雨大作之象，〈彖傳〉稱「雷雨作」，即因〈大象傳〉而來。人生化解仇怨亦應如是，「雨」為陰陽和合，解鈴還須繫鈴人，家人而睽，而蹇而解，正是體現其歷程。「渡盡劫波兄弟在，相逢一笑泯恩仇」，甚麼罪過不能寬恕赦免？有什麼忘不了、放不下的生死大恨？

「過」與「罪」不同，過錯可完全赦免不計較、罪只能寬宥減少刑罰，不宜完全勾銷，否則達不到「遏惡揚善」的教化功能，有傷社會正義。舉例來說，二戰時日寇的南京大屠殺不只是過，而是造殺業的重罪，即便中日和解，日方亦應真誠鄭重地道歉懺悔，否則不能輕易放過。孔子說得好：「以德報怨，何以報德？」人生正道，還是應該「以直報怨，以德報德」。蔣介石二戰後對日本的處置，絕對失宜。

占例

●二〇〇四年八月底，陳水扁貪腐卻勝選連任，國內對峙嚴重，兩岸關係惡化，我問：和平統一、和平崛起是否已然無望？為不變的解卦。和解仍然有望，不必灰心喪志。

●二〇〇八年五月馬英九勝選後即位，積極改善兩岸關係，推動簽定ECFA。二〇〇九年十月下旬，許信良大膽預言馬英九為了討好國內親綠民眾，可能延緩簽訂協定。我覺得不可思議，當下占問會嗎？為不變的解卦。顯然還是會簽，持續推動兩岸和解，隔年中果然正式簽訂，許的政治判斷有問題。

●二〇一一年十一月中旬，我問肆虐全球的金融風暴最終可解否？為不變的解卦，應該沒有問題。又問如何得解呢？為剝卦（䷖）四、上爻動，齊變有豫卦（䷏）之象。「遇剝之豫」，「剝」為浩劫，「不利有攸往」；豫為「思患預防」，「利建侯行師」。防範得當，可趨吉避凶、剝極而復。即便如此，剝卦六四「剝床以膚，切近災」，還是相當驚險；上九「碩果不食，君子得輿」，小人卻「剝廬」而遭淘汰。

我接著再問：上世紀美國總統尼克森廢除金本位制，功過如何？為小畜卦（䷈）初、二、上爻動，上九值宜變為需卦（䷄），貞悔相爭成蹇卦（䷦）。小畜卦運用槓桿，以小博大，企圖突破「密雲不雨」的情勢。初九「復自道」，九二「牽復」，開始建立美元為基礎的國際支付體制；上九「既雨既處，尚德載」，真的達成目標，滿足需求。而數十年後，卻造成金融風暴，全球蹇困難行，各國被美元綁架而無可奈何，「蹇之時用大矣哉！」

● 一九九一年十一月初，出版公司開始股權爭奪，市場派大股東挾雄厚財力，企圖入主，我占問他們兄弟為友為敵？得出不變的解卦。「利西南，无所往，其來復吉，有攸往，夙吉。」開始一定不宜得罪，尋求和平共存，摸清路數後，再決定如何行動。

● 一九九四年十月初，老闆回巢，已近半年，準備召開董事會議事。我占問他意圖為何？為豫卦（䷏）九四爻動，有坤卦之象。「由豫，大有得；勿疑，朋盍簪」，是想全面收編。我問自己如何應對？為大壯卦（䷡）初、四爻動，齊變有升卦（䷭）之象。大壯卦「利貞」，初九「征凶，有孚」，九四「貞吉，悔亡」，擺出升卦內巽外順之象，實則如如不動，應為最宜。最後占問董事會能過關否？為不變的解卦。「利西南，无所往，其來復吉，有攸往，夙吉。」先謀和，爭取休養生息的時間，日後如何再說。一切依占象進行，相當順利，知彼知己，百戰不殆。

● 二〇一一年四月上旬，我的恩師毓老仙逝半月多，悲痛之餘，占問老師在華夏文明史的獨特地位，為不變的解卦。真解人也！中華文化博大精深，老師讀書百年，深入經傳，確有極大創獲。

他提出奉元書院院訓：「以夏學奧質，尋拯世真文。」晚年又提出戛戛獨造的「權權」之論，語出《論語・子罕篇》子曰：「可與共學，未可與適道；可與適道，未可與立；可與立，未可與權。」權變無方，從心所欲不踰矩，為極高境界，〈繫辭下傳〉第八章亦稱：「不可為典要，唯變所適。」老師還要「『權』這個權」，以求絕對精密而不失衡。孟子稱伯夷為「聖之清者」、柳下惠為「聖之和者」、伊尹為「聖之任者」，孔子為「聖之時者」，我想稱毓老師為「聖之權者」，占問合宜否？為乾卦（䷀）三、五、上爻動，上九值宜變為夬卦（䷪），貞悔相爭成歸妹卦（䷵）。「終日乾乾」、「亢龍有悔」之間，昂然「飛龍在天，大人造也」。歸妹卦〈象傳〉稱「天地大義人終始」，〈大象傳〉稱「永終知敝」。老師終而復始、弘揚夏學之功，永不磨滅。

●二〇〇二年十一月底，我的學生張良維藝出熊衛先生的「太極導引」，而後自創「氣機導引」開場授徒。我那時已未再習拳，還是占問他的功力境界如何？為不變的解卦。看來已頗有意境，徹底鬆柔，大得箇中三昧矣！

●二〇一〇年十一月中旬，我問自己為何夜夜作夢？為不變的解卦。人生多蹇，世路難行，日有所思，夜有所夢，在夢境中尋求解脫。

●二〇〇〇年五月上旬，我全面整理〈繫辭傳〉，問下傳第五章的主旨，為不變的解卦。該章共舉了孔子對十一個爻的解釋，包括咸卦九四、困卦六三、解卦上六、噬嗑卦初九及上九、否卦九五、鼎卦九四、豫卦六二、復卦初九、損卦六三、益卦上九。可說都是教人知機應變、適時化解危機之道，易占以一解卦統括，相當精確。

䷧

初六：无咎。

〈小象傳〉曰：剛柔之際，義无咎也。

初六為解卦之初，陰虛無力解決蹇難之局，這時應保持鎮靜，暫時不做任何處理，以求不犯錯而獲無咎。卦辭所稱「无所往」，即指此階段而言。蹇難由來已久，情勢複雜，未明究理豈可輕舉妄動？但凡憂患危難，最好及早發覺並提前化解，若已經發生，絕非旦夕可了，反而不必急躁，好好休養幾天，養足精神再處理，解卦卦辭繼「无所往」之後，又稱「其來復吉」，即為此義。預防勝於治療，預防為豫卦，治療則為解卦。

豫卦動於地上，解卦動於水上，顯然動盪得多。初六本身先別亂動，上承九二、應與九四，皆陽剛有實力，耐心等待二、四爻之時位再處理，這就是〈小象傳〉所稱「剛柔之際，義无咎也」。謹守主從分際，不給上級添麻煩。坎卦（䷜）六四上承九五之君，〈小象傳〉亦稱「剛柔際也」，兩爻齊變成解卦（䷧），陽主陰從，可合作脫險。解卦初六爻變，為歸妹卦（䷵），「征凶，无攸利」，急著處理肯定沒好結果。

全易三百八十四爻辭中，最精簡的只有兩個字，解卦初六「无咎」為其一，其他如否卦六三「包羞」、恒卦九二「悔亡」、大壯卦九二「貞吉」、兌卦上六「引兌」等皆是。

占例

●二〇〇四年四月中旬，我問此生與佛法的因緣，為解卦初六爻動，有歸妹之象。「剛柔之際，義无咎也。」人生多蹇難，真心探求解答，歸妹卦〈大象傳〉稱「永終知敝」。解之初，畢竟因緣尚淺，難以強求。

●二〇一四年七月中旬，中日甲午戰爭一百二十週年，形移勢轉，我問當年可能再起爭戰嗎？為不變的解卦。當然不會。再問在中國的日式製造業如何？為解卦初六爻動，都得獲無咎。

䷧

九二：田獲三狐，得黃矢，貞吉。

〈小象傳〉曰：九二貞吉，得中道也。

九二居內卦坎險之中，剛而能柔，深入狐穴偵探敵情。「三」為多數，狐狸性狡詐多疑，「三狐」象徵蹇難情勢的真相，環環相扣，聚集成群，很不容易對付。「田」為田獵，師卦六五「田有禽」、恒卦九四「田无禽」等皆是。「田獲三狐」，表示已完全了解問題的來龍去脈，獵狐需準備黃金箭，但此刻尚在敵營險陷之中，不能造次行動，固守正道，不作聲色才吉。本爻變為豫卦（䷏），一切先做好準備，時機成熟再動手。

占例

●二〇一〇年十一月中，我受邀赴北大國學培訓中心授《易》，課末有學員提問：中國金融業未來發展趨勢為何？我占得解卦九二爻動，有豫卦之象。內地金融起步較晚，與國際接軌還有很多問題待解決，不宜急切求進，先下功夫紮實了解比較重要。「解之時大矣哉！」「豫之時義大矣哉！」

●二〇一〇年十二月下旬，我想起二十七歲時，從工程顧問公司毅然辭職的往事，這影響我一生太大，當時為何會如此？占得解卦九二爻動，有豫卦之象。「解之時大矣哉！」、「豫之時義大矣哉！」當時決定大轉行，都是為今日及未來作必要的準備，甩掉包袱，走自己的路。豫卦〈大象傳〉稱：「雷出地奮，先王以作樂崇德，殷薦之上帝，以配祖考。」也許這是天命早已註定，時機成熟了，就會作出決定，命理上有所謂「異路功名」的命格，我就順勢而為吧！

●二〇〇九年底，我回顧全年奮鬥的績效，占得解卦九二爻動，有豫卦之象。當年往大陸跑了好多趟：廈門大學南強論壇演講、北京人民大學國學院、長春清華培訓中心授易，山東濱州學院、廣饒與北京軍科院，參加孫子兵法會議等等。這麼多緊湊的學術參訪活動，其實只是為未來作準備。「田獲三狐，得黃矢，貞吉」，先打造好黃金箭，等恰當時機一試鋒芒。

●二〇〇六年七月上旬，我給學生講三十六計與易理的關係，占問「笑裡藏刀」，為解卦九二爻動，有豫卦之象。「田獲三狐，得黃矢，貞吉。」此象太切太切！殺人的利器已打造好，暫時不動聲色，以麻痺敵人，耐心等待出手的時機。《老子》第三十六章：「將欲奪之，必固與之，是謂微明。柔弱勝剛強。魚不可脫於淵，國之利器，不可以示人。」

●二〇〇八年元旦，我作一年之計，問當年中美外交關係，為解卦九二爻動，有豫卦之象。「田獲三狐，得黃矢，貞吉。」雙方雖然擺出和解的態勢，仍盡力探對方的家底，打造足以克制的秘密武器。豫卦「利建侯行師」，兩大之間互相防備不能免。

●二〇一二年七月二十日，美國丹佛城發生持槍濫殺事件，時當挪威奧斯陸慘劇一年後，我問這種生死恐怖當如何防範？為解卦九二爻動，有豫卦之象。必須解開許多社會畸零人內心中的險陷情結，才能有效的預防。「田獲三狐，得黃矢，貞吉。」狐性狡詐多疑，棲息於幽深的洞窟中，難以辨識及化解。軍警無能為力，心理諮商、宗教救贖也未必管用，還有其他「人文化成」的治本方式嗎？

六三：負且乘，致寇至，貞吝。

〈小象傳〉曰：負且乘，亦可醜也；自我致戎，又誰咎也？

六三陰居陽位，不中不正，為內卦坎險之極，乘於九二陽剛之上，有欲望蒙蔽理智之象。「負且乘」，揹著沉重包袱乘車，行徑怪異。這麼沒有安全感的人，反而容易招搶劫，以為他的包袱裡藏有甚麼珍寶，器識狹隘，自找麻煩，又能怪誰呢？本爻變，為恒卦（䷟），如此行事定難久長，很快就會失去所有的資產。

需卦九三爻辭：「需于泥，致寇至。」〈小象傳〉稱：「自我致寇，敬慎不敗也。」人生嗜欲失節，才會招致外侮，正是「天作孽，猶可違；自作孽，不可活」。觀卦六二「闚觀，利女貞」、大過卦九五「老婦得其士夫」，〈小象傳〉皆稱「亦可醜也」，皆為格局狹隘，其行可議。

〈繫辭上傳〉第八章有孔子對此爻的詳細解釋，子曰：「作《易》者其知盜乎！」《易》曰：『負且乘，致寇至。』負也者，小人之事也；乘也者，君子之器也；小人而乘君子之器，盜思奪之矣！上慢下暴，盜思伐之矣！慢藏誨盜，冶容誨淫。《易》曰：『負且乘，致寇至。』盜之招也。」古代平民沒車坐，得揹著包袱在路上奔波謀生，做官的人才有公家配的車代步。小老百姓坐上官車，比喻平庸之人竊據高位，必惹人厭惡覬覦，設法奪去其位。組織中上層驕慢，下層暴虐不守法，外敵認為有機可趁，就會大肆入侵。看守倉庫的人漫不經心，等於教導人進去搶劫。人生諸多寇盜之事，其實多由自招。欺名盜世，巧取豪奪，甚至大盜盜國都是盜，人心不靖，何時才得「盜竊亂賊而不作」？

占例

●二〇〇四年三一九槍擊案，逆轉了台灣大選的勝負。當天下午，陳水扁與呂秀蓮共乘一車，在台南跑街拜票，突然發生兩顆子彈的射擊事件。之前幾天，我台中的學生，大榮貨運董事長陳一雄占問勝負，綠營的卦，即為解卦六三爻動，有恒卦之象。「負且乘，致寇至，貞吝」，完全預見了現場場景。「吝」為心胸狹隘，且文過飾非。「亦可醜」罵得好，「自我致戎」，直接揭破案情，顯是自導自演安排的苦肉計。陳水扁為了逆轉落後不利的選情，竟出此下策，雖僥倖連任，逃過人間法庭的偵訊，卻難逃天譴，自造業自承擔，而於下台後入獄服刑，無法「赦過宥罪」。大盜盜國，「小人而乘君子之器」，「自我致戎，又誰咎也？」解卦的卦氣為陰曆二月中，剛好也是三一九案發時期，其間因果氣數真是巧妙。

以卦中卦的理論來分析，象數早已前定。解卦初至五爻，互成一坎卦，解卦六三，即相當於其中所含坎卦的六三及六四爻，換句話說，人若造「負且乘，致寇至」之業，必遭坎三、坎四之報應。坎卦六三稱：「來之坎坎，險且枕，入于坎窞，勿用。」六四爻辭稱：「樽酒簋貳，用缶，納約自牖。」正是走投無路、身陷囹圄之象，豈非陳水扁今日的情境？因此，早在二〇〇七年中，我就跟學生講過扁將來會為此坐牢，因果歷歷不爽，易理精義入微，令人驚嘆。

同理分析可證，坎中初至四爻，互成解卦，坎卦六三即相當於解卦六三及六五。總而言之，解卦六三「負且乘」、坎卦六三「險且枕」，幾乎完全等同。坐上車不宜揹包袱，險絕之地非安枕所在，「且」字前後二字相違，格格不入，不得已，才姑且將就。據此類推，睽卦六三爻辭中的「其人天且劓」，可能另有解釋。天為上九高高在上，頤指氣使，在六三眼中，卻是割去鼻子的罪犯，禍國殃民。

●二〇一一年九月下旬，我們在富邦課堂上又談起二〇一二的浩劫傳聞，我問若真有天災人禍，是否因人類造業過多而來？得出解卦六三爻動，有恒卦之象。「負且乘，致寇至」，「自我致戎，又誰咎也？」真的是一點沒錯！「天作孽，猶可違；自作孽，不可活。」

九四：解而拇，朋至斯孚。

〈小象傳〉曰：解而拇，未當位也。

九四陽居陰位，居外卦震動之初，已有奮鬥出險之象，往下甩脫六三小人的糾纏依附，不再有人掣肘綁手綁腳，故稱「解而拇」。「而」通「爾」，如頤卦初九稱「舍爾靈龜」，此處即指九四本身。陰陽合為朋，九四往進上卦，為震動之主，如同復卦一陽復始之象，復稱「朋來无咎」，解卦九四稱「朋至斯孚」。人生必先捨棄壞朋友，拋掉舊包袱，劃清界線後，才易交上新朋友，熱誠展開新生活。雖然如此，九四上下為二陰爻包覆，局部仍有坎陷之象，陽居陰位，尚須忍耐，不能滅敵，先求自保，故稱「未當位也」。

九二在坎險中，爻變成豫卦，「利建侯行師」；九四「動而免乎險」，爻變成師卦（䷆），準備正式開戰。二與四「同功而異位」，為解卦中唯二陽剛有實力之爻，卻能居陰用柔，漸致成功。其實以「數位觀象法」解析，陽爻為1、陰爻當0，1+0=0+1=1，0+0=0，解卦可拆為豫卦加師卦，解決問題，就是先探究真相，再付諸行動一戰而決。同理，蹇卦可拆解為比卦加謙卦，兄弟鬩牆，共禦外侮，遂得善終。蹇卦九三、九五陽剛有實，「同功而異位」，爻變分別為比卦與謙卦，貫徹「蹇之時用大矣哉」！

咸卦初六為人情之始，爻辭稱「咸其拇」；經歷眾多情傷變故後，解卦九四「解而拇」，開始化解情執情障。解鈴還需繫鈴人，怎麼結上的，怎麼解開。震為足，解卦九四為足底，六三陰承陽糾纏綑綁，九四切割擺脫，故稱「解而拇」。

占例

● 一九九七年十月中旬，我作千年之占。人類文明未來十個世紀，為不變的泰卦（䷊），西方文明為訟卦（䷅）五、上爻動，上九值宜變成困卦（䷮），齊變為解卦（䷧），此二占例已於前述。當時問中國文明，則為解卦九四爻動，有師卦之象。「解而拇，朋至斯孚」，華夏文明崇尚和平，卻不廢武備，「能以眾正，可以王矣」！西方文明好事爭奪，「終朝三褫之」，也試圖止訟而脫困。中國文明的王道思想，正好提供解脫之道，兩者相融通，遂成就未來人類文明之泰。

●一九九八年三月下旬，我問《大學》一書的價值定位？為解卦九四爻動，有師卦之象。「解而拇，朋至斯孚」，「能以眾正，可以王矣」！「大學」為大人之學，講修齊治平之道，知人心險陷，「動而免乎險」，除患以求天下平。

●二〇〇九年十一月初，我赴北京參加中國軍科院主辦的孫子兵法研討會，收穫豐碩。返台前夕，學生劉慶平帶一位證券業的朋友來晤，他將所著股票分析的書贈我，內有運用易理之處，我大致翻閱，答應研究後作覆。當場先占問他的問題有解否？為解卦九四爻動，有師卦之象。「解而拇，朋至斯孚」，「未當位也」。初步可解，尚需假以時日，琢磨更成熟後，再徹底解決。

二〇一一年七、八月首屆北京大易精英班開辦，他也參加，成為最用功的學生，易理大有進境。後來跟我說起前年初冬雪夜之訪，他很感性地描述心路歷程，真正是拋棄舊識見、培養新觀點，「朋至斯孚」啊！

●二〇一四年十一月上旬，我與台灣國樂團合作的「觀易賞樂」音樂會在順排時，團員問：台北市長選舉會否換黨執政？我當場算出解卦九四爻動，有師卦之象。師為選戰，「解而拇」，拋掉舊包袱，肯定換黨執政了！果然國民黨的連勝文敗選，柯文哲入主台北市政府。

六五：君子維有解，吉，有孚于小人。

〈小象傳〉曰：君子有解，小人退也。

六五居解卦君位，繼九四鬆綁之後，已轉為主動優勢，這時不妨展現寬容氣度，留人一條改過自新的生路，這合乎「赦過宥罪」的和解精神。君子對小人有孚，讓其知難而退，可改善社會睽違對立的情勢。《論語・顏淵篇》記樊遲問知，子曰：「舉直錯諸枉，能使枉者直。」樊遲不懂，問子夏何意？子夏解釋：「舜有天下，選於眾，舉皋陶，不仁者遠矣！湯有天下，選於眾，舉伊尹，不仁者遠矣！」「舉」是舉用，「錯」即攻錯、改錯之意，舉用正直的人，來管理教導不正的人，使不仁之事遠離，大家才服氣。而不是倒過來，用壞人來教好人，搞壞社會風氣，且引起民怨。所以〈為政篇〉中魯哀公問：「何為則民服？」孔子對曰：「舉直錯諸枉，則民服；舉枉錯諸直，則民不服。」

「錯」不是措置放棄，而是教導改變，所以才說「能使枉者直」。如果錯是放棄貶抑，時移勢轉，壞人還會再打回來，冤冤相報，永無寧日，違反與人為善的和解精神。解卦君子「有孚于小人」，才是領導者「赦過宥罪」的襟懷。現代法學上有大赦、特赦，為國家元首的權力，亦合此爻義理。本爻變，為困卦（䷮），若不寬大為懷，將是交相困之局，不能真正化解對立仇怨。

占例

●二〇一一年十月中旬，我在青海西寧參觀藏文化博物館，看到一供修行者觀想用的時輪壇城，據說有預測災難的神效，汶川大地震爆發前六天就有警示云云。我問其真確否？為解卦六五爻動，有困卦之象。「遇解之困」，「解之時大矣哉！」還真有紓解民困之意。兩天後到拉薩布達拉宮參觀，又看到七世達賴供奉處也有時輪壇城，再占得解卦二、四爻動，有坤卦（䷁）之象。修行得解，「赦過宥罪」，可能不是虛言。

䷧

上六：公用射隼于高墉之上，獲之无不利。

〈小象傳〉曰：公用射隼，以解悖也。

上六為解之終，陰居陰位，為全卦唯一位正之爻。前五爻皆不正，至此位正，表示徹底解決的時機已經成熟，出手名正言順，事成無疑。「公」為雙關語，用法與大有卦九三「公用亨于天子」相同，既表公爵地位，也是天下為公之意。「隼」為猛禽，似鷹而略小，善飛速撲襲小動物，這裡指的是「負且乘」的六三，被視為全民公敵。上六與六三相應，居高臨下，為民除害，故稱「公用射隼，以解悖也」。六三行為違反正道，上六視之為「隼」、九二視之為「狐」、九四受其掣肘、六五直接稱為小人，整個解卦，就是要甩掉「負且乘」的過時包袱。

「高墉」為高高的城牆，上六依據公眾的意見除害，必可誅除六三而無不利。孟子見齊宣王，有所謂「國人皆曰可殺，然後殺之」的議論，剷除凶頑應勿枉勿縱，一切證據齊全，才收網擒拿。

〈繫辭下傳〉第五章稱：「《易》曰：『公用射隼于高墉之上，獲之无不利。』子曰『隼者，禽也；弓矢者，器也；射之者，人也。君子藏器於于身，待時而動，何不利之有？動而不括，是以出而有獲，語成器而動者也。』」工欲善其事，必先利其器，上六「射隼」所用的弓箭，早在九二「得黃矢」時已預備好，只是時候未到，隱忍不發而已。如果六五寬容政策生效，小人退而遷善改過，上六的殺招也可省了。六五時為小人最後的懺悔機會，若死不認錯悔改，上六仁至義盡，只好致命一擊鏟除。「動而不括」之「括」，同坤卦六四「括囊」之「括」，為「固結不解」之意。綑紮袋口時須綁緊，現在要解開，則得流利迅速，毫不遲疑，留情別出手，出手就不留情！人生行事，就是「藏器於身、待時而動、動而不括」這十二個字啊！卦辭稱「夙吉」，既早且敬，早有準備，認真執行，當然「獲之无不利」。上六爻變，為未濟卦（䷿）。雖然徹底解決小人之害，畢竟未能「赦過宥罪」，有違和解初衷，不無遺憾。

解卦上三爻爻辭皆有「解」字，下三爻則無，明確表示下卦仍陷於坎險之中，上卦才震動出險。六爻進行的節奏依卦辭順序：初六「无咎」，為「无所往」；九二「田獲三狐」，為「其來復吉」；六三「負且乘」，為問題癥結曝光；九四「解而拇」，為「有攸往」；六五取得必勝優勢與充足證據後，放寬處置；上六最後出手徹底解決，為「夙吉」。整體策略為「西南得朋」，順勢用柔，但柔中蘊剛，暗伏殺機；徹底鬆透後，柔極轉剛，最後迸發出的反擊力道，無堅不催、無敵不克。老子稱：「天下之至柔，馳騁下之至堅，無有入無間。」即為此義，熟習太極拳拳理者，當能有所會心。

解卦卦辭中稱「其來復吉」，「七日來復」，緩之又緩，身心徹底放鬆下，培養出核心的創造力，一舉突破難關，剝極而復。許多理論上的創見亦復如是，強探力索，解決不了問題，別鑽牛角尖，適度調整心情或轉換場地，可能豁然貫通。阿基米德泡在浴缸裡想出浮力原理，苯分子的結構式由睡夢中想通，「恰恰無心用，恰恰用心時」，都是解卦原理的體現。

占例

●二〇〇〇年元月底，我問學生張良維推展「太極導引」的當年運勢如何？為解卦上六爻動，有未濟之象。「公用射隼于高墉之上，獲之无不利。」他當時道場入門處，即鐫刻「放鬆」兩個大字，導引要旨也是鬆透後，徹底化解身體的蹇滯，當年推廣確實相當順利。

多爻變占例之探討

以上為解卦卦、彖、象、六爻的全部解釋，往下再探討多爻變的複雜情境。

二爻變占例

占事遇卦中任意二爻動，若其中一爻值宜變，以該爻辭為主論斷；若皆不值宜變，則以本卦卦辭卦象為主，亦參考二爻齊變所成之卦的卦象卦辭。

●二〇〇九年十月下旬，國民黨一些次級的選舉都輸掉，執政出現危機，我問次年底至關重要的五都會市長大選如何？得出解卦二、四爻動，有坤卦之象。九二「田獲三狐，得黃矢，貞吉」，真的保住北市、新北市及台中市三席；九四「解而拇，朋至斯孚」，甩開敗戰的包袱，且在二〇一二年初的大位拼搏中勝選，連任中央執政。

●二〇一一年元月下旬，我問如何看待基督教的救贖？為解卦二、四爻動，有坤卦之象。「赦過宥罪」，九二知罪、九四行動擺脫罪惡，「朋至斯孚」，以身心信奉主耶穌。再問佛教濟度眾生呢？為蹇卦（䷦）初、三爻動，有屯卦（䷂）之象。人生多蹇難，動輒得咎，必須「反身修德」，才獲新生。「蹇之時用大矣哉！」「解之時大矣哉！」兩大宗教都致力解脫人生諸苦。

●一九九九年十一月中，我給學生講《韓非子》的法家之學，對一些精采篇章皆有占測，其中〈內儲說上・七術〉的主旨為解卦二、四爻動，有坤卦之象。「七術」皆為君王偵測並控制臣下之術：一、眾端參觀，二、必罰明威，三、信賞盡能，四、一聽責下，五、疑詔詭使，六、挾知而問，七、倒言反事。光從名目上就可見一斑，九二「田獲三狐」，深探臣下所有隱私，九四用來控制其行為。人焉廋哉？人焉廋哉？

●二〇〇四年元旦，我作一年之計，算我全年的人際關係如何？為解卦三、四爻動，九四值宜變為師，齊變則有升卦（䷭）之象。「遇解之升」，應該是掙脫舊包袱，而有嶄新成長。六三「負且乘，致寇至」，經九四「解而拇，朋至斯孚」，「解之時大矣哉！」結果還真是如此。

當時也有算呂秀蓮全年的運勢，為解卦三、五爻動，齊變有大過卦（䷛）之象。這卦真是充滿不可測的玄機！前文說解卦六三「負且乘，致寇至」，為三一九當天下午的情景，陳水扁精心設計的逆轉勝招，也在呂的年運中出現機兆。三與五「同功而異位」，六三的安排，正為連任六五的君位；一旦得逞，再將真凶縱放，就是「君子維有解，有孚于小人」。「小人退」後，事後再怎麼追查，也難重建現場事證，只有不了了之。設計此案，實非常人所能為，這就是大過之象的意義。「遇解之大過」，「解之時大矣哉！」「大過之時大矣哉！」陳水扁的賭盤，呂秀蓮在同一時空點介入，成了千古疑案。

當年造成既定事實後，民進黨呼籲藍綠和解，藍營憤憤不平，回嗆：「沒有真相，沒有和解！」找到事實真相為解，和解也是解，這話說的完全對。

●二〇〇六年十一月上旬，高雄清涼音文化公司邀我合作錄製光碟出版，我評估其提議如何？為解卦三、四爻動，九四值宜變為師卦，兩爻齊變，則有升卦之象。解卦九四拋掉六三的舊包袱，

「朋至斯孚」。遇解之升，解蹇而獲高成長，當然甚好。解卦「利西南」，升卦稱「南征吉」，又與高雄、台南之地相合。後來前後合作專題演講八次，錄成音像與影像製品，合作相當順利愉快。

二〇〇七年十一月底，我開始第一套錄製計畫，分別談《易》中的感情觀、教育思想、決策智慧與修行方法。我占問《易》中感情觀的特色，為解卦四、五爻動，九四值宜變成師卦，兩爻齊變為坎卦（䷜）。「遇解之師之坎」，情路坎坷多爭戰，恪須大智慧解脫。咸卦初六「咸其拇」，開始動情；解卦九四「解而拇」，理智擺脫情障。雖然跳脫，六五「君子維有解，吉，有孚于小人」，仍然寬容對待。

●二〇〇二年八月下旬，我母親骨椎疑長瘤，行動不適，我問無礙否？為解卦初、五爻動，初六值宜變成歸妹卦，兩爻齊變，又有兌卦（䷹）之象。兌卦「亨利貞」，解卦「來復吉」，「遇解之兌」，應該沒事。解卦初六「无咎」，鎮靜不必慌張，六五「君子有解，小人退也」，皆為吉象。後來果然無礙。

●一九九八年間，我學生邱雲斌的父親汽車在苗栗失竊，占問可否找回？為解卦初、五爻動，初六值宜變為歸妹卦，齊變為兌卦。初六「无咎」，先別慌張；六五「君子維有解，吉」，最後應可找回。解卦卦辭：「其來復吉。」半月後，警方通知車棄於稻田，小混混偷開去玩，油沒了即棄置不顧。人當然抓不到，爻辭不是說「有孚于小人」，「小人退也」嗎？

●二〇一一年十月下旬，我完成近半月的西藏之旅，占問此行如何？為解卦二、五爻動，齊變有萃卦（䷬）之象。「遇解之萃」，西藏為解脫放鬆之鄉。我們一行六人萃聚同遊，解卦二、五相應與，心有所悟，行有所開，「雷雨作而百果草木皆甲坼，解之時大矣哉！」解卦「利西南」，又與西藏方位吻合。

●二〇一二年五月中旬，我在高雄的六十四卦全易班上最後一卦未濟，再一次〈易傳〉總論即結業。我問三年半勤懇教學的功德，為解卦二、五爻動，齊變為萃卦。九二「田獲三狐，得黃矢，貞吉」，深入解析義理；六五「君子維有解，吉」，豁然貫通。萃卦人文薈萃，前接姤卦、後為升卦，也是人生難得的機遇。「赦過宥罪」，「解之時大矣哉！」

●二〇一七年五月初，有位特殊朋友說美國許多富豪擔心爆發第三次世界大戰，紛紛挖掘地下堡壘，存食物飲水武器等備用，且斷言六月到十月間就會爆發。我聽了覺得荒唐，占算出解卦二、五爻動，齊變有萃卦之象。解卦九二雖有戰備，六五君位盱衡大局，仍以和解為尚，不可能有世界大戰！

●二〇〇九年十月下旬，富邦課堂上有學生說，末法時期密宗較顯教容易見效。我為此起占：密宗為解卦初、四爻動，九四值宜變成師卦，齊變有臨卦（䷒）之象。顯教為大畜卦（䷙）初、三爻動，有蒙卦（䷃）之象。顯教經籍浩繁，修習者欲融會貫通不易，初九「有厲利已」，九三「良馬逐」，有善根器者尚須艱貞求道，「日閑輿衛」，才「利有攸往」。「遇大畜之蒙」，啟蒙學成者不多。密宗重上師面授薪傳，解卦初六、九四相應與，心心相印，「解而拇，朋至斯孚」，有機會解蔽入道。

●一九九七年四月下旬，我以易占探究易理，問訟卦九二爻辭「其邑人三百戶，无眚」為何意？得出解卦初、四爻動，九四值宜變為師卦，齊變則有臨卦（䷒）之象。訟卦九二與九五爭訟落敗，須低調爭取和解，以保住既有資源，並照顧部屬徒眾，免受秋後算帳。解卦謀和，九四居高位，下和初六基層相應與，初六「无咎」，即因九四「解而拇，朋至斯孚」。師卦「容民畜眾」，臨卦「容保民无疆」。兩象意旨幾乎全同。

當時也問訟卦六三爻辭「食舊德」為何意？得出坎卦九五爻動，有師卦之象。「坎不盈，祗既平，无咎。」訟卦六三與上九爭訟落敗，一樣低調善後，訴諸舊日情誼，以求自保。坎卦九五為大局和平計，也包容水中之礁岩，維持新的平衡。

稍前的三月底，我問未濟卦上九爻辭「有孚失是」之「是」的真義，得出解卦三、上爻動，齊變有鼎卦（䷱）之象。「日正」為「是」，光明合乎中道。易卦三百八十四爻起於「是」，終於「是」，在各種變化的情境中探究及追求真理。乾卦初九「潛龍勿用」，「不見是而无悶」；未濟卦上九「有孚失是」，真理時隱時現，或得或失。解卦六三「負且乘」，嚴重違反真理；上九「公用射隼，以解悖也」，糾偏以正是非。撥亂反正，革故鼎新，「解之時大矣哉！」〈繫辭傳〉中記孔子釋爻，解卦就選了六三及上九，可見重視。

● 一九九八年六月下旬，我遙測二〇二五年時中國的國勢，得出解卦三、上爻動，有鼎卦之象。「遇解之鼎」，應已排除和解的最大障礙與包袱，開鼎盛新運。

● 一九九八年初，我的學生吳達人占當年台灣運勢，為解卦二、三爻動，齊變有小過卦（䷽）之象。九二「田獲三狐」，狐狸窩中隱患重重，六三「負且乘」，包袱沉重乘於其上，不易擺脫超越。小過卦有大坎（☵）之象，「可小事，不可大事」，必須謹小慎微以對。當年外有亞太金融危機蔓延，兩岸關係不和諧，內有凍省後的李宋紛爭，族群意識引發對立矛盾，很不平寧。

三爻變占例

占事遇卦中任意三爻動，以本卦為貞，三爻齊變所成之卦為悔，稱貞悔相爭，合參兩卦卦辭卦象判斷。若本卦三爻其中一爻值宜變，加重考量其爻辭。

●二〇一〇年六月上旬，大陸的蕭宏慈訪台，繼續推廣其拉筋拍打治百病的理念。我占問拉筋的療效，為解卦初、五、上爻動，貞悔相爭成履卦。解為放鬆用柔，「其來復吉」，初六「无咎」，六五「維有解」，上六徹底化解身體鬱滯。「履以和行，履和而至」，認真履行，可獲極佳療效。

●二〇一〇年五月底，我問台灣《鵝湖》雜誌社推廣新儒家思想的成就，為解卦初、二、四爻動，貞悔相爭成復卦（䷗）。「遇解之復」，透過義理解釋以復興文化，解卦卦辭中的「其來復吉」得以實現。

●二〇〇二年三月中，民進黨上台執政已近兩年，我問國民黨的運勢是否趨弱？為解卦二、四、上爻動，上六值宜變為未濟卦，貞悔相爭成剝卦。以解卦三動爻的動向來看，應該已從二〇〇〇年敗選的陰影中逐漸恢復，有機會奮力一擊，奪回政權。事實上，若非陳水扁使出「負且乘」這一招，二〇〇四年藍營應該就可勝選，還是此占的剝卦作祟，搞砸了一盤好局？

四爻變占例

占事遇卦中任意四爻動，以四爻齊變所成之卦的卦辭卦象論斷；若其中一爻值宜變，影響稍大，加重考量其爻辭。

●二〇一四年七月中旬，我問金磚五國合作的前景如何？為解卦二、四、五、上爻動，九四值宜變為師卦，齊變成觀卦。中國與印度有矛盾競爭，必須拋卻舊包袱往前看，則大有合作空間。二〇一七年九月會議在廈門召開，中國提出更緊密的貨幣互換協議，如能成功，足以改變美國長期宰控之局。

41. 山澤損(䷨)

損卦為全易第四十一卦，在解卦之後、益卦之前，與益卦相綜一體。有損必有益，有益必有損，損極轉益，投資到兩平點後便能回收，企業都有損益表來判斷盈虧。〈序卦傳〉稱：「解者，緩也。緩必有所失，故受之以損。損而不已必益，故受之以益。」

以下經排序來看，損、益為第十一、十二卦，與上經第十一、十二的泰、否二卦天人相應，彼此關聯密切。泰極否來，描述大環境的變遷；損極轉益，闡析人為算計之道。以卦爻結構看，損、益即從泰、否變來：泰卦三、上爻互易其位，即成損卦；否卦初、四爻互易其位，即為益卦。這表示泰極之時，須預見可能覆亡的下場，及早減損揮霍浪費；轉否之初，得保存核心能量，以俟情勢轉好時東山再起，創收獲益。

〈雜卦傳〉稱：「損益，盛衰之始也。」配合宏觀環境變遷，斟酌損益以應對，可決定組織發展的榮枯盛衰。《論語‧為政篇》：「子張問：『十世可知也？』子曰：『殷因於夏禮，所損益可知也；周因於殷禮，所損益可知也。其或繼周者，雖百世可知也。』」三代政權更迭，為期與時俱進，各種典章制度皆有因革損益，若能研究貫通，便可掌握歷史興亡的法則，建功立業，繼往開來。孔子喜言損益，〈季氏篇〉中稱「益者三友、損者三友」；又稱「益者三樂、損者三樂」。

《老子》一書亦屢稱損益，四十二章稱：「物或損之而益，或益之而損。」四十八章稱：「為學日益，為道日損，損之又損，以至於無為，無為而無不為。」七十七章稱：「有餘者損之，不足者補之。天之道，損有餘而補不足；人之道則不然，損不足以奉有餘。孰能有餘以奉天下？唯有道者。」這些都是大易損、益二卦義理的發揮與運用。

《淮南子・人間訓》稱：「孔子讀《易》至損、益，未嘗不憤然而嘆曰：益、損者，其王者之事與？事或欲以利之，適足以害之；或欲害之，乃反以利之。利害之反，禍福之門戶，不可不察也。」再稍後的《說苑・敬慎》亦稱：「孔子讀《易》，至於損益，則喟然而嘆。子夏避席而問曰：『夫子何為嘆？』孔子曰：『人自損者益，自益者缺，吾是以嘆也。』」自益者缺，夬卦有缺口之象，即益卦後為夬卦之序。

帛書〈要〉篇亦稱：「孔子繇《易》至於損益一卦，未嘗不廢書而嘆，戒門弟子曰：二三子！夫損益之道，不可不察也，吉凶之門也……益之始也吉，其終也凶；損之始凶，其終也吉。損益之道，足以觀天地之變，而君者之事已。是以察於損益之變者，不可動以憂喜……損益之道，足以觀得失矣。」損益計算，為冷靜理性的發揚，不容感情用事。

值得注意的是，〈雜卦傳〉卦序的安排，損、益恰居第十一、十二卦，和自然卦序中泰、否的位置相同，這些皆非巧合，而蘊涵有深奧的道理。

〈繫辭下傳〉第七章論憂患九卦，損、益名列第五第六，一體相關，密不可分。「損，德之修也……損，先難而後易……損以遠害。」適度減損自己的欲望，儉樸生活以修德，剛開始很難，行久了就變得容易，欲望膨脹為一切禍害之源，損減節制，正是遠離禍害。老子稱「為道日損」，修道之人必須每天試著減損欲望，「損之又損，以至於無為，無為而無不為」，即是損極轉益，沒了私欲，甚麼該做的事，都能積極奮發。

䷨

損卦卦辭：

有孚，元吉，无咎，可貞，利有攸往。曷之用？二簋可用享。

損卦卦辭頗長，用了許多好話，勉勵人行損之道，頗有勸世意味。願意減損欲望的人，多半有信望愛，嗜欲淺天機深，行事能獲開創性的成功，有過必改，固守正道恰到好處，利於根據自己主張，往前奮鬥。「曷」為疑問發語詞，「曷之用」，何不嘗試用損呢？簋為盛主食以祭祀之器，天子八簋，二簋為最儉省的規格配備，只要心意虔誠，也可以用來祭祀。坎卦六四稱「樽酒簋貳」，「貳」為搭配，與「二簋」的「二」不同。

吉凶為失得之象，輸贏勝負無常，無咎為善補過，才是學《易》重心。吉後接無咎，得勝且無後患，何況「元吉，无咎」？貞為美德，固守得恰到好處稱「可貞」，尤其不易。節卦卦辭：「苦節不可貞。」過分節制傷性情，難能而不可貴。无妄卦（䷘）九四爻辭：「可貞，无咎。」〈小象傳〉解釋：「固有之也。」爻變成益卦（䷩），正是損極轉益。

綜觀損卦卦辭，「元吉、可貞、利有攸往」，有「元」有「利」有「貞」，「用享」之「享」通「亨」，近乎四德俱全。損卦修德行事，有其妙用，習《易》者當善加體會。

〈彖〉曰：損，損下益上，其道上行。損而有孚，元吉，无咎，可貞，利有攸往。曷之用？二簋可用享。二簋應有時，損剛益柔有時，損益盈虛，與時偕行。

減損下層以增益上層，資源由下往上輸送，等於自挖牆腳，最終將危及整個組織的生存，故稱為損。〈彖傳〉往下複誦卦辭，未逐字解釋，最後提醒「二簋可用享」勿泥執，「可用」不是常用必用，完全視時勢而定。損陽剛之實，以益陰柔之虛，為自然生化之理，但陰陽剛柔也會隨時變換，必須跟著轉化調節，才能發揮效用。

〈象〉曰：山下有澤，損。君子以懲忿窒欲。

損卦下兌為澤、上艮為山，山下之澤人跡常至，易受汙染，減損其自然美質。損卦的交卦為咸卦（䷞），山上有澤，人跡罕至，故能維持自然美景，湖光山色，映人如畫。損卦的錯卦也是咸卦，為純真的人情，由咸至損，涉世漸深，已多習染欲望，故須竭力克制壓抑，以免傷人害己。人的情緒中，以憤怒最難控制，也最易敗事，尤須加強控管。老子稱「智者不怒」，孫武亦引為大戒，〈火攻篇〉即稱：「主不可以怒而興軍，將不可以慍而致戰，合於利而動，不合於利而止。怒可復喜，慍可復悅，亡國不可以復存，死者不可以復生。故明君慎之，良將警之，此安國全軍之道也。」

兌卦為情慾開竅之象，艮卦則為止欲修行，損內兌外艮，有移山填海之志，然而慾壑難填，實行起來真正不易。〈繫辭傳〉稱「先難而後易」，確為經驗之談。

占例

●二〇一〇年十一月上旬，我問：阿彌陀佛四十八願建立淨土的意義為何？為不變的損卦。損以修德遠害、「懲忿窒欲」，心淨國土淨，真有移山填海之大願，令人讚佩。

●一九九二年七月底，出版公司改選董監事，我的職責加重，環顧整體形勢，我問經營策略為何？得出不變的損卦。顯然減損開銷為重中之重，老闆前些年的擴張過速造成了苦果，計議既定，依此施行。

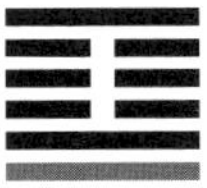

初九：已事遄往，无咎，酌損之。

〈小象傳〉曰：已事遄往，尚合志也。

初九為損之初，居組織最基層，和上卦六四相應與，依「損下益上、損剛益柔」的法則，須損己以益六四。「已」為止，六四陰虛，欲求陽剛補益，初九適時挹注，滿足其欲，以下事上，故稱「已事」。「遄」為快速，既然要給就趕快，免生問題，故稱「遄往，无咎」。以國家來說，人民有繳稅的義務，以供政府持續運轉，且有繳納期限，逾期會處罰。繳是要繳，但得量力而為，故稱「酌損之」。「尚」同上，初九與六四分工合作，有志一同，故稱「尚合志」。初九爻變，為蒙卦（䷃），外阻內險，情勢困難，不儘快減損不行。

損卦之前為解卦，事緩則圓，損卦之初「遄往」，要求快速。該慢則慢，該快就快，做事的節奏應隨時調整。損卦的錯卦為咸卦，「咸速也」，都要求快，怠慢不得。

占例

●一九九一年十二月下旬，我任職的那家出版公司為提升績效，有分為圖書及雜誌二事業線的計畫，圖書由我駕輕就熟擔綱，雜誌則委由另一位副總負責。我評估他能否勝任，為損卦初九爻動，有蒙卦之象。「遇損之蒙」，實非佳象，若無必要，還是不做為宜。後來此議遂寢，不久我接了總經理督責全局，時過境遷矣！

●一九九八年初，我作一年之計，問當年往大陸發展的機遇，為損卦初九爻動，有蒙卦之象。可能該儘快去，但六四未動，外卦無應與，急也沒用。當年仲夏帶了二十幾位學生赴大陸，由曲阜走到天水，作易經溯源之旅，算是啟動神州之行，績效有限。「尚合志」，「酌損之」。

●二○○八年五月中，我赴蘇州參加兩岸兵法會議，結束後由上海轉到杭州遊覽，關心兒子在台升高中學測是否順利？占得損卦初九爻動，有蒙卦之象。情況不佳，後來確實也是沒考好，他再接再厲，參加第二回合的科考。七月中旬，我南下高雄授《易》，旅次中算其成績，又得損卦初九之象，心頭一涼，果然不盡理想。好在高中師生相處融洽，三年後拚上政大會計系，稍紓解心中鬱悶之氣。

●二○○六年七月上旬，我給學生講三十六計，其中「偷樑換柱」的占象為損卦初九，有蒙之象。爻象的變化相當切合，上艮為門闕、石柱之象，下澤承載抽底成空，變為坎陷，減損根基以蒙蔽對方。「酌損之」，「二簋可用享」。

九二：利貞，征凶。弗損，益之。

〈小象傳〉曰：九二利貞，中以為志也。

九二居下卦之中，和上卦六五相應與，照講應該損己之剛益六五之柔。六五君位獲益多方，不需錦上添花，爻辭勸九二固守資源，給六五反而招凶，故稱「弗損，益之」。爻變為頤卦（䷚），自求口實。損卦二至上爻，互成頤卦，九二正當頤卦初九，「舍爾靈龜，觀我朵頤，凶」，好生調養，別將自己餵了老虎的無窮之慾。〈彖傳〉稱「損下益上」，初九、六四依此行事，九二、六五時位不同，就得改弦更張，正是「損益盈虛，與時偕行」。

以國家組織來看，初九須繳稅與六四的政府，九二的民間財團，卻不應該利益輸送給六五的國家元首，「利貞，征凶」，完全對。

占例

●二〇一一年元月中旬，報載現代社會工作壓力大，男人性能力減弱，平均精子量不足云云。我問未來男性會如何？為損卦九二爻動，有頤卦之象。「利貞，征凶。弗損，益之。」顯然得多加節制，以免消耗過度而致凶。「損以遠害」，「懲忿窒欲」，這可用上了！我接著再問未來女性會如何？為比卦（䷇）初六爻動，有屯卦（䷂）之象。「有孚比之，无咎」，「有孚盈缶，終來有他吉」。比為陰陽相比，初六離唯一陽爻九五太遠，不易得到坎水滋潤，只有積極主動爭取，熱情若夠，還能「有他吉」。屯卦為新生兒之象，如此才能生育後代。真是妙哉！

●二〇一〇年十月中旬，隨著五都首長選舉及二〇一二大位爭奪日近，又有宋楚瑜復出的傳聞。我占問宋若復出，對他自己的吉凶？為損卦九二爻動，有頤卦之象。「利貞，征凶。弗損，益之。」出來絕對不利，早該「懲忿窒欲」、頤養天年了！結果宋還是一意孤行，出來參選大位而遭致慘敗，不能怨誰，皆自取之。

●二〇一二年元旦，我作一年之計，中國大陸經濟情勢為損卦九二爻動，有頤卦之象。「利貞，征凶。弗損，益之。」外銷不利，得重視內需，當年成長趨緩，應驗了占象。

當年十一月中，美國總統歐巴馬連任，誓言再花四年要拯救美國經濟。我問辦得到嗎？為損卦九二爻動，有頤卦之象。「利貞，征凶。弗損，益之。」看來辦不到，四年後驗證，果然如是。

六三：三人行，則損一人；一人行，則得其友。

〈小象傳〉曰：一人行，三則疑也。

六三不中不正，當內卦兌的情慾開竅口，容易泛濫成災，下乘九二，為情慾蒙蔽理智之象，九二之所以「利貞，征凶」，跟六三也有關。還好上九和六三相應與，可以艮止之力，轉化內心情慾。前言損卦由泰卦變來，泰卦下卦乾三陽，為三人同行之象，九三變六三，下卦損去一人；上卦坤三陰，上六變上九，與三陰相合，「一人行，則得其友」。泰卦為陰陽交泰，變成損卦後，「懲忿窒欲」，理智戰勝感情。以世間男女互動論，三人行關係複雜，將蹈家人睽「二女同居、其志不同行」的覆轍，陰疑於陽，必戰。若一人選擇離開，成全剩下兩人，自己出外另選佳偶，則成雙成對，豈非兩全其美？這就是「一人行，三則疑也」。六三爻變，為大畜卦（䷙），「不家食吉，利涉大川」，正所謂天涯何處無芳草，遠赴他鄉而成就。

〈繫辭下傳〉第五章：「天地絪縕，萬物化醇；男女構精，萬物化生。《易》曰：『三人行，則損一人；一人行，則得其友。』言致一也。」孔子對損卦六三的詮釋甚美，將男女燕好的關係形容得如此聖潔高尚，天地生萬物，男女育子息，大宇宙與小宇宙息息相關。「致一」即陰陽二合為一，然後生生不息。咸卦九四「憧憧往來」，孔子稱「一致而百慮」，損卦六三言「致一」，咸、損相交且相錯，談情言理，都得和合專注，勿二三其德，才能長久。恆以一德，不亦宜乎？

以企業經營論，先損後益，初九投資不猶豫，九二固守利得勿冒進，六三時，則須適度切割生產部門，讓有潛力的項目及人才往外開拓，獨當一面。以宗教修行論，大師弟子雲集門下，易競爭較量，不如選優秀者外放，磨練創新，還有可能處處開花。禪宗五祖弘忍遣惠能南行，既免與神秀之爭，又造就了六祖一代大師，即為「損一人」的高妙運用。

《說苑．敬慎》記孔子論損益之道：「是以聖人不敢當盛，升輿而遇三人則下，二人則軾，調其盈虛，故能長久也。」應該即與損卦六三的義理有關。

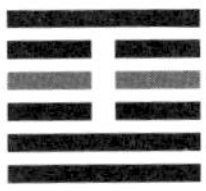

六四：損其疾，使遄有喜，无咎。

〈小象傳〉曰：損其疾，亦可喜也。

六四陰居陰位得正，和下卦初九相應與，本身陰虛有欲求，得初九陽實資源挹注，陰陽和合而獲無咎，就像生病得藥痊癒一般。初九言「已事遄往」，六四稱「使遄有喜」，一方急需，一方速給，兩下都快活無咎。

疾癒稱喜，為《易》辭慣例。无妄卦九五：「无妄之疾，勿藥有喜。」兌卦九四：「商兌未寧，介疾有喜。」女子久曠成疾，受孕為喜，以情色觀點看損卦初九、六四的關係，更易明白。六四爻變，為睽卦（䷥），睽違太久，迫切需要異性的撫慰。損卦若初九、六四皆動，齊變為未濟卦（䷿）。一波未平一波又起，永遠無法滿足。

占例

●二〇〇一年二月上旬，一位香港來的學生聽了幾堂課後，邀我餐敘，請教個人問題。當然中心問題還是感情，靠繪畫只能暫時安頓，我代她占問情歸何處？為損卦六四爻動，有睽卦之象。「損其疾，使遄有喜，无咎。」情病只能情藥醫，沒有其他解法。

䷨

六五：或益之，十朋之龜弗克違，元吉。

〈小象傳〉曰：六五元吉，自上祐也。

六五為損卦之君，和下卦九二相應與，根據「損下益上」的法則，為極佳受益之位，而且不限於從九二處取得資源。「或益之」，「或」為不定詞，多方獲益不能確知。舉例來說，國家元首的收益絕不止本薪，特支費及各種可調度的有形無形的資源甚多，企業的最高負責人亦然。合法權限內的可收，不合法的捐獻賄賂，則應拒絕，沒把握的話，就用龜卜占測。兩貝為朋，「十朋之龜」，為供奉於宗廟裡的名貴神龜，重大決策時啟用。「弗克違」，龜兆顯示不能拒絕，天意支持接受，好好運用收益，以獲元吉。「自上祐」即自天祐，並非迷信，意同大有卦上九爻辭：「自天祐之，吉无不利。」「自祐」方蒙「天祐」，行事合乎天理人情，當然「元吉」。六五爻變，為中孚卦（䷼），至誠通天，靈驗如神。六五上承上九，為上卦艮山之頂，徹底轉益之時位，「自上祐」的「上」，亦指上九，時來運轉矣！

損卦六爻中，僅君位六五爻辭不言損，反稱「或益之」，可見損極漸漸轉益，先期的投入已經開始回收，領導的績效於焉浮現。

占例

●二○○七年十月底，我們的周易學會改組，我兩屆理事長期滿卸任，為了開拓大陸機遇，委託在大陸任職的學生劉慶平任北京聯絡人。我問前景如何？為損卦六五爻動，有中孚之象。「或益之，十朋之龜弗克違，元吉。」占象大好，而且多方獲益，對學會在大陸的發展極有幫助。二○一○年再改組，直接請他加入理事會，繼續貢獻心力。

䷨

上九：弗損，益之，无咎，貞吉。利有攸往，得臣无家。

〈小象傳〉曰：弗損益之，大得志也。

上九為損之終，和下卦六三相應與，「三人行，則損一人」的效應，於此大顯。繼六五獲益之後，真正損極轉益，而有自由開闊的大成。九二稱「弗損益之」，謹守自保；上九「弗損益之」，完全創收，大開大闔。「无咎，貞吉。利有攸往」，落實了卦辭所稱的「无咎，可貞，利有攸往。」前面的「有孚，元吉」則為六五成就的境界，爻變中孚卦，正是「有孚」。可以說，損卦卦辭中所稱的效應，都具體顯現於最後兩爻，真的是先難而後易，倒吃甘蔗，愈來愈甜美順暢。

損卦六三爻變為大畜卦，「不家食吉，利涉大川」。上九「得臣无家」，「大得志」，赴外闖蕩有成，處處無家處處家，在世界各地都有分號，也都有得力的幹部襄助分勞。蹇卦六二「王臣蹇蹇，匪躬之故」，忠心事上，認真盡職。《詩經‧小雅‧北山》：「普天之下，莫非王土；率土之濱，莫非王臣。」這是突破國族囿限的王道大一統的境界。損卦上九爻變，為臨卦（䷒），君臨天下，「教思无窮，容保民无疆」。家人卦初九、九五強調「有家」，損卦上九「得臣无家」，家齊而後國治，國治而後天下平。

損卦初九「尚合志」、九二「中以為志」、上九「大得志」，「懲忿窒欲」，立志修德，先難而後易，終至大成。

占例

●一九九九年元月下旬，我剛去拜見過毓老師，聽他分析世界大勢，心潮澎湃洶湧，占問：對未來數年可能的大變故，我應如何應對？得出損卦上九爻動，有臨卦之象。「遇損之臨」，「懲忿窒欲」，「教思无窮，容保民无疆」。勿拘囿於一時一地之見，儘量放大視野，往開闊的宏大格局邁進。

●二〇〇五年八月中旬，我受邀赴青島，參加山東大學主辦的易學及儒學會議，提出論文〈時乘六龍——大易君王論初探〉一篇，結識多位易道同修，收穫豐碩。會議結束後，我占問此行成績，為損卦上九爻動，有臨卦之象。「遇損之臨」，「利有攸往」，「教思无窮，容保民无疆」。

●二〇〇四年元月下旬，春節假期裡，我問陳水扁三二〇大選勝負，得出損卦上九爻動，有臨卦之象。損極轉益，君臨天下，後來三一九案發生後，我才曉得這是苦肉計奏效，一舉突破落後局面之意。易占靈敏，機兆先發。

多爻變占例之探討

以上為損卦卦、彖、象、爻之全部解釋及釋例，往下繼續研究更複雜的多爻變的情形。

二爻變占例

占事遇卦中任意二爻動，若其中一爻值宜變，為主要變數，以該爻辭為主斷占；若皆不值宜變，以本卦卦辭卦象為主，參考兩爻齊變所成之卦的卦辭卦象。

●二〇〇三年六月中旬，我們學會與政治大學企管研究所的教授學者頗有接觸，辦了一系列《易經》與經營管理的研討會，我問：西方企業管理學的特色為何？得出損卦初、二爻動，齊變有剝卦（䷖）之象。「遇損之剝」，精算減損生產成本，以擴大收益，為了確保公司股東的權益，甚至有剝削基層員工之嫌。

二〇一〇年二月初，我占算王永慶的經營風格，亦為「遇損之剝」。台塑集團有名的「魚骨頭理論」，就是對各項成本的嚴格控管，幾乎到了苛刻不合人情的地步，非常有效率，倒是和西方企管思想相合。

●二〇〇九年五月下旬，我到宜蘭辦事，中午在一廟宇處休息，占問前一年五一二汶川大地震的緣由。得出損卦初、二爻動，齊變有剝卦之象。「遇損之剝」，山下有澤崩坍，成「山附於地」的剝卦之象，災情慘重。損卦教人「懲忿窒欲」，剝卦教居上位者「厚下安宅」，天災乎？人禍乎？

●一九九六年三月下旬，我的學生鄭貴蓮參選國大代表，她的先生是前高雄縣長余政憲，我代她占問勝負，得出損卦五、上爻動，齊變有節卦（䷻）之象。「或益之，元吉」，「弗損益之，貞吉」，節亨，應該當選無疑。後來，她順利當選第三屆國大代表。

●一九九八年三月底，我已喬遷新居大半年，住了十多年的舊宅裝修後，委託仲介代賣。三月未成，續約三月再試，我問能順利出售否？也是「遇損之節」。沒多久即有信息，商洽一陣後堅持原價賣出，損極轉益矣！

●二〇一二年五月中，歐債問題頻生警訊，我問最後能解決否？為「遇損之節」，應該可在樽節開銷下，損極轉益而獲解決。由後來的發展看，確實如此。

●二〇〇五年元月底，我們在大學社團老友家春節聚會，女主人交通大學任教，想再赴英國進修一年，問合宜否？為損卦初、四爻動，齊變有未濟卦（䷿）之象。初九「已事遄往，无咎」，六四「損其疾，使遄有喜，无咎」，兩爻相應與。想去就快去，滿足深造的渴望，可獲無咎。

她去倫敦讀「全球化」一年後返台，接任交大客家學院副院長，一切相當順利。

● 二〇〇〇年五月上旬，我在寫闡釋〈繫辭傳〉的書，問下傳第十及十一章的主旨，為損卦二、上爻動，上九值宜變成臨卦，兩爻齊變，則有復卦（䷗）之象。兩爻皆稱「弗損，益之」，九二「利貞，征凶」，「中以為志」；上九「无咎，貞吉。利有攸往」，「大得志」。下傳十一章引文王與商紂之事，稱：「危者使平，易者使傾，其道甚大，百物不廢，懼以終始，其要无咎，此之謂易之道也。」損卦為憂患亂世修德之卦，文王隱忍俟時，終於脫險而致大成，面對危難，發揮了剝極而復的創造力。

● 二〇〇九年七月中，我赴宜蘭辦事，中午在樹蔭下乘涼，邊思考往後的寫作計畫，當時即籌劃寫這本大衍之數斷占的書，問合宜否？為「遇損之臨之復」。「中以為志」，「大得志」，完全可行。

● 二〇〇三年十月下旬，我帶幾位學生赴安陽參加易學論壇，客旅寂寞，提前占問次年自己的運勢，得出「遇訟之困之坎」，已於訟卦占例中說明。由於二〇〇三全年運勢為不變的剝卦，當年過得頗辛苦，一看明年又不好，心中不免嘀咕，遂問如何化解應對？也是「遇損之臨之復」的卦象。為免煩惱，注意「懲忿窒欲」，然後「教思无窮」，往外開拓，務期剝極而復。

● 一九九〇年五月下旬，我開占還沒多久，出版公司老闆苦於和另一位集團高幹的相處關係，我占得損卦二、四爻動，齊變有噬嗑卦（䷔）之象。這高幹為性情強悍的女性，與同事多有磨擦，主要負責關係企業的經營。「遇損之噬嗑」，宜「懲忿窒欲」，「利貞，征凶」，否則有相噬鬥爭之虞。

●二〇〇四年十一月下旬，因三一九事件敗選的藍營，所提選舉無效之訴辯論終結，年底宣判，我問藍營可有勝算？損卦初、三爻動，六三值宜變成大畜卦，齊變則有蠱卦之象。綠營的勝算為同人卦初九爻動，有遯卦之象。藍營「遇損之蠱」，承損幹蠱不成，「損下益上」，恐將敗陣；綠營「同人于門，无咎」，有機會勝訴。年底宣判果然如此，至此紛擾多時的選後抗爭，終於結束，很多人憤憤不平。

●二〇〇八年十一月下旬，我赴廈門參加民進中央辦的文化論壇，又與北京台研所的熟人見面，她剛動過切除手術，擔心復原狀況。我占問她往後三年的身體健康，為損卦四、上爻動，齊變有歸妹卦（䷵）之象。開刀切除患部，正是「損以遠害」。六四「損其疾，使遄有喜，无咎」。上九損極轉益，「无咎，貞吉。利有攸往」。治癒後三年，即當損上卦三爻行運，由四至上，應該沒問題，囑她安心，後果如是。

●一九九一年十月下旬，出版公司開始股爭，我在夾縫中出線，幾方公推我出來扛經營重責，讓老闆專心處理在外的沉重債務。我問這對他個人吉凶如何？為損卦初、上爻動，上九值宜變成臨卦，兩爻齊變，則有師卦（䷆）之象。初九「酌損之」，釋出相當資源及權力；上九「弗損，益之」，「得臣无家」，損極轉益，自由自在之後，又復君臨天下。兩年半後，卦象完全應驗，當然我在那時解占，見不及此。

●浩瀚的中國古籍中，《山海經》是本非常奇特的書，似神話又不知何為，似上古地理圖誌，又與世界現狀不合，有人認為描述的是地球浩劫前的景觀。我占問究竟怎麼回事？得出損卦三、上爻動，六三值宜變成大畜卦，兩爻齊變，為泰卦（䷊）之象。損卦由泰卦而生，天地交泰，變成了山下有澤，真有移山填海、滄海桑田的動向，生態浩劫之說不無可能？

●二〇一六年九月中，我問曹雪芹《紅樓夢》的藝術成就如何？「遇損之大畜之泰」，人生情癡甚苦，「三人行，則損一人」，多像寶玉、黛玉與寶釵情事？「懲忿窒欲」，歷盡滄桑後，大徹大悟，回歸天清地朗，「得臣无家」。

●二〇一六年元月下旬，我問洪秀柱選不選得上國民黨主席，為損卦三、上爻動，六三值宜變為大畜卦，兩爻齊變成泰卦之象。遇損之泰，應該當選無虞，前一年遭「換柱」為損，國民黨敗選後任主席為泰。

三爻變占例

占事遇卦中任意三爻動，以本卦為貞，三爻齊變所成之卦為悔，稱貞悔相爭，以兩卦卦辭卦象合參判斷。若三爻其中一爻值宜變，為主變數，加重考量其爻辭。

●二〇〇一年六月中旬，我提前半年占問次年兩岸關係，為損卦二、三、上爻動，貞悔相爭成明夷卦。明夷形勢晦暗，「利艱貞」，在當時民進黨主政下理應如此。損下益上，台灣這邊的官方政策如九二，「利貞，征凶。弗損，益之」，儘量審慎不接觸，卻不能阻止民間企業往大陸跑。六三、上九相應與，交流熱絡即如是。

●二〇〇八年馬英九勝選，國民黨重返執政，五月初，我問馬未來的歷史定位為何？得出損與明夷貞悔相爭。馬一向清廉自許，「懲忿窒欲」，謹小慎微；明夷「利艱貞」，承擔大任，吃苦當吃補。損卦九二「中以為志」，六三、上九互動順暢，兩岸關係可有大幅改善。

●二〇〇九年十二月中，金溥聰取代詹春柏，接任國民黨秘書長，我問金小刀能提振往後大小選情的勝算否？為損卦初、三、上爻動，貞悔相爭成升卦。「遇損之升」，先難後易，必可逐漸提振勝績至相當高度。果然開始一些小選仍落敗，五都大選保住平盤，最重要的關鍵大選獲勝，讓馬英九得以連任。

●二〇一一年七月下旬，我問馬英九二〇一二年以後如何？為損卦初、二、五爻動，六五值宜變為中孚卦，貞悔相爭成觀卦。損五為君位，「元吉」而獲天祐，應該連任沒問題。同時也問蔡英文二〇一二年以後的境況，為節卦初九爻動，有坎卦之象。「不出戶庭」，競逐大位會失敗，無法出頭。兩卦皆已應驗。

●二〇一四年七月中，我講《楞嚴經》五十種魔相，占算出損卦初、二、五爻動，六五值宜變為中孚卦，貞悔相爭成觀卦。損卦「懲忿窒欲」，中孚卦信仰篤定濟度眾生，觀卦「省方觀民設教」，「遇損之中孚之觀」，教人猛省而入佛道。

●二〇一〇年十一月上旬，美國再度大印鈔票六千多億美金，美其名為量化寬鬆，我問能否提振美國疲弱的經濟？為損卦下三爻全動，貞悔相爭成艮卦（䷳）。「損下益上」，艮卦內外多阻滯，「遇損之艮」，無法提振美國國內的民生經濟，白忙一場。又問對中國經濟的影響，為損卦二、上爻動，上九值宜變為臨卦，齊變為復卦（䷗）。「遇損之臨之復」，「弗損，益之」，不但不損，反而獲益。山下有澤，損以修德，藉此挑戰，磨練資金調節池的功能。

●二〇一〇年五月中旬，大陸奇人蕭宏慈再度赴台推廣其術，我問他所大力鼓吹的拍打療效，為損卦二、五、上爻動，六五值宜變為中孚卦，貞悔相爭成屯卦。損二、五相應與，上九損極轉益，

「先難而後易」；屯卦肢體柔軟，如獲新生。「遇損之屯」，所言不虛。

●二〇〇〇年十月下旬，深秋時節，我再問自己在易學史上的可能定位？為損卦初、五、上爻動，六五值宜變為中孚卦，貞悔相爭成坎卦（䷜）。初九「尚合志」、六五「元吉，自上祐」、上九「利有攸往」，「大得志」；「習坎，君子以常德行，習教事」。「遇損之坎」，習《易》當有大成。

●二〇一一年二月下旬，毓老師說好將來我們學會看看的前夕，我問老師今日如何看我？得出損、坎貞悔相爭。受業三十六年，終獲恩師肯定與寄望，能不繼續奮發上進、以期繼明照四方？

●二〇〇九年八月中旬，我問司馬遷其人其業如何評定？為損卦初、二、上爻動，貞悔相爭成坤卦（䷁）。損卦「懲忿窒欲」，三爻陽氣散盡成坤陰，直言忤君，遭受宮刑甚慘；損極轉益，「大得志」，留下《史記》煌煌巨著傳世，亦可以無憾矣！

●二〇一〇年九月上旬，我問翌年何時開得成北京的精英《易經》班？為損卦初、四、上爻動，貞悔相爭成解卦（䷧）。初九、六四相應與，上九「利有攸往」，「大得志」，一定開成。「解之時大矣哉！」節氣在春雷動的陰曆二月中，果然確定開班。損益盈虛，與時偕行，損卦節氣約陰曆七月中，共四趟八天的課程圓滿結束。

●二〇一一年十月下旬，我西藏遊畢，在拉薩酒店問西藏未來三十年的發展，為損、解貞悔相爭。損益盈虛，與時偕行，「二簋可用享」的儉約經濟，應轉豐裕。「解之時大矣哉！」解「利西南，往得眾」，族群與宗教問題可和平解決。

四爻變占例

占事遇卦中任意四爻動，以四爻齊變所成之卦的卦辭卦象論斷；若其中一爻值宜變，影響稍大，加重考量其爻辭。

●二〇〇二年八月中，我算一對當年緋聞男女戀情的發展，真能長相廝守嗎？為損卦初、二、三、四爻動，六三值宜變為大畜卦，四爻齊變成旅卦（䷷）。「損剛益柔有時」，「損益盈虛，與時偕行」。未來肯定會變，旅卦「山上有火」，如森林火災焚盡不留，一切將如過眼雲煙。損卦初九、六四「遄往」、「遄有喜」，來得快去得也快；六三「三人行，則損一人」，更說中了那樁緋聞的要害，「不家食」不會太久。社會的窺探心理，給當事人的壓力畢竟極大，其後數月這段情就結束，全如占象所示。

●一九九九年五月中旬，社會大學基金會的老友幫我開了一個政商高層決策班，講一年《易經》，既然有此機會，我就想邀一位新結識的資訊業界老闆參加學習，因他曾主動找我談，對《易》有興趣云云。當下占得損卦初、二、四、上爻動，上九值宜變為臨卦，四爻齊變成豫卦（䷏）。初九「尚合志」、九二「中以為志」、六四「亦可喜」、上九「大得志」，臨卦「教思无窮」，豫卦「利建侯行師」，明顯可行。提出邀請後，他欣然加入，有時事業太忙，還找時間一個人來我家補課呢！

五爻變占例

占事遇卦中任意五爻動，以五爻齊變所成之卦的卦辭卦象為斷，若其中一爻值宜變，略加重考量其爻辭。

●二〇一五年七月上旬，我參加首屆魯台文化交流活動，又到曲阜朝聖，再次參觀顏回「復聖廟」後，占得損卦二、三、四、五、上爻動，五爻齊變成革卦。損卦「懲忿窒欲」以遷善改過，革除舊習而獲新生，正是不貳過的顏子氣象。

42. 風雷益（䷩）

益卦繼損卦之後，為全易第四十二卦，損、益相綜一體，與泰、否息息相關，已如前述。泰、否為天地往來，大環境的自然變遷；損、益則屬人為的理性計算，因應形勢作斟酌調整。〈雜卦傳〉稱：「損益，盛衰之始也……否泰，反其類也。」修辭和其他卦不同，未言損、益、否、泰如何，而稱損益、否泰的整體互動情勢。

〈序卦傳〉稱：「損而不已必益，故受之以益。益而不已必決，故受之以夬。夬者，決也。」益字為「皿中溢流」，容器有限，超載就會潰決外洩，這是一定的道理。損極轉益，謀益也不宜過度，斟酌損益特重平衡。下經首咸、恒，連著十卦曲盡人情，至損、益則理性抬頭，精心維持情理之間的動態平衡。咸、恒與損、益相錯且相交，咸通損、恒通益，感情用事易致損害，恆久努力產生效益。

〈繫辭下傳〉第二章舉了十三個卦，敘述中國文明的沿革發展，離卦象徵的漁獵時代當先，益卦代表的農耕生活居次：「包犧氏沒，神農氏作，斲木為耜，揉木為耒，耒耨之利以教天下，蓋取諸益。」「耒耜」為農具，「耒」為犁上曲柄、「耜」為犁下堅木，恰合益卦上巽柔木、下震剛木之象。以剛木入土深掘，以柔木操縱方向，上下配合得宜，耕種產生穫益。農業時代如此，今日資訊時代仍須內震外巽，以靈動如風的經營策略，導引核心的競爭力，創造豐富的收益。

損、益名列憂患九卦，〈繫辭下傳〉第七章稱：「益，德之裕也……益，長裕而不設……益以興利。」寬裕、富裕，從容有餘裕，是益卦追求的境界，而且維持長久穩定。「設」是處心積慮設計，「不設」則行雲流水，自然而然。益通恆，「長裕而不設」，不亦宜乎！

䷩

益卦卦辭：

利有攸往，利涉大川。

益卦卦辭八個字，形勢一片大好，利於往前奮鬥，冒險犯難而獲成功。人生謀取利益，必然伴隨風險，風險愈高，克服之後利益愈大。

〈彖〉曰：益，損上益下，民悅无疆，自上下下，其道大光。利有攸往，中正有慶；利涉大川，木道乃行。益動而巽，日進无疆；天施地生，其益无方。凡益之道，與時偕行。

益卦〈彖傳〉四字四字一句，音韻鏗鏘，如讚美詩，讀來發人神智，振奮圖強。損卦是「損下益上」，民生疾苦；益卦則是「損上益下，民悅无疆」，高層釋放資源於基層，激發民間活力，乃為政光明之道。《論語・顏淵篇》魯哀公問有若徵稅的問題，有若答稱：「百姓足，君孰與不足？

百姓不足，君孰與足？」國家經濟活絡，上下齊心往前奮鬥，九五、六二中正相應與，冒險犯難成功，皆大歡喜。過河須靠木船，益卦上巽下震皆為木，有風帆渡川之象。內震動、外巽入，每天都能獲益，前進無疆。上卦巽象徵天命施行，風調雨順，滋潤下卦震的大地萬物生長，沒有處所的限制，處處欣欣向榮。但凡獲益之道，都得與時推移俱進，正如損卦〈彖傳〉末所言，損益盈虛，「與時偕行」。

坤卦〈彖傳〉稱三「无疆」：「德合无疆、行地无疆、應地无疆」。益卦〈彖傳〉稱二「无疆」：「民悅无疆、日進无疆」。臨卦〈大象傳〉稱「容保民无疆」，〈大象傳〉創作在〈彖傳〉之前，應為坤、益二〈彖傳〉「无疆」的來由。「无疆无方」，「與時偕行」，益卦真是全時位都能創收獲益啊！

〈象〉曰：風雷，益。君子以見善則遷，有過則改。

益卦〈大象傳〉修辭與恒卦相似，只稱「風雷」、「雷風」，不區分高低上下，蘊含平等之義。白首偕老，相敬如賓；開疆拓土，和衷共濟。外卦巽風，隨風轉舵，「見善則遷」；內卦震主，真誠反省，「有過則改」。「損以遠害，懲忿窒欲」；「益以興利，遷善改過」。

占例

● 一九九三年九月初，我準備喬遷，四處覓屋，新店市附近的一處建案頗為合意，占購置宜否？為不變的益卦。「利有攸往，利涉大川」，「益以興利」，當然買了！買下後居住至今，一切平順，房價升漲猶其餘事。

●一九九七年七月上旬，我問道家思想的定位，為不變的益卦。「益動而巽」，「與時偕行」。道家順勢尚柔，應變無方，「無為」是損之又損，「無不為」，則益之又益。

●二〇一一年二月中旬，我占問中國文字的意境，為不變的益卦。「天施地生，其益无方，凡益之道，與時偕行。」益卦前為損卦，精簡之極，涵蘊無窮；益卦後為夬卦，有書契文字之象，便於決斷事情。〈繫辭下傳〉次章稱：「上古結繩而治，後世聖人易之以書契，百官以治，萬民以察，蓋取諸夬。」

●二〇一二年元旦，我算南韓當年的經濟情勢，為不變的益卦。「利有攸往，利涉大川」。三星手機行銷全球，綜合國力蒸蒸日上，漸有富強氣勢。然而這些年來，經濟轉差，損益盈虛，「與時偕行」啊！

䷩

初九：利用為大作，元吉，无咎。

〈小象傳〉曰：元吉无咎，下不厚事也。

初九為益之初，內震之主，和外巽卦風根的六四相應與，利用執政高層優惠政策的照顧，大力增產，生機勃勃，吉而無咎。「下不厚事」的事，即以下事上，和損卦初九一樣，人民須納稅給政府。「不厚」即薄，稅負很輕，民眾生產的意願強烈，造成經濟繁榮。本爻變，為觀卦（䷓），風行地上，因時制宜。

占例

●二〇一一年六月上旬，我在《聯合報》的易經課已連開了四期，每期上足四十八堂課一百二十小時，講完六十四卦。由於台灣經典研習的市場在萎縮中，報方跟我對再開第五屆都信心不足，但仍同意一試，還找了我在工商界的一些名人學生熱誠推薦。我占問招生情況，為益卦初九爻動，有觀卦之象。「利用為大作，元吉，无咎。」觀卦有示範效應，「風行地上，先王以省方觀民設教。」八月中，第四屆班畢業，九月中，第五屆順利開班，招生踴躍，人氣沸騰。觀卦為陰曆八月，正好時節相合。

●一九九八年元旦，我做一年之計，問自己全年在學問上的進境可能如何？為益卦初九爻動，有觀卦之象。「為學日益」，「利用為大作，元吉，无咎。」觀卦「風行地上」，「省方觀民設教」，當年仲夏，率學生作《易經》溯源之旅，開啟了日後與內地的深度交流。

●一九九九年中，我的學生邱雲斌的同事父親突然癱瘓，診斷為缺鉀，問病情吉凶？為益卦初九爻動，有觀卦之象。「利用為大作，元吉，无咎。」結果治癒後，仍可勉力行走，初九當下卦震之根，震為足能動，宜有此象。

六二：或益之，十朋之龜弗克違，永貞吉。王用享于帝，吉。

〈小象傳〉曰：或益之，自外來也。

六二中正，和上卦九五之君相應與，爻變則下卦成兌，正是損上益下，「民悅无疆」；全卦成中孚卦（䷼），與損卦六五相同，多方獲益，宗廟神龜所示的天意都福祐。損卦六五居君位，稱「元吉」；益卦六二屬臣位，稱「永貞吉」，有坤順之意。初九擴大生產，本業獲益；六二順天應人，多方滋生附加利益，「自外來」，有喜出望外之意。人的運勢如此亨通順暢，應懂得感恩回饋，王者奉祀天帝，崇德報功，展現高尚風雅的情操。豫卦〈大象傳〉稱：「雷出地奮，先王以作樂崇德，殷薦之上帝，以配祖考。」渙卦〈大象傳〉稱：「風行水上，先王以享于帝立廟。」弘揚禮樂教化，建設富而好禮的社會，非常重要。「自外來」，當然也表示六二獲益，主要從外卦九五照顧而來，自上下下，其道大光。

占例

- 一九九七年底，其時亞洲金融風暴肆虐，我問中國大陸能否安渡無虞？為益卦六二爻動，有中孚卦之象。天祐中國，不損反益，「利有攸往，利涉大川」。
- 二〇〇九年十月下旬，我問外蒙古未來會回歸中國嗎？為益卦六二爻動，有中孚卦之象。「或益之，自外來也」。「十朋之龜弗克違，永貞吉。」時候到了，天意顯現不能違背，就得接受回收，永遠固守，再勿失去。真有那一天，也不是強權逼壓，而是損、益的理性計算，合若兩利就合。

䷩

六三：益之用凶事，无咎。有孚中行，告公用圭。

〈小象傳〉曰：益用凶事，固有之也。

六三不中不正多凶，外和上九相應與，可能遭遇意外的打擊，這時得從已經固有的獲益中，拿出資源以解困，轉危為安而獲無咎。急難時救援為先，紓困後得補辦程序，以取信於人，公告周知，這是合乎時中之道的做法。「圭」為玉器，古代臣子執圭以朝，做為奉公守法的信物，後世發展成笏版，可記事以備遺忘。六二用龜卜以決大事，六三用圭以通誠信，皆為公眾利益著想。六三爻變，為家人卦（䷤），人溺己溺，人饑己饑，老吾老以及人之老，幼吾幼以及人之幼。

天有不測風雲，人有旦夕禍福，獲益的時代中一樣隱含風險，「利有攸往」的同時，也得注意「利涉大川」。以前農業社會看天吃飯，有水旱風災或蝗蟲肆虐，造成饑荒時，政府就得開倉賑濟，而倉儲中的餘糧，早在豐年已有準備，面對「自外來」的災禍，靠「固有之」以補不足。現代政府或企業，都得編列特別救急預算，做危機防治。「益用凶事」，不限於緊急救難，包括鰥、寡、孤、獨弱勢族群的照顧、社會安全網的建立，以及種種公益保險的提供等都是。

《孟子・梁惠王篇》記述：「無恆產而有恆心者，惟士為能。若民，則無恆產，因無恆心；苟無恆心，放僻邪侈，無不為已……是故明君制民之產，必使仰足以事父母，俯足以畜妻子，樂歲終身飽，凶年免於死亡。」所言王道之政，全合益卦諸爻之象。初九「利用為大作」，使民有恆產，致富後遂有恆心，六二「王用享于帝」，富而好禮。六三發生水旱災荒時，人溺己溺，人饑己饑，「益之用凶事，无咎」。

「自外來」的災，稱「无妄之災」，萬一遇到，得靠「固有之」來調節應付，這道理在无妄卦三、四爻已講得很清楚。六三爻辭稱：「无妄之災。或繫之牛，行人之得，邑人之災。」六四緊接著做善後處理：「可貞无咎，固有之也。」

占例

●一九九一年十二月下旬，我占問那家出版公司在國際市場的發展性？為益卦六三爻動，有家人卦之象。「家人，內也」，「益用凶事，固有之也。」內部股爭激烈，憂患實多，安內不暇，如何攘外？看了若有所失，實情如此，夫復何言？

六四：中行，告公從，利用為依遷國。

〈小象傳〉曰：告公從，以益志也。

六四陰居陰位，下和初九相應與，執政高層應為民眾謀福，除了減輕稅負，提振產能，還要善觀時代風向，隨時調整政策，以創造最大利基。殷、周時期多有遷移國都之舉，人民安土重遷，往往拒不從命，政府就得耐心溝通，說服民眾同意，不宜強迫其追隨。隨卦上六所稱「拘係、從維」之理，豳地周民扶老攜幼，跟太王遷至岐山，遂至興旺之事，即為顯例。

《尚書・盤庚》上、中、下三篇，記載殷王盤庚遷都安陽，竭力疏導民眾之事。「爾謂曷震動萬民以遷？」一般人的惰性和習氣深重，對新的變動總是恐懼不信任，帶領群眾冒險創新的領袖，得不斷接受質疑與挑戰，無論如何用心，都難避免。

現代國家遷都亦為重大計議，得廣徵民意，獲公眾認同，不能便宜行事。「中行」為依時中之道而行，告公而公從，做為施政的依據。企業往外拓展，視產銷形勢變動，可能將總部遷移，改設在更有利基的地區，這些都是「利用為依遷國」。六四和初九相應與，遷徙的目的，還是「利用為大作」，將核心的產能做最新最好的發揮。六四爻變，為无妄卦（䷘），未徵得公眾同意前，勿輕舉妄動，專擅獨行。以爻際關係來看，六四上承九五、下應初九，執政大臣應下詢民意，並上呈君主批准。初、四、五爻齊變，成晉卦（䷢），秉公行事，前途光明。

益卦若僅初、四爻動，為否卦（䷋）；四、五爻動，為噬嗑卦（䷔）；初、五爻動，為剝卦（䷖）。效益皆不佳，表示重大決策須更周全，最好君、臣、民三方面都贊同，依此行事，才皆大歡喜。

六三「益之用凶事」，緊急救難可便宜行事，事後再補辦手續，告公在後；六四遷國大事，急躁不得，告公在前，以集思廣益。時位不同，做法亦異，這就是隨時取中之道。

占例

●二〇〇六年七月上旬，我給學生講三十六計與易象的關係，其中「暗渡陳倉」為益卦六四爻動，有无妄卦之象。「中行，告公從」，明修棧道，以示無意爭雄；「利用為依遷國」，實則暗渡陳倉，發動掩襲。真是妙極！妙極！

䷩

九五：有孚惠心，勿問元吉，有孚惠我德。

〈小象傳〉曰：有孚惠心，勿問之矣；惠我德，大得志也。

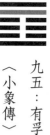

九五中正居益卦君位，和下卦六二相應與，「損上益下」，「中正有慶」，以真誠愛護照顧部屬，使其受惠。領導存心利他，為民謀福，不必再問卜求占，必獲元吉。施不求報，人情禮尚往來，部屬感恩戴德，多會真誠回饋，上下交孚、互信互愛互惠的社會於焉形成。兼相愛，交相利，「大得志也」。九五爻變，恰值宜變成頤卦（䷚）。益卦初至五爻，又互成頤卦，益卦九五為頤之上九，「由頤厲吉，利涉大川」，「大有慶也」。「聖人養賢以及萬民，頤之時大矣哉！」益卦六四「以益志」，九五「大得志」，領導卓越，效益卓著。

《中庸》稱：「所求乎朋友，先施之，未能也。」交友之道，應先主動幫忙，而一般人卻總是想揩油，從對方得些好處，廣結人脈，只是為了自私自利。益卦六五「有孚惠心」，才是「長裕而不設」的興利典範。從政者時時刻刻以百姓福祉為念，從商者懂得從客戶利益著想，一旦對方獲益，自己的利益自然涵蘊其中。

占例

- 二〇一一年七月底，我占問下月即將全家赴希臘旅遊愜意否？為益卦九五爻動，恰值宜變成頤卦。「有孚惠心，勿問元吉。」天倫之樂無窮，深得頤養休息。
- 二〇一五年三月中，又到我們全家年度健康檢查日期，我問康安否？為益卦九五爻變成頤卦。「有孚惠心，勿問元吉。」頤卦又是養生之卦，果然皆無問題。
- 二〇一二年八月中，我給來台遊學的浙商團授《易》一日，以《易》分析國際財經情勢，稱「易解春秋」。他們雖然多少有些底子，聽來仍覺吃力，卻有興趣。我問績效如何？為比卦（䷇）

五、上爻動，九五值宜變為坤卦（䷁），齊變有剝卦（䷖）之象。「顯比，王用三驅，邑人不誠，吉。」我是來者不拒，寬和以待。上六「比之无首，凶」，程度跟不上的，只有抱歉了。取經的過程確實不易，再占得益卦九五爻動，恰值宜變成頤卦。「有孚惠心，勿問元吉，有孚惠我德。」我是講明了大易核心的道理，能否誠心受益，就看個人造化了。

䷩

上九：莫益之，或擊之，立心勿恒，凶。

〈小象傳〉曰：莫益之，偏辭也；或擊之，自外來也。

上九居益之終，謀利過度，益而不已，必決，引發他人反彈，不但不能獲益，反而招致不可測的打擊。這是因為存心不正，偏私自利，結果必凶。「一日心為恒」，恆為常道，守常居正，「立不易方」。九五「有孚惠心」，愛人者人恆愛之；上九「立心勿恒」，為德不卒，反致傾敗。本爻變，為屯卦（䷂），動乎險中，資源又變匱乏矣！孟子談王道的仁心仁政，民有恆產斯有恆心，上九「莫益之，或擊之」，既無恆產，亦無恆心。

〈繫辭下傳〉第五章稱，子曰：「君子安其身而後動，易其心而後語，定其交而後求。君子修此三者，故全也。危以動，則民不與也；懼以語，則民不應也；无交而求，則民不與也。莫之與，則傷之者至矣！《易》曰：『莫益之，或擊之。立心勿恒，凶。』」偏私不正，偏狹不全，為致凶之由。九五「有孚惠心」，居心正，考慮周全，「勿問元吉」。

六二「或益之」，上九「或擊之」，〈小象傳〉皆稱「自外來」；六三「益之用凶事」，稱

「固有之」。「固有之」與「自外來」的關係，在无妄卦〈彖〉、爻中，闡析得很清楚而深入，具見前文。

綜觀益卦六爻，實為一集體做重大決策的過程，益卦後為夬卦，損卦前為解卦，人生解決問題，必須斟酌損益。《尚書・洪範》為大政規範，其中「明用稽疑第七」稱：「汝則有大疑，謀及乃心，謀及卿士，謀及庶人，謀及卜筮。」綜合徵詢考量各方意見，加權平均以為裁斷。「謀及乃心」，即益卦九五「有孚惠心」；「謀及卿士」，即六四「中行，告公從」；「謀及庶人」，即初九「下不厚事」；「謀及卜筮」，即六二「十朋之龜弗克違」。君意、官意、民意，再加上天意，真正做到了集思廣義。

《古文尚書・大禹謨》中記舜、禹君臣論政，禹稱：「德惟善政，政在養民，水火金木土穀惟修，正德利用厚生惟和。」益卦九五正德，六四、初九相為利用，君臣民和衷共濟，國家自然富強康樂。

益卦六爻也依次闡明施政的程序，下卦三爻求富強，振興經濟，上卦政治改革，與時俱進。台灣在民進黨執政的八年裡，完全悖離正道，後慘敗下台，不亦宜乎？初九民生經濟為一切之本，經濟凋敝，哪來的六三弱勢救助與社會福利？天天製造族群矛盾，何來六二的富而好禮？下卦無實力，立腳不穩，六四吵嚷台獨遷都，企圖借殼上市，如何「利用為依」？九五「有孚惠心」，陳水扁更差得太遠！貪瀆舞弊，身陷囹圄，正是「莫益之，或擊之，立心勿恒，凶」。

●一九八九年十二月中，我與出版公司老闆同赴大陸出差，出發前試占此行收穫？為益卦上九爻動，有屯卦（䷂）之象。「莫益之，或擊之，立心勿恒，凶」。我們與北京、上海的出版同業洽談，簽訂了不少合作項目，後來公司股爭及財務拖累，根本無力貫徹執行，未曾獲利，反遭對方責難怨尤，占象完全應驗。

●二〇〇〇年六月上旬，我們在新竹關西辦兩天一夜的研習營，我問授《易》九年多，所有學生資源之評估，為益卦上九爻動，有屯卦之象。「莫益之，或擊之，立心勿恒，凶。」看了頗為錯愕，證諸往後發生的一些事端，其言不虛。

●二〇一六年十月下旬，我一位特殊朋友談起大陸某奇人匪夷所思的神通，為事業方便計，想拜他為師，問我合宜否？占出益卦上九爻動，有屯卦之象。「莫益之，或擊之，立心勿恒，凶。」我勸他不必了，用心偏而不正不全，求吉反凶。再問那位靈通人士修為，得出无妄卦初、二、四、五爻動，四爻齊變成蒙卦。无妄為心念境界，修為夠了或能啟人蒙昧，但九五「无妄之疾」，〈小象傳〉稱：「不可試也！」讓人有些嘀咕。

多爻變占例之探討

以上為益卦卦、彖、象、爻全部理論及占例之闡析，往下再研究多爻變的情形。

占事遇卦中任意二爻動，若其中一爻值宜變，為主變數，以該爻爻辭斷占。若皆不值宜變，以本卦卦辭卦象為主，亦參考二爻齊變所成之卦的卦象卦辭論其吉凶。

●二〇一一年三月，日本福島發生大震災，震驚世界，我問：所有重大天災，真正深層的因由為何？為益卦五、上爻動，上九值宜變為屯卦，齊變則有復卦（䷗）之象。「有孚惠心」，不能持之以恆，「莫益之，或擊之」，遂成嚴重天災。這和佛教的看法相近，一切災難緣於人心不淨。

●二〇一〇年十月初，我們學會理監事改組，革故鼎新，我問未來三年的發展，為益卦五、上爻動，上九值宜變為屯卦，齊變為復卦。關鍵應在領導階層的用心，利他心發達即「元吉」，若轉為自私自利，將遭「莫益或擊」之凶。

●二〇〇九年十月下旬，國民黨縣市長選舉成績不佳，執政亮紅燈，我預占二〇一二年立委選舉會如何？為益卦五、上爻動，上九值宜變成屯卦，齊變有復卦之象。後來選得還可以，席次勉強過半，這應是立心「恆與不恆」交戰的結果。

●二〇〇一年十一月底，台灣政壇有拱馬英九代表藍營競選二〇〇四年大位的聲音，如這議題持續發酵，對他翌年台北市長連任之路，有妨礙否？我占得益卦初、四爻動，齊變有否卦之象。「遇益之否」，緣於九五君位未動，若動則成晉卦。連宋還在其位，輪不到馬出頭，功高震主，百般不宜。

●二〇一二年八月十五日，為二戰日本無條件投降的六十七週年紀念日，香港保釣船「啟豐二號」成功登上釣魚台列嶼，插旗宣布主權，我問往後情勢的發展會如何？為益卦三、五爻動，六三值宜變為家人卦，齊變成賁卦（䷕）。益卦「利有攸往，利涉大川」，六三「益之用凶事，无咎。有孚中行，告公用圭」；九五「有孚惠心，勿問元吉，有孚惠我德」。顯然不會有事，各方都會以互信緩解危機。賁卦為官樣文章，大事化小，小事化無，〈大象傳〉稱「明庶政，无敢折獄」，登陸港人不可能被判刑。果然兩天後，十四人全部釋放，占象立驗。

● 一九九七年八月初，我問物理學上所謂的統一場論，愛因斯坦終生的夢想，未來可不可能成功？為益卦初、五爻動，齊變有剝卦（䷖）之象。益卦〈彖傳〉稱：「益動而巽，日進无疆；天施地生，其益无方。凡益之道，與時偕行。」「无疆、无方」，「與時偕行」，所有空間沒有邊界，與時間息息相關，正是廣義相對論的主旨。剝卦「不利有攸往」，遇益之剝，少了承上啟下的六四這個環節，似乎不易成功。六四若動，三爻齊變，才成晉卦（䷢）。

● 二〇〇三年七月上旬，我們學會收到安陽方面邀請，參加十月舉辦的易學論壇，其時他們鬧內鬨，分裂成兩個機構打對台，同時開會別苗頭。我們決定分員兩邊都參加，不涉入他們內爭，卦象為益卦四、五爻動，有噬嗑卦（䷔）之象。噬嗑正是激烈鬥爭，益則「利有攸往，利涉大川」。「遇益之噬嗑」，雖氣氛尷尬，我們外人也只能如此。

● 二〇一〇年七月中旬，我籌備改組學會，考慮邀學生樓中亮中醫師任新理事，占得益卦二、五爻動，有損卦（䷨）之象。六二、九五相應與，「有孚惠心、有孚惠我德」，天意難違，「永貞吉」。毫無疑義，他也很明快就答應出任理事。

學會改組，主要還是內部紛爭不斷，不整頓不行，即便改組後，仍有些暗流激盪。二〇一一年三月下旬，我針對此患占測，為益卦三、上爻動，六三值宜變為家人卦，齊變則有既濟卦（䷾）之象。「益之用凶事」，為內憂；「立心勿恒」，為外患，內外相應與，難怪屢屢出事。「固有之」配上「自外來」，必得「思患預防」。

●二〇一二年元旦，我算德國全年運勢，為益卦初、上爻動，上九值宜變為屯卦，兩爻齊變為比卦（䷇）。當年歐債問題嚴重，德國以歐盟盟主之勢力挽狂瀾，頻頻召開國際會議，以謀紓緩。益卦初九「利用為大作」，本身有實力；上九「莫益之，或擊之，立心勿恒，凶」，救就救到底，切勿為德不卒。當年真是關關難過，關關過，「利有攸往，利涉大川」。

三爻變占例

占事遇卦中任意三爻動，以本卦為貞，三爻齊變所成之卦為悔，稱貞悔相爭，合參兩卦的卦辭卦象論斷吉凶。若三爻中一爻值宜變，加重考量其爻辭。

●一九九六年六月下旬，我問毓老師的本命為何？得出益卦初、四、五爻動，九五值宜變為頤卦，貞悔相爭成晉卦（䷢）。初九「利用為大作」，年輕時投身政治，六四「利用為依遷國」，壯年遷徙來台；九五「有孚惠心，勿問元吉，有孚惠我德」，晚年講經弘道，啟蒙後學。晉卦「自昭明德」，頤卦「聖人養賢以及萬民」，「遇益之頤之晉」，真是老師一生的寫照啊！

●一九九四年八月一日上午，我進府見李登輝，談了兩小時，他想上一對一的《易經》課，並約好三日晚間即開始。我在二日占算以後應對的吉凶，為益卦初、五、上爻動，貞悔相爭成坤卦（䷁）。初九「利用為大作，元吉，无咎」，九五「有孚惠心，勿問元吉」，他真心想學，我認真授課沒問題。上九「莫益之，或擊之，立心勿恒，凶」，則需注意防範，自古上書房為是非之地，我只單純教書就好。

●二〇〇七年十一月上旬，我的學生林獻仁幫溫世仁長子溫泰鈞籌辦公司，擬了四個名稱，請我去討論選定。其中三個卦象不佳，選中了「益群」為機構名稱，占象為益卦貞悔相爭成坤卦。益卦為益，坤卦為眾為群，天造地設，完全吻合。

●二〇〇九年二月中旬，他們再請我吃「同壽司」日本料理，問「益群創意」機構未來三至五年的發展，為益卦二、三、上爻動，貞悔相爭成需卦（䷄）。需卦健行遇險，得摸著石頭慢慢過河。益卦六二「永貞吉」，為奮鬥根底，六三、上九外來之凶需提防，往後發展態勢，大致如此。

●二〇一〇年四月下旬，我率學生赴湖北旅遊，抵武漢當晚即因腰背出問題，無法動彈，被迫在旅館中躺了五天，不能隨他們出遊。當時帶隊的理事長邱雲斌，為提高同學興致，要每人自占十年大運，我客舍中也起占，為益卦二、四、上爻動，貞悔相爭成兌卦（䷹）。兌卦〈大象傳〉稱：「君子以朋友講習。」益卦六二自外獲益，「永貞吉」，六四「利用為依遷國」，以台灣為根基，往外拓展；上九「莫益之，或擊之，立心勿恒」，則需警惕防範。「遇益之兌」，講經弘《易》的志業相當光明。

●二〇〇七年十二月中旬，我在高雄講十二回六十小時的〈繫辭傳〉，耕心藝術欣賞工作室的林小姐想請我整理講本，配合光碟出版，由我在學會工作的學生助理負責云云。我占得益卦初、四、上爻動，貞悔相爭成萃卦（䷬）。「遇益之萃」，既傳道又獲利，好當然好。益卦初、四相應與，上九「莫益之，或擊之，立心勿恒」，則需注意防範。後來此議未行，只出光碟，文字部分用我十年前書稿修訂，在北京出版。以前是用鋼筆寫稿，囑學生助理打成電子檔時，真的出狀況，他延誤進度，還把打字稿弄丟，被我嚴斥，應了上九不測之凶？

●二〇一〇年六月初，我在上海復旦大學授《易》畢，盤算月底高雄全《易》六十四卦班結業的功德。該班一卦講一整天，持續了三年半之久，定名為「二十一世紀易經饗宴」，算是浩大工程。占出益卦二、五、上爻動，九五值宜變為頤卦，貞悔相爭成臨卦（䷒）。益卦二、五相應與，九五「有孚惠心、有孚惠我德」，配合格局甚佳；臨卦「教思无窮，容保民无疆」。「遇益之臨」，功德無量。

●二〇一一年十月中旬，我們一行六人赴西藏旅遊，首日由北京飛西寧，在塔爾寺參觀。其中一幅酥油花繪製的地獄眾生相，為冠軍作品，我占其意境，為益卦三、五、上爻動，九五值宜變為頤卦，貞悔相爭成明夷卦（䷣）。明夷卦晦暗痛苦，「利艱貞」，真似地獄之象。益卦三、六相應與，「莫益之，或擊之，立心勿恒」遭凶；九五「有孚惠心」，大慈大悲愛顧眾生。「遇益之明夷」，眾生貪癡受苦，菩薩悲憫無盡。

●二〇一二年十一月中旬，歐巴馬連任美國總統，我問中美未來十年的關係，為益卦初、二、上爻動，貞悔相爭成坎卦。雙方往來不脫彼此國家利益的考量，坎卦的風險在於「莫益之，或擊之，立心勿恒，凶。」坎稱「習坎」，又與習近平主政的十年有關。

●二〇一五年十二月下旬，《劉君祖易經世界》一套十冊出版，大塊文化幫我在國家圖書館的國際會議廳舉辦新書發表會，郝明義先生親自推薦，我還請了媒體人尹乃菁敘述因緣，學生王蘭生負責司儀，還找台灣國樂團的一對俊男美女上台演奏，場面很熱鬧。之前占為不變的復卦，「見天地之心」；之後總結為益卦二、三、四爻動，六四值宜變為无妄卦，貞悔相爭成乾卦。「益動而巽，日進无疆」，「元亨利貞，自強不息」，當然好極！

四爻變占例

占事遇卦中任意四爻動，以四爻齊變所成之卦的卦辭卦象斷占，若其中一爻值宜變，稍加重考量其爻辭所造成之影響。

●一九九七年五月下旬，社會大學基金會的老友邀我主持「五經學院」，正式脫離苟延殘喘的出版公司。我問吉凶，為益卦初、二、四、五爻動，四爻齊變成未濟卦（䷿）。益卦初、四，二、五皆相應與，契合勝任沒問題，「未濟」卻畢竟不成。「遇益之未濟」，必有緣由。我未積極回應，沒多久，社大經營出了紕漏，一切自成泡影。

●二〇〇六年六月上旬，我在美國的小姨子被迫離開待了十五年的ASI電腦銷售公司，她一邊找事，一邊問我未來的工作前景。我占得益卦二、三、五、上爻動，齊變成泰卦（䷊），益卦六三值宜變為家人卦。「遇益之泰」，應該任事亨通。益卦二、五相應與極佳，三、上相應則有挫折，需小心應付。幾月後，她由休士頓轉赴洛杉磯任新職；三年後又被裁員，然後又找到不錯的新工作，全如占象所示。

●二〇一〇年十一月，我過五十八歲生日，內人問次年要不要過六十花甲大壽？所謂「男過進，女過滿」，一般多是如此。我心中是想過整生，無意提前，占問二〇一二本命龍年再過如何？為益卦二、三、五、上爻動，六三值宜變為家人卦，四爻齊變成泰卦（䷊）。「遇益之泰」，與家人同慶，孰謂不宜？兩年後的十一月，周易學會在八里大唐溫泉物語辦秋研營，十幾位學生精心撰述以謙卦為主題的論文，順便致意慶生。接著兩天，富邦的高端學生邀約共赴日月潭雲品酒店住宿遊覽，晚上還聆聽欣賞胡乃元的小提琴演奏，情義殷殷，令人感動。

●二〇一一年三月下旬，我們周易學會的電子報籌劃出兩期紀念毓老師逝世的專號，組稿圖文相當用心，我占得益卦初、四、五、上爻動，齊變成豫卦（䷏），上九值宜變為屯卦。豫卦「雷出地奮」，崇德報功，「遇益之豫」，切合情理。前三爻變占例中，我占毓師本命為「遇益之晉」，和此占只差上爻沒動。上九「立心勿恒」，宜當警惕，勿忘初衷。

43.澤天夬(䷪)

夬卦為《易經》第四十三卦，在損、益之後，在姤之前，與姤一體相綜。〈序卦傳〉稱：「益而不已必決，故受之以夬。夬者，決也。決必有所遇，故受之以姤。姤者，遇也。」「益」字為皿中溢流，任何容器有其限量，裝過量了就會溢出。例如水庫儲水過多，超過安全警戒線，會造成壩體潰決，必須及早宣洩，「夬」為分決之意。上游放水，一定造成下游水位暴漲，有氾濫淹水之虞。「姤」為不期而遇，會引發甚麼後果，難以預知，必須做好危機防治的準備。

夬卦也是集思廣義以做重大決策，高層拍板定案前，必須考量廣大基層的承受度及可能的反應，以免造成危機。夬卦卦象一陰浮於五陽之上，向上有明顯的缺口，所蓄資源即從該處溢出，「水夬」為決、「缶夬」為缺、「玉夬」為玦、「言夬」為訣、「心夬」為快，意境頗堪玩味。

〈雜卦傳〉中夬卦為最後一卦，而且跟姤卦也不連接一起，都是在末法亂世顯示之象，所有變動，幾無規律可循：「大過，顛也。姤，遇也，柔遇剛也……未濟，男之窮也。夬，決也，剛決柔也，君子道長，小人道憂也。」自然卦序終於未濟，成住壞空，終而復始。〈雜卦傳〉卦序以撥亂反正、提振人文精神為宗旨，在未濟卦之後以夬卦終之，總期正道戰勝邪惡，而回歸天道。夬卦五陽對決一陰，剛決柔後，又接回六陽純剛的乾卦。

〈繫辭下傳〉次章談文明的演化，舉了十三個卦象，夬卦也居最後：「上古結繩而治，後世聖人易之以書契，百官以治，萬民以察，蓋取諸夬。」居首的為離卦，做為漁獵時代網絡的象徵：「古者包犧氏之王天下也……作結繩而為網罟，以田以漁，蓋取諸離。」從結繩開始，到發明書契文字，顯示文明的精奧演進。有了文字記載以備遺忘，政府官吏可根據典章治理天下，老百姓也按部就班過生活。夬卦卦形似鐫刻符號，日積月累儲存信息，成為文明遺產，一代傳一代發揮效益。卦序由解卦，經損、益二卦而夬卦，即顯示斟酌損益以解決問題的歷程。《易經》卦爻與結繩有關，由符號衍生成經文，透過問題求解的方式，世世代代為人所閱讀遵行，就是最好的例證。

〈繫辭傳〉文明十三卦的次序，夬卦之前為大過卦，有棺槨之象，代表死亡。如此便知，夬卦的書契文字有其永恆性，歷久彌新，傳世不絕。東漢許慎作《說文解字》，後「敘」中即引此段說明：「黃帝之史倉頡見鳥獸蹏迒之迹，知分理之可相別異也，初造書契，百工以乂，萬品以察，蓋取諸夬。」

帛書〈易傳〉的〈繫辭傳〉此章此段，稱「蓋取諸大有」，而非「取諸夬」。大有與夬義可相通，皆為五陽一陰的卦，大有為大家皆有的公共財，藉此「遏惡揚善，順天休命」，而獲「元亨」。其實以卦中卦的理論來看，大有卦初至五、二至五爻，皆互成夬卦，確實含有書契之象。

離卦有網罟之象，人生行事都在重重網絡之中，方便取得資源，同時也受限制。夬卦則有衝決網羅、另創新猷之義，英譯夬卦為breakthrough，深得其旨。

夬卦卦辭：

揚于王庭，孚號有厲。告自邑，不利即戎，利有攸往。

夬卦卦辭為集思廣義的場景。君王在朝廷召開會議，將問題的相關信息提出公開討論，真誠告知大家風險所在，提醒別立刻發動戰事，慢慢研議最好的解決方法。清代康熙大帝的庭訓：「戒急用忍，決定不移。」正是過來人的經驗之談，值得所有決策者遵循。

夬卦的錯卦為剝卦，卦辭稱「不利有攸往」，五陰剝一陽，五個字的工夫即滅盡。夬卦五陽決一陰，卦辭多達十九字，最後才「利有攸往」，可見不易。陰長陽消，很快覆滅，陽長陰消，很久才搞定，箇中原理值得深思。

〈彖〉曰：夬，決也，剛決柔也。健而悅，決而和。揚于王庭，柔乘五剛也；孚號有厲，其危乃光也。告自邑，不利即戎，所尚乃窮也；利有攸往，剛長乃終也。

夬卦內乾健、外兌悅，堅持和平解決陰陽剛柔的矛盾，卦象一柔乘於五剛之上，據隅頑抗，必須宣揚天下將之解決。真誠提醒大家有風險，審慎應付，危險才能重見光明。告知內部成員勿輕易發動戰事，是擔心所崇尚的和平解決目標因而無法達成。其實，五陽對決一陰，已佔壓倒性優勢，只要不慌不忙，緩緩推進，等到陽剛力道再成長，就可圓滿終結陰陽對峙的局面。

〈象〉曰：澤上于天，夬。君子以施祿及下，居德則忌。

夬卦上兌為澤，下乾為天，有澤水高漲下瀉之象。居高位的君子應效法此象，布施利祿於下民，這是為所當為，倘若居功居德，則是為政大忌。

夬卦之前為益卦，九五「有孚惠心，勿問元吉」；謙卦九三勞謙不伐，有功而不德，皆為典範。夬卦之錯卦為剝卦，居上位者勿剝削基層，〈大象傳〉稱「上以厚下安宅」。「剝」字為刀削利祿，「夬」則將己祿分人，陰陽消長之勢不同。

占例

●二〇〇五年元旦我作一年之計，問自己全年的身體保健如何？為不變的夬卦。陽剛之氣頗盛，唯一的弱處應在頸椎處，得好生注意調護。以身體易觀之，易卦六爻從下到上，約當踝、膝、跨、腰，椎、頸六處關節。夬卦一陰乘於五陽之上，九五、上六間的關係不正，需和順調適，方得無咎。那時我的確為右臂痠麻所苦，病因是在頸椎，也接受中西醫各種方式治療。

䷪

初九：壯于前趾，往不勝為咎。

〈小象傳〉曰：不勝而往，咎也。

初九為夬之初，居最基層，在「不利即戎」的約束下，當然不宜輕舉妄動。若衝動率先前進，不能取勝而獲咎責。人生別打沒把握的仗，何況夬卦本居必勝優勢，竟因莽撞輸掉，豈可原諒？本爻變，為大過卦（䷛），嚴重失誤而至傾覆。

大壯卦四陽積聚，初九稱「壯于趾」；夬五陽更強，初九「壯于前趾」。多一「前」字，更見勇往直前之志，但仍宜體察大局，不可衝動敗事。

占例

●二〇〇八年元月上旬，我問謝長廷全年運勢，為夬卦初九爻動，有大過之象。「壯于前趾，往不勝為咎」，果然他代表民進黨與馬英九競選，於三二二的選戰中大敗，宣稱退出政壇，其後反悔，卻自此一蹶不振，失去了號召民眾的影響力。

當年三月中旬，國民黨以費鴻泰為首的四名立委，闖入謝長廷競選總部，所謂踢館事件爆開，影響馬英九選情甚鉅。我占測影響有多大？為夬卦初九爻動，有大過之象。「壯于前趾，往不勝為咎」，糊塗衝動，本來必勝的局勢有顛覆之憂。然而接著民進黨也犯錯，杜正勝的主任秘書莊國榮，以低俗言辭辱罵馬英九，社會反應極差，國民黨的民調急速回升，最後仍大勝過關。

●二〇〇一年十一月中，我問下月立委選舉後，若執政的民進黨成了第一大黨，台灣民眾的生活會改善嗎？為夬卦初九爻動，有大過之象。「遇夬之大過」，決策造成顛覆，自此民生多艱矣！結果不幸而言中，民進黨真成了第一大黨，台灣的基層生計也日益窘困。

九二：惕號，莫夜有戎，勿恤。

〈小象傳〉曰：有戎勿恤，得中道也。

九二陽居陰位，剛而能柔，又居下卦之中，不會再犯初九衝動的毛病。兵法欲攻敵前，先求立於不敗之地，為防敵人夜裡來偷襲，警惕號令，嚴加戒備，讓人無機可乘，如此則不用擔心。本爻變，為革卦（䷰），必勝的優勢下，須防翻盤逆轉的鉅變。「莫夜有戎」的「莫」，即同「暮」字，原意為落日於草叢中的景象，黑夜不安全，教人別去那兒徜徉，又有「莫」的勸止之意。後來字不夠用，再加上一日字以區分，「暮」反而跑出兩個夕陽來了！

占例

●二〇〇三年四月底，國親兩黨整合成功，宣布連宋合，參選角逐大位，氣勢高漲，我占其勝算，居然為不變的剝卦，已於前述。驚異之下，犯規再筮以確認，為夬卦九二爻動，有革卦之象。「惕號，莫夜有戎，勿恤。」夬本為必勝之局，卻需謹防敵人發動奇襲，而生驚天動地的鉅變。翌年三一九槍擊案爆發，陳水扁果然逆轉勝，易占顯象，每每能見人之所不見，聞人之所不聞。

●二〇〇四年五月中，陳水扁勝選將即位，其時不少人主張國民黨應修改對台灣主權的定位，甚至將政黨名稱去掉「中國」二字，以迎合本土化的趨勢。我在受邀去見連戰前，占問這種主張正確否？為夬卦九二爻動，有革卦之象。「惕號」，「有戎勿恤，得中道也」。顯然還是不作更動為宜，這才是長遠立於不敗之地的做法。

●二〇一一年元月中旬，我問《淮南子》的價值定位，為夬卦九二爻動，有革卦之象。「惕號，莫夜有戎，勿恤。」剛決柔，革故鼎新，「不利即戎」，切合淮南王劉安欲取代漢武之事。同樣問題我在一九九九年六月底已算過，當時為乾卦（䷀）初、二爻動，有遯卦（䷠）之象。乾為君，遯無立足之地，淮南王雖有想法，大事畢竟不成。由「潛龍」而「見龍在田」，無法「飛龍在天」，就在地方上鬧鬧而已。該書文辭雖豐美華麗，實踐力道不足啊！

䷪

九三：壯于頄，有凶。君子夬夬，獨行遇雨，若濡有慍，无咎。

〈小象傳〉曰：君子夬夬，終无咎也。

九三過剛不中，和上六相應與，在剛決柔的情勢中角色微妙，又是下卦民間身分，便於做和談密使，私下與上六見面。「頄」為顏面顴骨處，「壯于頄」為怒形於色，九三若如此則凶，有礙於秘密任務的執行。剛決柔的談判耗時，「夬夬」即決而又決，為了最終無咎，必須低調忍耐，暗中進行。「獨行」為一人前往，「遇雨」，則企圖與六三達成共識和解。「遇」即姤卦的不期而遇，夬、姤相綜，夬中有姤，表面開會議決，暗中仍透過私下管道聯繫，以取得最大的談判效益。既然「遇雨」，就可能被打濕而遭人懷疑，心中慍怒卻不能承認，以免壞事。本爻動，恰值宜變成兌卦（䷹），為對口談判或兩情相悅。說透了，以男女關係來解，此爻實即偷情之意，真正是夬中有姤的行為。

占例

●二〇〇〇年三月十八日，台灣跨世紀大選當日傍晚，已陸續在開票中，我作最後確認，問陳水扁的勝算，為夬卦九三爻動，恰值宜變成兌卦。兌卦「亨利貞」，有煽動民眾之意，「遇夬之兌」，在激烈選戰中別走蹊徑而勝出。結果，他以三十萬票領先宋楚瑜而獲勝。

三月二十二日，我問陳水扁勝選後的前途，居然得出夬卦初九爻動，有大過之象。「壯于前趾，往不勝為咎。」僥倖當選後，一連串決策失宜，造成內外種種危機，漸至傾覆。「大過，顛也」，是因為負載過重，看來實非治國之才啊！

九四：臀无膚，其行次且。牽羊悔亡，聞言不信。

〈小象傳〉曰：其行次且，位不當也；聞言不信，聰不明也。

九四陽居陰位，處高不正，九五之君為了和平解決上六的問題，重用九三為密使，將九四排除在決策圈以外，讓他非常尷尬。「臀无膚」，坐立不安；「其行次且」，進退兩難。雖然如此，仍不得脫離團隊，與陽剛同志一致行動，可免生悔。往後他所說的話沒人相信，因為大事由九五跟九三決定，他情報不靈通，始終在狀況外。九四爻變，為需卦（䷄），健行遇險，得耐心等待，期望有朝一日安渡彼岸，「有不速之客三人來」。其實，九四的角色有其政治需要，可引開外人的注意，掩護九三進行秘密談判。

再以情色觀點分析，夬卦九四涉及同性戀的互動描寫，爻變需卦，表示他們有此需求。「且」為陽根，「次」為留置停駐，如「師左次」之次，「其行次且」，前接「臀无膚」，這是所謂「後庭花」的親密互動。夬卦剛決柔，九四陽居陰位，類比同性關係中扮演女性的角色。姤卦柔遇剛，九三亦稱「臀无膚，其行次且」，夬、姤相綜一體，夬卦九四即姤卦九三。

大壯卦（䷡）初至五、二至五爻，互成夬卦，兩卦皆有羊之象。夬卦九四相當於大壯卦九三及九五，「羝羊觸藩，羸其角」、「喪羊于易」，皆遇困阻，可見牽羊之舉相當不順利。

占例

● 二〇〇八年八月八日父親節，我赴高雄授課，晚上在旅館中關心兒子高中聯考成績，問他有無可能錄取較佳學校？為夬卦九四爻動，有需卦之象。「臀无膚，其行次且」，「位不當也」，看來發榜分數不夠，無法進入他心目中的第一志願，沉潛三年，才考上政大會計系。

● 一九九〇年五月初，我還在那家出版公司服務，老闆想整合資源，振衰起弊，籌議新覓大辦公室。有次我們一起去看了一處台塑企業的樓層，寬敞明亮，初步敲定。我回到舊辦公室後，愈想愈不安，租金那麼高，我們怎麼付得起？占得夬卦九四爻動，有需卦之象。「臀无膚，其行次且」，「位不當也」。實在不合適，遂力勸老闆打消了原議。後來在台北近郊的新店工業廠房區，找到合適的樓層，母公司擇期喬遷，開始了一段奮勵中興的商戰歲月。

九五：莧陸夬夬，中行无咎。

〈小象傳〉曰：中行无咎，中未光也。

九五中正居君位，上六陰乘陽，彼此關係曖昧，〈小象傳〉稱「未光」。夬卦剛決柔，九五必須以身作則，下定決心處理好陰陽交際的關係，依中道而行，改過而獲無咎。爻變為大壯卦（䷡），「非禮弗履」，利貞知止，切勿感情用事。處理時，身在君位動見觀瞻，頗有不便，就找九三代表，與上六密談，多交換意見後，敲定解決方案。三與五「同功而異位」，兩爻爻辭中皆言「夬夬」，決而又決，反覆磋商，以求出最佳結果。

九三稱「獨行」，九五稱「中行」，先「獨」而後「中」，完全合乎《中庸》所稱的進德修業的程序：「莫見乎隱，莫顯乎微，故君子慎其獨也。喜怒哀樂之未發，謂之中，發而皆中節，謂之和。」三與五「同功而異位」，由獨而中，達到「決而和」的最高目標。落實在談判策略上，九三「獨行」，即設定陽方底線，去與上六談；上六未必會接受，也提出陰方的條件，九五聽取九三報告後，兼顧陰陽平衡而作最後裁決，即為「中行」。

「莧陸」是一種野菜，又稱馬齒莧，居陰濕之地，性喜陽光，一般在夏日清晨開花，過午急速凋零。若採摘下來培養，一離開母株，會了無生趣，奄奄一息。鄉下農家養豬，常採莧菜餵食，不但小豬仔吃後長得快又壯，母豬也能分泌更多乳汁供豬仔吃，俗稱豬母乳草。夬、姤一體相綜，夬卦九五、上六的關係，顛倒過來，就是姤卦初六與九二的關係。姤卦初六以瘦弱的野豬為象，拚命勾搭九二，期待餵食莧草而快速壯大。姤卦為外遇的危機，夬卦九五須圓滿解決，免貽後患。莧菜生長的時間，約當每年陰曆三到五月，正和夬、姤二卦的消息月相當，可見《易經》取象合乎自然。

以西洋星座比證，夬卦約當牡羊座，姤卦約當雙子座，有興趣者可以比較其相通處。

占例

● 二〇〇四年三月下旬，陳水扁因三一九槍擊案勝選連任，輿論譁然，我問該疑案有無真相大白的一天？得出夬卦九五爻動，有大壯之象。「莧陸夬夬」，「中未光也」。夬為陰陽大對決，君位之決頗有隱情，大壯為陰曆二月的消息卦，恰為選舉時日。夬又是集思廣義的書契之象，事後大家議論紛紛，還從美國請了神探李昌鈺來台，勘查案發現場，仍難定案。夬為剛決柔，何時方能「君子道長，小人道憂」？易占亦未明確開示，「不利即戎，利有攸往」，再看以後能否突破吧！

●二〇一一年四月中，我的新書《一次看懂四書》將辦發表會，有不少企業家學生捧場，也安排了幾人上台推薦，以及我一個多小時的綱要介紹。我於會前占問成效，為夬卦九五爻動，有大壯之象。「莧陸夬夬，中行无咎」，「施祿及下，居德則忌」。國人誤解《四書》精義由來已久，以訛傳訛，不易在短時間內駁正，盡力講清楚就是，詳細論證讓他們去看書吧！

一九九八年九月中，富邦企業班籌議開班時，我即有占，剛好也是「遇夬之大壯」。易理深奧，短時難明，針對這些高層經營者，能儘量強化他們的決策力，就算有功德了！

●二〇一一年十月中旬，我們一行六人結伴赴西藏遊覽，在拉薩用餐某夜，我覺得排尿不順，牽動有些便秘不適，怕耽誤往後辛苦行程，自占無礙否？為夬卦九五爻動，有大壯之象。「益而不已，必決」，剛好在溢流的出口處有狀況，「大壯則止」，急躁不得，「中行无咎」。一路小心翼翼，終於沒事。

●二〇〇二年四月下旬，我一對學生夫婦來我家拜訪，先生角逐美商公司在台負責人失利，他面臨前途抉擇。若留台北受人指揮，為同人卦（䷌）上三爻全動，上九值宜變為革卦（䷰），貞悔相爭成明夷卦（䷣）。「同人」親和不成，反成「明夷」內心痛苦。同人卦九五戰勝稱王、九四表面輸誠、上九「志未得」，描寫高層人情歷歷如繪。若去北京分公司，為夬卦九五爻動，有大壯之象。「莧路夬夬，中行无咎」，正當夬卦陰曆三月，去中國大陸而獲無咎？若乾脆提前退休，為頤卦（䷚）六二爻動，恰值宜變成損卦（䷨）。自養不足，徒然損失辛苦，太不上算。綜合來看，去中國大陸還可行，他們也做了這樣的決定。該生當年角逐大位一役，見訟卦上九占例說明。

䷪

上六：无號，終有凶。

〈小象傳〉曰：无號之凶，終不可長也。

上六為夬之終，一陰乘於五陽之上，雖利用和九五、九三的關係爭取利益，苟延殘喘，畢竟不能拖得太久，最後仍得屈服。爻變為乾卦（䷀），〈彖傳〉末稱「剛長乃終」，結束了陰陽對峙的局面。上六居外卦兌口之處，悲傷號泣，也不能挽回敗局。

占例

● 一九九三年六月下旬，由於出版公司財務困擾不斷，我發傻想換掉主管財務的經理，以昭公信。占問吉凶，為夬卦上六爻動，有乾卦之象。「无號，終有凶」，「終不可長也」。逼人到窮絕之地，必遭反彈，一定討不了好，趕快打消為妙。

一九九六年二月上旬，出版公司股爭再起，我閒散已近兩年，雖是坐山觀虎鬥，還是問是否會受波及？為夬卦上六爻動，有乾卦之象。「无號，終有凶」，「終不可長也」。還是會受波及，而且相當負面，總之公司只是暫憩而已，絕非長久之地。

● 一九九七年八月底，我問：孔子作〈十翼〉以闡發易理，對易道的貢獻如何？為夬卦上六爻動，有乾卦之象。這個占象很妙，不宜直接從爻辭論斷，〈易傳〉無致凶之理。「夬」為書契之象，「百官以治，萬民以察」，從伏羲畫卦到卦爻辭俱備，已積累了「澤上于天」的豐厚資源。孔子作〈十翼〉闡明易理，再補上最後一個缺口，變成彰顯天道、圓融無礙的乾卦，從此貞下起元、運轉不息矣！

綜觀夬卦六爻，為達和解目標，用盡斡旋心力，爻際的微妙互動，值得揣摩研習。兩岸問題的和平解決，亦可從中得到啟示。胡錦濤剛上台時，被問及台海之事，曾說了九個字：「爭取談，準備打，不怕拖。」即全合夬卦之象。外卦兑悦，爭取談；內卦乾剛，準備打；「不利即戎，利有攸往」，不怕拖。

多爻變占例之探討

以上為夬卦卦、彖、象、六爻之理論闡析及占例說明，往下探討更複雜的多爻變的情形。

二爻變占例

占事遇卦中任意二爻動，若其中一爻值宜變，為主變數，以該爻爻辭為主論斷吉凶。若二爻皆不值宜變，以本卦卦辭卦象為主，亦參考兩爻齊變所成之卦的卦象。

●二〇一〇年七月上旬，我問台灣的資訊電子產業十年內能否自創品牌成功，擺脫只幹代工粗活的劣勢，為未濟卦九二爻動，有晉卦之象。顯示仍陷下卦坎險之中，難以掙脫。再問如果結合大陸資源一起奮鬥呢？為夬卦初、五爻動，九五值宜變成大壯卦，齊變則有恒卦（䷟）之象。「夬」是集思廣義尋求突破，初九基層力道不足，「往不勝為咎」；九五「莧陸夬夬」，「中未光」，高層領導顧忌尚多，撒不開手。「遇夬之恒」，還需要更長時間持之以恆的奮鬥，才有績效呈現。

●二〇〇六年二月下旬，我整理〈繫辭傳〉書稿，占問下傳第十章的主旨，為夬卦初、五爻動，九五值宜變成大壯卦，齊變有恒卦之象。夬有書契之象，積累豐富，「百官以治，萬民以察」，可長久研習，永遠開發不盡。「《易》之為書也，廣大悉備。有天道焉，有人道焉，有地道焉，兼三才而兩之。」恒卦〈彖傳〉稱：「聖人久於其道而天下化成。觀其所恒，而天地萬物之情可見矣！」「遇夬之恒」，《易》為千秋萬世的精奧寶典。

●二〇〇五年八月上旬，占問〈繫辭上傳〉第二、三章的主旨，為夬卦三、四爻動，有節卦（䷻）之象。夬為書契之象，節為準則規範，「遇夬之節」，這兩章將《易經》基本用詞作了定義，方便研易者依循：「吉凶者，失得之象也；悔吝者，憂虞之象也……彖者，言乎象者也；爻者，言乎變者也……无咎者，善補過也。」

●二〇〇一年元旦，我做一年之計，問與主持社會大學基金會的老友的關係，為夬卦三、四爻動，有節卦之象。夬卦有決絕之象，節卦則資源有限，得謹慎運用。「遇夬之節」，長期的友誼似乎到了一個轉折點。夬卦九四「其行次且，位不當」，九三「獨行遇雨，終无咎」，彼此都得小心互動，以維持來得不易的關係。

● 二〇〇五年六月下旬，我問三年之內的中美關係，為夬卦初、三爻動，齊變有困卦之象。夬為澤上於天，困為澤中無水，「遇夬之困」，顯然兩大之間存在頗多問題。夬卦企盼和解，初九「往不勝為咎」，不宜衝動；九三「夬夬，獨行遇雨，若濡有慍」，透過各種管道接觸協調，以緩和緊張。

● 二〇〇九年八月底，我結束了為期一年半共三十六堂的《春秋》課，占問教學績效如何？為夬卦初、三爻動，有困卦（䷮）之象。夬為書契之象，《春秋》大義極為豐富，初九「往不勝為咎」，學生薰習尚淺，難以理會；九三「夬夬，獨行遇雨，若濡有慍」，可能少數人略窺門徑。整體來說，還是困局，收效有限。

● 二〇〇六年元旦，我作一年之計，問當年的台灣社會景況，為夬卦三、五爻動，九五值宜變成大壯卦，齊變則有歸妹卦（䷵）之象。夬卦「剛決柔，君子道長，小人道憂」。九三、九五「同功而異位」，都想解決壓在眾陽之上的一陰上六，「中未光」，指的還是陳水扁的涉嫌貪瀆舞弊。當年疑案一一揭發，下半年起爆發反扁紅衫軍的狂潮，雖未能立刻扳倒他，影響所至，使兩年後民進黨下台，陳也鋃鐺入獄。大壯、歸妹二卦激情無限，當年台北街頭群聚的抗議人潮，讓人印象深刻。

● 一九九四年四月中，出版公司劇變在即，還有內憂，不好擺平，做郵購行銷的協理想效法直銷部門業績抽成，跟我提條件。我各方應付，已是心力交瘁，問如何應對？為夬卦三、五爻動，九五值宜變成大壯，齊變有歸妹之象。夬為聚議談判，希望和平獲致共識，九五明示公司應有立場，九三私詢雙方皆可接受的條件。談是談了，不久換人在新形勢下主導，一切又得重議，我也不再關切此事。

稍前的三月上旬，我還替一位曾貸款卻被連續跳票的人士占問吉凶，為夬卦初、上爻動，初九值宜變成大過卦，齊變則有姤卦（䷫）之象。「遇夬之大過之姤」，莽撞決定於初，「无號有凶」於終，陷入傾覆危機，又怪得誰來？五月上旬，面臨攤牌時，我四處孤立無援，也想到他，占象為比卦（䷇）六三爻變成蹇卦（䷦）。「比之匪人，不亦傷乎？」弄得包袱深重，蹇困難行，我跟他都一樣缺乏智慧啊！

●二〇〇九年六月上旬，我的小姨子離開美國ASI電腦公司後，又在 New Egg 公司謀到經理職，問我未來五年她的工作發展。我占得夬卦初、四爻動，齊變有井卦（䷯）之象。初九「往不勝為咎」，九四「其行次且，位不當；聞言不信，聰不明」，明顯難以發揮。井卦前為困卦，後接革卦，還得用心另求發展。幾年後，她又遭裁員，再換了一家公司任職。

一九九二年九月下旬，我問自己與出版公司的緣分，為夬卦初、四爻動，有井卦之象。「遇夬之井」，決非長久騰飛之地，但在當時恐難看清啊！

●一九九六年元旦，我做一年之計，問我與李登輝的對應關係，為夬卦二、五爻動，九五值宜變成大壯卦，齊變則有豐卦（䷶）之象。九二「惕號」，「勿恤」，自保不敗是我；九五「莧陸夬夬」，「中未光」是他，遙遙相對。豐卦內離明，我有智；外震動，他有權；「明以動」，才有豐功偉業。「遇夬之豐」，意蘊深長，卻又不能強求。當年李連配勝選後，台灣政局多紛擾，第二季後《易》課未繼續，嚴格講，我還欠他七堂預定的課沒上，下輩子再講吧！

●二〇〇九年十一月上旬，我問周易學會翌年的發展，為夬卦二、五爻動，九五值宜變成大壯卦，齊變則有豐卦之象。結果翌年人事紛擾不斷，我決定改組整頓，理事長換人，「惕號」，「有戎勿恤」，以保不敗。

●一九九七年間，我的一名學生戲問「威而剛」治陽痿真有效否？為夬卦四、五爻動，九五值宜變成大壯卦，齊變則為泰卦（䷊）。夬為剛決柔，九五為陰陽交際最前線，服藥後變大壯即陽壯，似發情的公羊往前衝刺，配合九四齊變成泰，陰陽和合，天地交泰。顯然有效，但也別忘了卦辭的囑咐：「不利即戎，利有攸往。」服藥後得靜待一段時間，才能行事，還得戒急用忍。

●二〇〇六年七月上旬，我給學生講三十六計與《易經》的關係，其中「釜底抽薪」為夬卦四、五爻動，九五值宜變成大壯卦，齊變為泰卦。夬卦五陽熾盛，欲消火降溫，得抽去薪柴，變成四陽、三陽而致中和，正所謂揚湯止沸，莫不如釜底抽薪。

●二〇〇一年中，我的學生邱雲斌好友的母親臥病住院一個月，並非重病，就是虛弱。他問病情發展，為夬卦二、三爻動，齊變有隨卦（䷐）之象。夬為剛決柔，九二「有戎勿恤」，九三「君子夬夬，終无咎」；隨卦「元亨利貞，无咎」。「遇夬之隨」，應該不錯。老人家一週後出院，至今康健，九十餘矣！

●二〇一七年六月中旬，我一位大陸學生寄贈「河南新鄭具茨山天書」的考古資料給我，許多專家現地考察後，認為是距今四千五百年前軒轅黃帝時期的古文字畫，可能與《易經》有關。我占其內涵，為夬卦二、四爻動，齊變有既濟卦之象。夬卦為書契之象，「百官以治，萬民以察」；既濟為謀事成功的經驗。天書契刻於山岩石壁上，信息大致如此。

占事遇卦中任意三爻動，以本卦為貞，三爻齊變所成之卦為悔，稱貞悔相爭，合參兩卦卦辭卦象論斷。若三爻中一爻值宜變，加重考量其爻辭。

- 二〇〇四年六月中旬，三一九槍擊案餘波盪漾，藍營提出司法驗票訴求，我問吉凶，為夬卦初、二、四爻動，貞悔相爭成蹇卦。「遇夬之蹇」，想循此方式解決爭議，恐怕很難。夬卦初九「往不勝為咎」，九二「惕號」，「有戎」，勉強自保；九四「其行次且，位不當也；聞言不信，聰不明」，這些狀況後來都出現，藍營無法挽回敗績。而且當時算綠營吉凶，為不變的鼎卦，掌朝政者優勢不動，民與官鬥註定要輸。
- 二〇一〇年三月中旬，台灣社會又起廢除死刑的爭議，我個人反對廢除，占問若廢合宜否？為夬、蹇貞悔相爭，按前例分析，至少在台灣行不通。再問若不廢除死刑呢？為小畜卦（䷈）二、三、五爻動，貞悔相爭成頤卦（䷚）。小畜卦「密雲不雨」雖悶，九二「牽復吉」、九五「有孚攣如」，照顧人情，義理周全。頤卦「貞吉」，呈現相對穩定的生態。「遇小畜之頤」，養民通情合理。
- 二〇〇六年三月上旬，我的一名學生從北印度靈修返台，極力推薦我去參加。我興趣不大，占問得夬卦初、二、四爻動，貞悔相爭成蹇卦。「遇夬之蹇」，還是不去為宜。雖然如此，蹇卦卦辭「利西南，利見大人」，〈大象傳〉又稱「反身修德」，倒與印度道場方位相合，只是我真的志不在此。

●二〇一一年元月中旬，我問幾位政治人物的年運：蔡英文為夬卦初、二、上爻動，貞悔相爭成遯卦（䷠）；馬英九為乾卦（䷀）初、五、上爻動，上九值宜變為夬卦，貞悔相爭成恒卦（䷟）。「遇夬之遯」，由決策者的地位引退；「遇乾之恒」，持續領導統御，維持恆久穩定。一年後的大選，馬以八十萬票差距擊敗蔡而獲連任，蔡隨即辭去民進黨主席之職。

●一九九六年十月下旬，我占問老友社會大學負責人的「本命」，為夬卦二、三、四爻動，貞悔相爭成屯卦（䷂）。夬卦積累資源以求突破，九四「其行次且，位不當」；屯卦草莽闖蕩，動乎險中。「遇夬之屯」，人生險難不少，喜歡開創新局，落實卻未必平順。社大事業曾開風氣之先，也辦得紅紅火火，最後還是以失敗告終。

二〇一〇年二月初，我又患牙疼，讓醫生診治後，面臨一些選項。若做最昂貴的植牙手術，為夬卦二、三、四爻動，貞悔相爭成屯卦。夬為分決，九四「其行次且，位不當」，屯為新生，動乎險中。藉植牙而求新生，占象未見佳善，遂未採行。

二〇〇八年初，我的學生林獻仁占問：當年世界文明的景觀如何？為遇夬之屯。九月中金融風暴爆發，世界經濟變色，上游水庫坼裂洩洪，下游氾濫成災，彷彿又回到資源匱乏的洪荒時代，民不聊生。

●二〇一一年十月中旬，我赴西藏旅遊，先到青海西寧，當日參觀完塔爾寺後，總結觀覽心得，為夬卦初、四、五爻動，貞悔相爭成升卦（䷭）。「剛決柔，君子道長，小人道憂」，依佛力降魔而提升至高境界。

二〇一一年二月下旬，我問老人的魅力何在？為「遇夬之升」。老人積累經驗豐富，所作決定穩當周全，能獲高度績效。夬有書契之象，經過歲月煙塵的歷練，老人就是一部活的字典。

二〇〇一年十月下旬，我再度檢測自己未來在易學史上可能的地位，為「遇夬之升」。升卦〈大象傳〉稱：「君子以順德，積小以高大。」夬卦日積月累，澤上於天，君子道長。「遇夬之升」，後望無窮。

●一九九八年元月底，我整理《孫子兵法》十三篇，問〈形篇第四〉的宗旨，為夬卦二、三、五爻動，貞悔相爭成震卦（䷲）。夬卦澤上於天，不斷積累實力，取得壓倒優勢後，以威懾逼和對方。九三、九五兩手操作謀和，九二則先求立於不敗之地，一旦巨量蓄水開閘下洩，必然造成下游震撼式的衝擊。〈形篇〉稱：「善戰者先為不可勝，以待敵之可勝……不可勝者，守也；可勝者，攻也……故能自保而全勝也……善戰者立於不敗之地，而不失敵之敗也……稱勝者之戰民也，若決積水於千仞之谿者，形也。」所闡述之理及所比喻的意象，完全與占象絲絲入扣，令人讚嘆不已。

●一九九六年元月下旬，出版公司股爭再起，其時我已投閒置散，坐山觀虎鬥，問大股東勝負吉凶？為夬卦初、二、五爻動，貞悔相爭成小過卦（䷽）。小過卦辭稱：「可小事，不可大事……不宜上，宜下。」「遇夬之小過」，決戰無法取得勝利，入主沒有可能，後果如是。

●二〇一一年四月下旬，毓老師仙逝逾月，有同門師兄主張繼其遺志，開課專為大學生講經。我占得夬卦初、三、五爻動，貞悔相爭成解卦（䷧）。「夬」為書契之象，古聖先賢歷代傳述的經典，確應講解給莘莘學子聽；夬卦「不利即戎」，「解之時大矣哉！」早作準備，留心恰當時機，再出手行動吧！

●二〇一四年元月下旬，我受邀赴上海授《易》，主辦方是某美方全球授權的總裁俱樂部，只留一晚翌日即返台。行前我問成效，得夬卦二、三、四、五爻動，九四值宜變為需卦，四爻齊變成復卦。夬卦教人精當作決策，復卦重視核心的創造力，「遇夬之復」，定位明確。該會不少成員後來都有保持連繫，算是不錯的因緣。

四爻變占例

占事遇卦中任意四爻動，以四爻齊變所成之卦的卦象卦辭為主論斷，若其中一爻值宜變，稍加重考量其爻辭。

●一九九九年四月上旬，我們學會在中部辦研習營，我占問二十一世紀應如何研究及推廣易學？得出夬卦初、二、四、上爻動，四爻齊變成漸卦（䷴）。「夬」為書契之象，歷代易學著作浩如煙海；「漸」為組織團隊，循序漸進。「遇夬之漸」，指示明確，我等當信受奉行。

●二〇〇六年八月十四日，我的學生徐崇智不幸猝逝，學會執行長懸缺，我問授《易》多年，學生資源如何評量及運用？得出夬卦初、二、三、五爻動，四爻齊變成豫卦（䷏）。夬卦積累已多，豫卦「雷出地奮」，「利建侯行師」。「遇夬之豫」，仍大有可為。「夬」為決策，「豫」為預測，兩卦皆為《易》之大用。

●二〇一〇年九月初，我改組學會理監事，部署已定，試問往後三年的發展，為夬卦初、三、四、五爻動，九四值宜變為需卦，四爻齊變成師卦（䷆）。夬為「剛決柔，君子道長，小人道憂」。師卦〈彖傳〉稱：「能以眾正，可以王矣！」「遇夬之師」，決戰之師行矣哉！

●二〇一一年中，我的學生林文國占問：易占長期預測的準確性如何？得出夬卦初至四爻全動，九四值宜變為需卦，四爻齊變成比卦（䷇）。夬卦就是蒐集資訊作決策，比卦卦辭稱：「吉，原筮，元永貞，无咎。」「遇夬之比」，長期預測仍可相當準確，值得參考採用。

●二〇一〇年四月中旬，我問：《易經》經傳所言宇宙人生的真相確然否？得出夬卦初、二、四、五爻動，九四值宜變為需卦，四爻齊變成謙卦（䷎）。謙卦兼攝天地人鬼神，亨通有終。「遇夬之謙」，大易所言就是宇宙人生的真相。

●清代馬國翰整理易學文獻很有成績，所撰《玉函山房輯佚書》包羅宏富。二〇一二年元月上旬，我問其成績，為夬卦二、三、四、五爻動，九四值宜變為需卦，四爻齊變成復卦（䷗）。「夬」為書契之象，「復」則繼往開來，「遇夬之復」，大有功德。

●二〇一一年十月下旬，西藏行最後一日，上納木錯聖湖觀覽，冰寒浩瀚，湧浪拍岸，氣象萬千。我忙著拍照，並騰出手來占問對我可有啟示加持？為夬卦初、四、五、上爻動，九五值宜變為大壯卦，四爻齊變成蠱卦（䷑）。夬卦「剛決柔，君子道長」；蠱卦則「幹父之蠱」，清除習染。「遇夬之蠱」，振奮人心。

五爻變占例卦

占事遇卦中五爻動，以五爻齊變所成之卦的卦辭卦象論斷，若其中一爻值宜變，略加重考量該爻爻辭即可。

●二〇〇一年十月下旬，台灣縣市長即將改選，我問代表國民黨競選台中市長的胡志強的仕途，為夬卦初至五陽爻全動，齊變成坤卦，夬卦九二值宜變為革卦。「剛決柔，君子道長」，九二又立於不敗之地，應該是前景看好。果然當年擊敗蔡明憲當選，四年後連任，二〇一〇年又選上五都改制後首屆大台中市長，算是相當順遂。

●二〇一六年四月上旬，我赴成都天府嘉元書院授《易》，負責人何總熱心推廣「華德福教育」體系有成，也想辦中國書院，我問其志業可行否？為夬卦二、三、四、五、上爻動，上六值宜變為乾卦，五爻齊變成頤卦。「遇夬之頤」，夬卦為決心、決定，頤卦頤養眾生，養身養心養氣養靈，非常合適。

六爻全變占例

占事遇卦中六爻全動，以全變所成的錯卦卦辭卦象論斷，考量其間劇烈變化的因果。

●二〇一一年二月初，我問北京友人籌辦的首屆「神州大易精英班」的意義及效果，為夬卦六爻全變成剝卦（䷖）。該班後來於當年七、八月順利舉辦，為八天五十小時的課程，對象多屬大陸企業界高階管理人士。「夬」為解決問題、審慎決策之卦，六爻全動相當周全，錯變成剝卦，層層解析以探求事物真相，剝極而復，不亦宜乎？

44.天風姤（䷫）

姤卦為《易經》第四十四卦，在夬卦之後，居萃卦之前，為邂逅、不期而遇之意。〈序卦傳〉稱：「決必有所遇，故受之以姤。姤者，遇也。物相遇而後聚，故受之以萃。萃者，聚也。」夬卦澤上於天，有積滿宣洩之意，象徵人情積怨過多，終於一朝爆發，攤牌決裂。覆水難收，舊怨已了，人海茫茫中又會有新的遇合，這就是姤卦。彼此碰撞起了火花，就想朝夕相聚，這就是萃卦。蘇東坡詞〈永遇樂〉：「古今如夢，何曾夢覺？但有舊歡新怨。」不稱舊怨新歡，而稱舊歡新怨，發人深省。處那麼久的舊友，可以一朝決裂，何以見得新人會得善終？夬卦二至上爻、三至上爻，皆互成夬卦，夬中有夬，不斷決裂；姤卦初至四、初至五爻，皆互成姤卦，姤中有姤，不斷又有新的遇合。這種連鎖反應、積習上癮的現象，值得注意。

〈雜卦傳〉中夬、姤不排在一起，夬卦居最終的第六十四卦，在未濟卦之後，理由已於夬卦中說明。姤卦接大過卦之後，排序第五十八，亦有深意：「大過，顛也；姤，遇也，柔遇剛也。」大過卦為顛狂亂世，各種體制跟規範崩解，人心失守，最容易發生想像不到的姤遇之事。夬卦「剛決柔」，五陽掌握優勢主動，必決一陰；姤卦「柔遇剛」，一陰生於五陽之下，動搖其根本，積極滲透顛覆。對陽爻來說，一陰鬆動，已構成統治的威脅，必須做好危機防治的工作。坎卦為風險控管，姤卦則闡析危機處理。

䷫

姤卦卦辭：

女壯，勿用取女。

姤字為女后，「后」為邦國之君，表示女人作主，決定一切。一陰生勢力尚微弱，卻稱「女壯，勿用取女」，可見警惕之甚。世間陽長陰消不易，陽消陰長卻快得很，正面培養歷時經年，負面破壞轉瞬之間。本書論述泰極否來、剝盡來復時，已充分闡明。即以夬、姤二卦卦辭而論，「剛決柔」需十九字，再三告誡叮嚀，「柔遇剛」才六字，就可能爆發事端。姤、復二卦相錯，培元固本用了二十一字，姤卦危機控管則決定於六字之間。大壯累積四陽，才稱陽壯，而且不宜躁動；姤才潛生一陰，即稱「女壯」，緊張萬分。

以大衍之術的占法來看，出現老陰「六」的機率最低，為十六分之一，出現老陽「九」的機率為十六分之三，陰極轉陽的能量比陽極轉陰的力量大三倍。證諸以上消息盈虛的現象，老子稱至柔克至剛，確有道理。

陰虛陽實，陰爻會從陽爻處吸取資源，以壯大自己，為陽爻計，當然得極意防範，故稱「勿用取女」。蒙卦六三爻辭：「勿用取女。見金夫，不有躬。无攸利。」六三乘於九二之上，有情慾蒙蔽理智之象，對九二「包蒙」來說，即須防範陰爻的滋長。咸卦為少男少女情投意合、正常的感情發展，卦辭稱「取女吉」；姤卦為不正常的外遇關係，故稱「勿用取女」。

〈彖〉曰：姤，遇也，柔遇剛也。勿用取女，不可與長也。天地相遇，品物咸章也；剛遇中正，天下大行也。姤之時義大矣哉！

姤卦〈彖傳〉說理圓融，超越了卦辭審慎防患、消極保守的觀點。前面先平實解釋卦辭，後面則將邂逅不期而遇的現象推至極高境界，與天地創生萬物相當。一柔遇五剛，企圖汲取陽剛資源壯大自身，而攀援上升，以陽方的立場，一定得隔離防範，不可任陰勢快速成長。天地化生萬物，也是自然的機遇，經漫長時間的演化，而形成如此豐富的生態世界。「剛遇中正」，指居於君位的九五，掌握難得的機遇，使天下大行其道。人生機運來時，準確判斷時機時勢並果決行動的智慧太重要了！

乾卦〈彖傳〉稱「雲行雨施，品物流形」；坤卦〈彖傳〉稱「含弘光大，品物咸亨」；姤卦〈彖傳〉稱「天地相遇，品物咸章」，等於總結了天地乾坤的造化功能。大自然有生有滅，剎那滅後，又復剎那生，剝極而復，生生不息。姤卦五陽下一陰生，看著是滅，滅故後又蘊含著新生，所謂破壞式的重建，舊的不去，新的不來，即為姤遇的深刻意涵。《易經》中，豫、遯、姤、旅四卦的〈彖傳〉皆稱「時義大矣哉！」隨卦則稱「隨時之義大矣哉」，更是總結性的強調說明。

人海茫茫中，我們一生中會遇到些甚麼人、發生甚麼事，造成甚麼後續效應？都很難預知。這是姤遇的微妙處，也很吸引和迷惑人，看似隨機的事變，有沒有前定的因緣呢？人生種種遭遇，屬必然還是偶然？我們當如何去因應？唐代詩人羅隱詩云：「時來天地皆同力，運去英雄不自由。」人生成敗確有時運，值運時，事事皆順遂，運過後，無論如何拼搏都不行。如何機敏地感測，並即時抓住時運以成事，就是人生重大的修行課題啊！

〈象〉曰：天下有風，姤。后以施命誥四方。

姤卦上卦乾為天，下卦巽為風，天下有風，影響及於四方。「后」為地方諸侯，境內出現重大危機，必須一方面緊急控管，一方面公告通知其他地方保持戒備，以免危機擴散。姤卦〈大象傳〉主詞為「后」，不稱「先王」，表示地方政府救難當先，同時有通告各方的義務，無暇請示中央，就得在第一時間採取有效行動。復卦冬至閉關，先王號令各地諸侯不去省方；觀卦時值秋分，先王至各地巡察，「省方觀民設教」；姤卦為夏至，天候漸熱，容易孳生病媒，各地諸侯都得確實維護環境衛生，一有疫情，必須防治並通告四方，以免擴散傳染。傳統的端午節，就在姤卦的陰曆五月五日，喝雄黃藥酒、打掃家屋及社區，皆蘊含此意。

古代邊防要塞的烽火台示警，一處受敵，燒狼糞起煙向四方求援，傳訊比馬快，亦姤卦〈大象傳〉之意。今日地震海嘯，世界各地預警聯防，疫病流行通告各方，皆為此意。金融風暴肆虐全球，危害尤重，更須重視國際合作，相互救援。

占例

●二〇一〇年十一月上旬，美國再印鈔票，進行所謂第二次的「量化寬鬆」，我問對台灣造成的影響？為不變的姤卦。「女壯，勿用取女」，須做好危機控管。姤卦前為夬卦，澤上於天，上游宣洩洪水，下游水位上升，須防氾濫成災。幾千億美金流入市場，台灣幅員小，得嚴防衝擊。

●二〇一〇年八月上旬，我受邀赴學生新開設的特色餐廳試吃，一邊聽他宣揚淨食養生的理念，一邊桌面下用手機占測其經營前景？為不變的姤卦。五陽下一陰生，徵兆不妙，得謹慎小心。結果開張後生意不好，欲振乏力，不到半年就被迫停業轉型，受挫深重。

初六：繫于金柅，貞吉。有攸往，見凶。羸豕孚蹢躅。

〈小象傳〉曰：繫于金柅，柔道牽也。

初六一陰生為姤遇之初，上承九二陽剛之實，欲攀援藉力以上升；九二為防制初六突破，也與之接觸而為恰當處置。「金柅」為剎車器，以一根金屬棒止住車子往前亂衝，正是九二抑制初六之象。「繫于金柅」，九二固守住崗位，不讓陰勢上竄，穩住局面而獲吉。如果擋不住，陰勢竄升上逸，就會顯現凶險。即便暫時穩住，初六仍不死心，不斷覓求乘隙突破的機會，就像一隻瘦弱的野豬浮躁不安，在豬圈裡徘徊走動，欲衝出藩籬，何時再出問題亦不可知。柔道牽制剛道，剛道抑制柔道，糾纏較量，很難真正止息。

大壯卦血氣方剛，以發情公羊為象，極欲突破藩籬。九三「羝羊觸藩，羸其角」，九四「藩決不羸」，上六「羝羊觸藩，不能退，不能遂，无攸利」，為陽壯之過。姤卦初六春情發動，躁鬱不安，以瘦豬飢渴難耐、亟求覓食飽足為喻，稱「羸豕孚蹢躅」，為陰欲女壯之患。

姤卦初六與九二的冤孽糾纏，恰似夬卦上六與九五的曖昧關係，剪不斷，理還亂，剛決柔、柔遇剛，怎一個混亂了得？世間男女相慕，舊歡新怨，永難夢覺。姤卦初六「羸豕」索求的豬飼料，就是夬卦九五須提供的「莧陸」草，長於陰曆三至五月間，全合夬至姤卦的節氣。這是易辭取象的精密，觀察入微，令人讚嘆！夬卦九四稱「牽羊悔亡」，姤卦初六〈小象傳〉稱「柔道牽」、九三〈小象傳〉稱「行未牽」，亦密切相關。

大壯卦、夬卦陽氣壯盛，爻辭取羊為象；姤、遯二卦陰長陽消，爻辭取豬為象。撲克牌中的「拱豬」遊戲，有所謂豬羊變色的戲劇轉化，人生處事亦當戒慎恐懼，做好危機防治。

姤卦初六爻變，為乾卦（䷀），危機處理得當，可恢復成純陽的統一局面。若不能即時處理，則後患無窮，所謂星星之火，可以燎原，人內心深藏的情慾隨時爆發，足堪深憂。

占例

● 一九九四年五月下旬，我被迫退出那家出版公司實質經營的工作，開始投閒置散，專心沉潛學問。看江山形勢日非，幾年心血付諸東流，對待了近十年之久的處所，仍有些惆悵，問往後與公司的緣分如何？為姤卦初六爻動，有乾卦之象。「繫于金柅，貞吉。有攸往，見凶。」多年糾纏困頓，該踩剎車了！「羸豕孚蹢躅」，雖仍有眷戀，也得克制化解。「遇姤之乾」，從今後自強不息，另尋新路勇猛精進吧！

九二：包有魚，无咎，不利賓。

〈小象傳〉曰：包有魚，義不及賓也。

九二乘於初六之上，當危機爆發的第一時間，即刻採取行動阻其擴大，就像撒網捕魚一般，若全部網住即沒事，不然爻變成遯卦（䷠），陽爻地位全失，就得準備撤守了！時機稍縱即逝，一旦錯失最佳機會，可能終生難遇。人生須果敢主動，該出手時便出手，太客氣了沒有魚吃。初六滑溜亂竄似魚，陰爻每以「魚」為象，如剝卦六五統領五陰，稱「貫魚以宮人寵」。九二「包有魚」為主，遲至九四「包无魚，起凶」，則為賓，所謂肥水不落外人田，機會是獨佔壟斷的，專利不會與他人分享。你死我活的勝負競爭更是如此，贏家通吃全拿，輸家只能摸摸鼻子走路。九二勝出，佔了地利之便，所謂近水樓台先得月，遠水救不了近火皆是。在二、四競逐初六的賽局中，承乘關係贏了應與關係。

「義不及賓」之義，就是〈彖傳〉所稱的「姤之時義」之義，為天經地義，人之所當為，攸關成敗，重要無比。人千萬別不及時，不及必敗。

占例

●二〇〇三年三月下旬，美國入侵伊拉克，烽火連天之際，我的老友來訪。他因基金會財務糾紛被學員控告，初審被判一年半徒刑。我問其吉凶，為姤卦九二爻動，有遯卦之象。「包有魚，无咎。」若迅速進行危機控管，應可沒事渡過劫難。再問繼續上訴吉凶？為履卦（䷉）五、上爻動，九五值宜變為睽卦（䷥），齊變則有歸妹卦（䷵）之象。「履虎尾」風險雖高，九五「夬履貞厲，位正當也」，上九「視履考祥，其旋元吉」，「大有慶也」，最後應可沒事。兩占事後都靈驗，老友總算逃過一劫。

● 一九九八年間，我的學生劉文山任職榮工處，負責施工地發生模板意外，他問如何處置？為姤卦九二爻動，有遯卦之象。「包有魚，无咎」，這是典型的危機處理，他迅速處置各項事宜，順利完成工作。

● 二〇〇一年十一月上旬，我問《鬼谷子》一書的主旨，為姤卦九二爻動，有遯卦之象。「包有魚，无咎，不利賓。」鬼谷揣摩縱橫之術，最重察微知機，時至迅疾行動，故能門下高手輩出，傾動天下。書中〈損兌法靈蓍〉稱：「事有適然，物有成敗，機危之動，不可不察。」而〈摩篇〉所稱：「古之善摩者，如操鉤而臨深淵，餌而投之，必得魚焉。」所舉喻象，豈不正與「包有魚」相同？

☰☰☴

九三：臀无膚，其行次且。厲，无大咎。

〈小象傳〉曰：其行次且，行未牽也。

九三過剛不中，夾處於九二、九四兩大之間難為小，坐立不安，進退失據，雖然辛苦，不受初六牽扯，亦無大咎。本爻變，為訟卦（䷅），爭訟間須善為自處。夬、姤相綜一體，姤卦九三倒過來，就是夬卦九四，爻辭近乎相同。

占例

● 一九九二年底，我在那家出版公司辛苦經營，老闆幾經波折，私人財務及關係企業營運都陷入險境，瀕臨崩滅。我問公司母體有何對策？為姤卦九三爻動，有訟卦之象。「臀无膚，其行次且。厲，无大咎。」夾處於老闆和市場派大股東之間，立場尷尬，但本身營運正常，財務也還分明，不致受太大牽連。

●二○一一年六月下旬，我跟幾位資訊電子業的老學生聚宴，談一些世界知名廠商的興衰，其中一位借我手機占問，他一筆應收貨款遲延之事如何？為姤卦九三爻動，有訟卦之象。「臀无膚，其行次且。厲，无大咎。」「遇姤之訟」，切合實情，他大嘆易占真準。

九四：包无魚，起凶。

〈小象傳〉曰：无魚之凶，遠民也。

九四和初六相應與，也想防治危機或化為轉機，卻因離的太遠，無法如願，機會都由九二獨得。九二「包有魚，无咎，不利賓」；九四即「賓」，遂稱「包无魚」。初六為民間基層，九四反應太慢，中央大失民心，將有執政危機，故稱「遠民、起凶」。本爻變，為巽卦（䷸），當痛定思痛，體察形勢，小心應付。賓客吃不到魚，太客氣會拱手讓出機會，人生還是盡可能機敏回應，爭取主動。初六稱「見凶」，九四稱「起凶」，皆有猶豫失機之痛。

占例

●一九九八年十二月下旬，台北、高雄市長選舉之後，我問翌年台灣的政經形勢，為姤卦九四爻動，有巽卦之象。「包无魚，起凶」，「遠民也」。似乎會有突發的危機，而中央居高位者應變無方，致生民怨。結果一九九九年發生九二一大地震，台灣各地尤其中部災情慘重，而當時執政的國民黨政府真的應對失宜，大失民心，導致半年後的跨世紀大選輸掉政權。「遇姤之巽」，巽卦剛好為陰曆八月，連危機爆發的時間點都有預示。

事變不止於此，九二一之後的一二九當天，宋楚瑜的中興票券案爆發，嚴重衝擊其民意支持，而宋也沒做好第一時間危機控管的處理，竟致輸掉原本十拿九穩的大選。民進黨的陳水扁漁翁得利，上台執政八年，徹底改變了台灣的政局。再往後的十二月下旬，還發生章孝嚴的緋聞案，也讓他辭掉國民黨秘書長的高位。一連大中小三件變故，都是「包无魚，起凶」，「遠民也」。

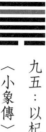

䷫

九五：以杞包瓜，含章，有隕自天。

〈小象傳〉曰：九五含章，中正也；有隕自天，志不舍命也。

九五中正居姤卦君位，正是〈彖傳〉中所稱「剛遇中正，天下大行」，面對初九所代表的危機或轉機，採取居高臨下的全面監控，發動中央執政的九四、地方當局的九二負責防治。「以杞包瓜」，為極精妙的植物共生現象。枸杞樹為低矮灌木，枝條細長有棘刺，層層交錯相掩，其中會有一些藤蔓類的瓜攀附其中，受其包覆保護，直到瓜熟蒂落之前，都能隔絕外界侵擾，無法覬覦染指。姤卦為柔遇剛的男女歡愛之象，九五「以杞包瓜」的做法，就像一般所稱的金屋藏嬌、視為禁臠，絕對掌控壟斷，不與他人分享。我於二〇〇二年九月中旬，率學生赴安陽參加易學會議，轉赴曲阜遊覽，在孔府院中就看到一株杞樹，內中果有藤瓜攀纏，《周易》取象自然，觀察細膩入微，藉象說理亦精妙之極。

九五爻辭之義，就是像「以杞包瓜」般，佈下天羅地網，涵蓋住一切可能發生危機，或有嶄新機遇之處，嚴密監控事態的發展，準備好所有應變的章法措施。一旦瓜熟蒂落，水到渠成，於變故之初即充分掌控情勢，而成革故鼎新的大功。九五爻變為鼎卦（䷱），掌權而開新運，所立之志全與天命相合，故稱「志不舍命」。

「有隕自天」，即〈彖傳〉所稱「天地相遇，品物咸章」。科學界咸認為地球上生命的源起，與太空隕石撞擊地面有關，雖然瞬間造成重大毀壞與衝擊，同時帶來大量生命誕生所需的種種要素，沉浸海水中，逐漸形成最簡單的生命，這就是乾、坤之後為屯卦所演示的律則。不僅生命因隕石誕生，物種的汰舊生新亦然，距今六千五百萬年前恐龍的滅絕，就與隕石撞擊有關，上經剝極而復所演，當有科學根據。

生滅滅生，造化之理本即如是，這就是〈彖傳〉作者必須為姤卦翻案的原因，毀滅不一定是壞事，可能帶來新生。爻辭稱「含章」，〈彖傳〉稱「品物咸章」，讓潛運甚久的東西成了可喜的現實。坤卦六三〈小象傳〉：「含章可貞，以時發也。」〈彖傳〉稱：「含弘光大，品物咸亨。」完全與姤卦九五的生化之理相通。

《易》爻中有七處言「包」：蒙卦九二「包蒙」、泰卦九二「包荒」、否卦六二「包承」和六三「包羞」、姤卦九二「包有魚」、九四「包无魚」、九五「以杞包瓜」，都是以「陽實」包容「陰虛」，合乎自然之理。「有隕自天」，隕石從天而降，頗似夬卦「澤上于天」洩洪之象，可謂

「姤中有夬」。夬卦九三「獨行遇雨」，則為「夬中有姤」。兩卦相綜，意象多有聯結。

前文九四占例曾舉章孝嚴的緋聞案，該案的女主角後來又有新歡，也是地方上的政客，當時他說該女是天上掉下來的禮物，豈非「有隕自天」？當然，後來還是分手，未有善終。

生滅滅生的概念，有時對當事者而言是非常殘酷的。一九七四年十二月下旬，台灣陸軍總司令于豪章視察「昌平演習」時墜機，身受重傷，終生不良於行，隨行還有許多將官罹難，對他們及家屬來說，當然是無限悲痛之滅。然而此樁劫難間接空出升遷機會，讓其他人得以發皇，豈非造化弄人、不期而遇的生？

占例

● 一九九六年八月上旬，我求見毓老師，請示對當時大小形勢的看法，之前問能突破自己的悶局否？為姤卦九五爻動，有鼎卦之象。「以杞包瓜，含章，有隕自天。」好好立定志向，深遠佈局，以待時運之至。

翌日我細思老師所言，深覺啟示甚多，再問老師怎麼看我，有期許否？為姤卦三、上爻動，齊變有困卦（䷮）之象。「遇姤之困」，顯然時運未至，尚待琢磨歷練之處猶多。九三「其行次且。厲，无大咎」；上六「姤其角，吝，无咎。」既厲且吝，但求無咎。

● 二〇一一年二月下旬，有學生問女性美的魅力何在？為姤卦九五爻動，有鼎卦之象。「以杞包瓜，含章，有隕自天。」柔遇剛，「天地相遇，品物咸章」。女性之美幽深含蓄，恰當時機又迅捷奔放，變故生新，令人目眩神搖，真可傾倒眾生，號令四方。

上九：姤其角，吝，无咎。

〈小象傳〉曰：姤其角，上窮吝也。

上九為姤卦之終，距離初六所象徵的機遇太遠，待在狹小的角落裡，沒有出頭的機會。爻變為大過卦（䷛），知足認命，不過量企求，亦可無咎。晉卦上九稱「晉其角」，姤卦上九稱「姤其角」，人生或晉或遇，各有因緣莫羨人，不要想不開鑽牛角尖。

占例

●二〇〇四年八月下旬颱風夜，我問胡錦濤未來十年的功業如何？為觀卦上九爻動，恰值宜變成比卦。「觀我生，君子无咎，志未平也。」動見觀瞻，風行地上，與世界各國敦睦邦誼，卓有成效。隱退時似有志向未能達成，兩岸難以在他任期內統一，接班團隊可能也不盡如意？我接著問：胡任期內，台灣歸統否？為姤卦上九爻動，有大過之象，「姤其角，吝，无咎」，顯然還辦不到，機緣尚未成熟。

●二〇〇五年三月底，我與林洲民建築師小眾座談，談台北城的建築景觀與未來。為此我有一占：二〇一一年以前，台北城會遭戰火摧殘麼？為姤卦上九爻動，有大過之象。「姤其角，吝，无咎。」遠離危機，不致如此。

●二〇一一年九月下旬，我們在富邦課堂上又談起二〇一二浩劫的傳聞，最後問萬一真發生，我們當如何自保？為姤卦上九爻動，有大過之象。「姤其角，吝，无咎。」大難來時，亦無大善之策，能遠離避開，也是運氣。

多爻變占例之探討

以上為姤卦卦、彖、象及六爻之理論闡析，與單爻變占例演示，往下繼續討論多爻變之情形。

二爻變占例

占事遇卦中任意二爻動，若其中一爻值宜變，以該爻辭為主論斷；若皆不值宜變，以本卦卦辭卦象為主，亦參考兩爻齊變所成之卦的卦辭卦象。

● 二〇一〇年十二月上旬，我問一年多後台灣大選結果，國民黨能繼續執政否？為姤卦三、五爻動，九五值宜變為鼎，齊變則有未濟之象。民進黨呢？為噬嗑卦上九爻動，有震卦之象。當天同時直接問馬英九能否連任？為恒卦二、五爻動，齊變有咸卦之象。蔡英文為蠱卦九三爻動，有蒙卦之象。

由卦象來看，顯然應是國民黨馬英九連任，民進黨推蔡英文競選沒有機會。姤卦九五「剛遇中正，天下大行」，坐穩鼎之大位；噬嗑卦上九「何校滅耳，凶」，政爭失敗。恒卦六五也是君位動，和九二相應與，配合絕佳沒問題；蠱卦九三「幹父之蠱」，在野挑戰不成。二〇一二年元月十四日選舉結果，馬以近八十萬票領先蔡而獲勝連任。

● 一九九六年中，《聯合報》張總編輯罹患腸部腫瘤，我的學生邱雲斌任職於《經濟日報》，占問其病情吉凶？為姤卦三、五爻動，九五值宜變為鼎卦，齊變有未濟卦（䷿）之象。姤為突發危機，九三「臀无膚，其行次且。厲，无大咎」，似指患部；九五「中正、含章、志不舍命」，變鼎卦「正位凝命」，應該沒事。果然改調閒職，妥善療養，沒有生命危險。

●二〇一〇年七月初，我與女兒聊她的工作及志業，我占其材性定位，為夬卦（䷪）四、五爻動，九五值宜變為大壯卦（䷡），齊變則成泰卦（䷊）。再問她與任職的出版社的緣分深淺，為姤卦五、上爻動，九五值宜變為鼎卦，齊變則有恒卦（䷟）之象。夬、姤一體相綜，同樣都是君位九五動，正好一塊兒分析。

夬為書契文字之象，無論編輯或寫作，都在處理文字，「遇夬之泰」，遣詞用字圓通意順，即成大家。姤卦九五「天地相遇，品物咸章」，確與這家出版社有緣，「志不舍命」，未違初衷。上九「姤其角」，「吝」而「无咎」，終有一日緣盡離散，人生本即如此，不必掛懷。約兩年後，她辭離該處職務，另尋發展。

她才剛過週歲時，我們帶她去植物園玩，她看到註記花木名稱的招牌時，興奮地趨前直喊：「記！記！」牙牙學語，我們知道她在說：「字！字！」這個老靈魂從何處來投胎的呢？此生必與文字夙緣甚深。

●二〇一〇年八月下旬，我問自己精研易道一生，對世界能否有所貢獻？為姤卦五、上爻動，九五值宜變成鼎卦，齊變則有恒卦之象。「遇姤之鼎之恒」，「剛遇中正，天下大行，姤之時義大矣哉！」大貢獻不是不可能。「姤其角」，「吝」而「无咎」，當然也可能錯過機緣，但亦無憾。

●二〇一〇年七月下旬，我們周易學會的人事紛爭影響到最老一班的上課情況，無明的情緒浮動，偏我們講的還是佛經，人生業力深重，去執何其不易？我一方面改組理監事，一方面不屈不撓，仍持續以《易》證佛的教學計畫，日夜班合併為一班上課。占問前景如何？為姤卦二、五爻動，九五值宜變成鼎卦，齊變則有旅卦（䷷）之象。姤卦九二「包有魚，无咎」，真心願意學習的保有機會；九五剛遇中正，天下大行，革故鼎新，絕無問題。後果如是，人生機緣不必強求。

●一九九七年九月上旬，我問〈河圖〉、〈洛書〉與易道本旨的關係，為不變的晉卦（䷢），已於前文占例中闡明。當時再問圖、書之學的價值與未來的發展性，為姤卦四、五爻動，九五值宜變成鼎卦，齊變則有蠱卦（䷑）之象。九五「含章」，有革故鼎新的創造性；九四「包无魚」，也有偏離主旨、一無所獲的可能。

●二〇一六年十一月中旬，我提前占問二〇一七年的中美關係，為姤卦二、上爻動，齊變有咸卦之象。姤卦有危機，九二「包有魚，无咎」，控管得當；上九「姤其角，吝，无咎」，再進一步突破發展也不易。姤卦「女壯，勿用取女」，老美擔心中國愈漸強大。咸卦「亨利貞，取女吉」，又不得不密切互動。「遇姤之咸」，必得關係正常化，世局才安定。

●二〇一六年八月下旬，中信金集團遭受市場派攻擊，面臨經營權保衛戰。我問守得住否？為姤卦二、上爻動，有咸卦之象。遭遇危機，「包有魚」，「无咎，不利賓」，公司派掌握主場優勢，應該沒問題。結果確定保住了江山。

當時還問市場派來勢洶洶，能否得手？為恒卦二、三、四爻動，九四值宜變為升卦，貞悔相爭成坤卦。恒卦九三「不恒其德，或承之羞」，九四「田无禽」，註定不成。

●二〇一〇年四月上旬，我已在籌劃本書簡體字版的撰述，問值得投入時間心力來做嗎？為姤卦

二、上爻動，齊變有咸卦（䷞）之象。「姤之時義大矣哉！」難得有出版機會，九二「包有魚，无咎」，應該及時把握。咸卦「亨利貞，取女吉」，姤卦「勿用取女」。「遇姤之咸」，將體制外的機遇納入體制內的規範，何樂而不為？

當年八月下旬，我開始撰述，想廣徵精采靈驗的占例，以豐富本書內容，免得囿限於自己的生活經驗，而致涵蓋性不足。除了向老學生邀集外，也上學會網站公告，問能有收穫嗎？為姤卦二、四爻動，齊變有漸卦（䷴）之象。「包有魚」、「包无魚」都現，是收到也採用了一些，整體回應率極低，主要仍得靠自己。

●一九九一年四月底，我任職的那家出版公司的經營情勢險惡，老闆本身方面過多，陷入嚴重財務危機，我問公司母體能不能沒有他而順利發展？為姤卦初、二爻動，初六值宜變為乾卦，齊變有同人卦（䷌）之象。初六「繫于金柅」，九二「包有魚，无咎」，老闆與公司母體纏繞緊密，很難分割；「不利賓」，市場派的大股東無法得手。「遇姤之同人」，緣分太深太親，恐怕會長相左右。往後十多年的發展，全如卦占，真正生死與共。

一九九三年三月底，公司前一年的會記帳做出，高幹集會討論認為應務實處理，以節税為考量，但老闆為了向外募資，可能不會同意。我占得姤卦三、四爻動，齊變有渙卦（䷺）之象。九三「其行次且」，九四「包无魚」，「遇姤之渙」，必然行不通。果然，老闆堅持己見，大家只能退讓。

●一九九五年三月下旬，社會大學基金會邀集各方俊彥，參加李登輝出席的餐會，當時我還在給李授課，問去赴宴如何？為姤卦三、上爻動，齊變有困卦（䷮）之象。「遇姤之困」，顯然流於場面應酬，不會有甚麼突破的機遇。姤卦九三「其行次且」，上九「姤其角，吝」，皆已明示。我當然還是去了，結果確實也是如此。

●二〇一二年元旦我作一年之計，台灣經濟為「遇姤之困」，九三「其行次且」，上九「姤其角，吝」，內外困頓，難覓出路，可說完全料中。二〇〇八年十一月初，也曾預測到四年後為不變的蒙卦，外阻內險，前文已述。

●二〇〇八年三二二大選前四天，我有學生算民進黨謝長廷的勝算，為姤卦四、上爻動，齊變有井卦之象。九四「包无魚，起凶」，「遠民也」；上九「姤其角，上窮吝也」。與大位無緣已成定局，從此也喪失了政局活動的能量。四天後選舉揭曉，果然慘敗落選。

三爻變占例

占事遇卦中任意三爻動，以本卦為貞，三爻齊變所成之卦為悔，稱貞悔相爭，合參兩卦卦辭卦象論斷。若三爻其中一爻值宜變，加重考量其爻辭。

●二〇一〇年二月初，我選了台灣五位代表性的企業家，占其經營風格，台積電的張忠謀為姤卦二、三、上爻動，上九值宜變為大過卦，貞悔相爭成萃卦（䷬）。「遇姤之萃」，剛好依卦序進行，台積電的成功也是順應時勢所致。萃為精英相聚，心力與物力皆要求高檔次，正是知識與資金密集的「高精尖」產業之象。「姤之時義大矣哉！」時來天地皆同力，由來時勢造英雄。

●二〇一〇年十一月中，我在常州授《易》，有當地企業人士提問，占上海何時可發展成國際金融中心？為姤卦二、三、五爻動，貞悔相爭成晉卦（䷢）。「遇姤之晉」，假以時日，上海這東岸明珠將更紅火璀璨。姤卦九五「以杞包瓜，含章」，往後積極佈局，剛遇中正。天下大行。九二「包有魚，无咎，不利賓」，相對來講，香港的機會就較遜色了！

●二〇〇七年底，我問十二天後立委選情，國民黨為姤、晉貞悔相爭，民進黨為遯卦三、五爻動，齊變也有晉卦之象。「遇姤之晉」，時至大通；比起「遇遯之晉」，「係遯」、「嘉遯」，當然好太多。果然國民黨大勝，終結了民進黨八年的執政。「姤之時義大矣哉！」「遯之時義大矣哉！」一切因果皆因時得報啊。

●二〇〇九年六月上旬，我在美國工作的小姨子離開休士頓到洛杉磯任職，看中一處住屋想買，問合宜否？為姤卦上三爻全動，上九值宜變為大過卦，貞悔相爭成升卦（䷭）。「升」為高度成長，「遇姤之升」，買下來應可賺到。其時金融風暴肆虐，美國房價便宜，進場正是時機，她決定買下，除了自住，也賺了資產增值。

●二〇一〇年六月上旬，我高雄授課畢返台北，直接去君品飯店參加孫子兵法學會的理監事會，會長傅慰孤將軍籌組基金會，想對內、對外募資，以增強學會的活動能量。我試占前景如何？為姤卦二、四、上爻動，上九值宜變為大過卦，貞悔相爭成蹇卦（䷦）。「遇姤之蹇」，還有大過傾覆之象，很難推動，機會不大。後果如是，姤卦九四「包无魚」、上九「姤其角，吝」，都預示了其後的發展。

●二〇一二年元月上旬，我閱覽幾位學生出去另設立的經典網站，心中還是有些感慨，想起一年半前的改組整頓之事，占問有收實效嗎？為姤、蹇貞悔相爭。「包有魚」、「包无魚」互見，最後又「姤其角，吝」，收效其實有限，只求無愧我心。

●二〇〇九年七月上旬，廈門《海峽商業月刊》的一位女記者跟我連繫，想邀我赴該刊演講，我問如何？為姤卦二、四、五爻動，貞悔相爭成艮卦（䷳）。艮為重重阻礙，「遇姤之艮」，可能畢竟不行。果然前後聯繫幾次，我主動打消，以卦象分析，二、五相應，問題應該出在中間的九四，「包无魚，起凶」。

●二〇〇九年八月上旬，我想出版壓在手中、再三修訂的〈繫辭傳〉書稿，估計在台出版不易，考慮先出大陸簡體版，北京崔正山先生有興趣，我問合宜否？為姤卦二、三、四爻動，貞悔相爭成觀卦（䷓）。姤卦為「天下有風，后以施命誥四方」；觀卦為「風行地上，省方觀民設教」。「遇姤之觀」，弘道四方，實屬可行。該書於一年半後出版，台灣的出版社再三評估後，仍未達協議，兩岸閱讀經典的市場有了差異。

●二〇〇〇年元月底，我在《中國時報》文化廣場授《易》以來，頗受歡迎，問當年的發展前景，為姤卦初、二、上爻動，貞悔相爭成革卦（䷰）。「遇姤之革」，「姤之時義大矣哉！」「革之時大矣哉！」姤卦初九有嶄新機運，九二「包有魚，无咎」，能充分掌握，上九「姤其角」，雖吝亦無咎。看來這台戲還有得唱，且積極以對吧！其後授《易》道場雖由內湖、天母轉至市長官邸，前後還持續了十二年之久，成為我對社會講《易》的重要平台。

●一九九三年十一月下旬，我將那家出版公司經營得紅紅火火，大有起死回生之勢，當時一筆上海銀行的貸款到期，為幾年前大股東要求高幹們聯名擔保所得，這種賣身契是否還要續約？我占得姤卦三、四、上爻動，上九值宜變為大過卦，貞悔相爭成坎卦（䷜）。「遇姤之坎」，有不期而遇的風險，還有大過卦超過負荷之象，實非我等薪水階層所能承擔。姤卦九三「臀无膚，其行次且」；九四「包无魚，起凶」，皆很負面。後來此事打消，半年後發生鉅變，此案種種牽扯已非重點矣！

●二〇一七年四月下旬，我赴陝南漢中旅遊，問北宋王安石其人其業如何？為姤卦三、五、上爻動，上九值宜變為大過卦，貞悔相爭成解卦。「熙寧變法」圖強，正因看到當時積弱的危機，欲謀求解決之道。「姤之時義大矣哉！」「大過之時大矣哉！」「解之時大矣哉！」姤卦九三「其行次且」，上九「姤其角，吝」，皆不佳，改革阻力甚大。還好九五之君宋神宗相當支持，有機會「剛遇中正，天下大行」。可惜新法最後仍然失敗。設若當時變法成功了呢？為不變的晉卦。北宋當能如日東昇，開一光輝燦爛的新局。

四爻變占例

占事遇卦中任意四爻動，以四爻齊變所成之卦的卦辭卦象為主論斷，若其中一爻值宜變，稍加重考量其爻辭即可。

●二〇〇一年十月上旬，美國與阿富汗開戰，我問戰事會否擴大拉長？得出姤卦二、四、五、上爻動，九四值宜變為巽卦，四爻齊變成謙卦（䷎）。謙亨和平有終，「遇姤之謙」，九二「包有魚，无咎」，九五「以杞包瓜，含章，有隕自天」。美國佈局蓄勢已久，戰勝並控制局面應無問題。結果正面戰事沒多久，即分出勝負，轉入地下游擊戰後，卻拖了十年之久，美軍才宣稱逐步撤出，勞民傷財，雖勝亦無大益。

當年十一月底，我問授《易》十年半，所有學生資源的評估如何？為「遇姤之謙」。人生相遇，謙亨有終，「天地相遇，品物咸章」，由姤卦所動四爻來看，二、五極佳，四、上落空無緣，眾學生中，這種分佈很正常。

二〇一一年九月初，我希臘遊後赴南德慕尼黑授《易》，遙想一月後的奉元學會成立之事，問當天理監事選舉情勢如何？為「遇姤之謙」，機遇不錯，亨通有終。十月初學會成立，我以最高票入選理事會，毓老師未竟的志業，於焉起動。

●一九九二年初，我已負責出版公司的經營重任，問當年總體的經營策略，為姤卦二、三、五、上爻動，四爻齊變成豫卦（䷏）。「姤之時義大矣哉！」「豫之時義大矣哉！」掌握機遇，激勵團隊熱情奮鬥，正是我當年的處境，而我也確實幹得不錯。

二〇一一年五月下旬，我剛從兩湖學術交流返台，學會理事長來電，擔心颱風將至，會影響我們四天後在中部溪頭舉辦的春季研習營。我當下一占，為「遇姤之豫」。「天地相遇，品物咸章」，「雷出地奮」，「利建侯行師」，應該沒問題。我們如期舉辦，一切都很順利。

●二〇〇八年初我問自己全年策運，為姤卦二、三、四、五爻動，九四值宜變為巽卦，四爻齊變成剝卦（䷖）。「遇姤之剝」，似有危機，但那年各方面的發展頗順利，尤以下半年為最，和姤至剝的節氣相應〈陰曆五至九月〉。這和年初判斷相近，姤卦九二「包有魚，无咎」，九五「以杞包瓜」，志不舍命」，機遇配合甚佳，應有嶄新的開拓。

二〇一五年年底，我受邀赴廈門授《易》，為北京「華夏國學同學會」主辦，講題為「由《易經》看危機應對與企業轉型」。三小時多滔滔不絕講完，反響熱烈，還有遠從江西南昌坐火車往返八小時來聽的。順便與廈門諸友學生等歡聚，然後轉赴北京為奉元書院連講四天《論語》，義務培訓講經師資。最後在白家大院參加諸友生夜宴，冠蓋滿京華，暢談天下事。行程共九天返台，行前問成效，「遇姤之剝」，機運甚佳，功德圓滿。

● 一九九八年八月上旬，我到處翻箱倒櫃找不著一份重要證件，心急如焚，占問究竟找不找得回來？為姤卦初、三、四、五爻動，九五值宜變成鼎卦，四爻齊變為損卦（䷨）。「遇姤之損」，可能遭受損失，但姤卦九五「有隕自天」，也有機會由「含章」而「咸章」，一朝復得。結果一週內對方告訴我，還擺在衙門理辦手續，害我白找，也算真相大白，失而復得。損卦節氣為陰曆七月中，正應失得之時。稍前遍尋不著時，曾問要不要申請補發證件？為姤卦九四爻動，有巽卦之象。「包无魚，起凶」，如果這樣做就錯了，甚麼也得不到。

● 二〇一二年元旦，我作一年之計，問台灣當年有無重大天災？為姤卦初、二、四、上爻動，四爻齊變成既濟卦（䷾）。「姤」為「天下有風」，當年颱風接踵而至，雖有釀災，還好不算太過嚴重。九二「包有魚，无咎」，危機防治尚可？「遇姤之既濟」，水火相交相成，為穩定之象。

● 二〇一五年五月下旬，我與同門師弟吳榮彬晤面，敦請他在十月中華奉元學會換屆後出任副理事長，占得姤卦初、二、三、四爻動，四爻齊變成益卦。「遇姤之益」，因緣聚會，「利有攸往，利涉大川」，肯定多有助益。吳師弟經營企業有成，對奉元盡心盡力，有「毓門子貢」美稱。

● 二〇一四年七月下旬，我問淨空法師對中華傳統文化振興的貢獻，為姤卦二、三、四、上爻動，九四值宜變為巽卦，四爻齊變成比卦。「遇姤之比」，整體是有幫助，但「包有魚，无咎」之後三個爻皆不佳，「其行次且」、「包无魚」，「姤其角，吝」。淨空法師篤信淨土宗，對儒、道二家思想體證不深，相當程度限制了其振興華夏的功德。

五爻變占例

占事遇卦中五爻動，以五爻齊變所成之卦的卦辭卦象為斷，若其中一爻值宜變，略加重考量其爻辭。

● 一九九六年六月中旬，我台中的學生吳達人想離開永豐餘紙廠的職務，問未來發展如何？為姤卦二至上爻全動，九二值宜變為遯卦，五爻全變成坤卦（☷）。「姤」為不期而遇，未來變數甚多，眼前「包有魚，无咎」，應可找到新的工作機會。翌年果然轉往台中精密機械公司任職，再一年又因公司出狀況而離開，往下換了好多任所，占象應驗。

45. 澤地萃（䷬）

萃卦為《易經》第四十五卦，居姤卦之後，在升卦之前。〈序卦傳〉稱：「姤者，遇也。物相遇而後聚，故受之以萃。萃者，聚也。聚而上者謂之升，故受之以升。」姤為不期而遇的機緣，人相遇動情，就想終日廝守，共同扶持，追求人生境界的提升成長。中國大陸三十多年經濟改革，屢創高度成長，績效卓著，也是抓住了時代的機運，集聚最精萃的資源所致。

比卦九五一陽獨霸，眾陰臣服，爭相比附，頗似冷戰結束後蘇聯垮台、老美超強的世界情勢。萃卦九四、九五兩陽制衡，各擁徒眾，則成今日一超多強的格局。以促進國際和平的理想來說，萃卦似較比卦為佳，不歡迎任何強權專擅獨行，任意宰制一切。

水泊梁山的故事，各路英雄聚義，也似萃卦的情勢，如何選出服眾的領導為成事的關鍵。世界杯的球賽打完後，往往有各國明星球員合組的夢幻團隊，若不經一番內部磨合較量，整體戰力未必驚人。軍警多有特種部隊的組訓編制，從各單位調集精英中的精英，以因應高難度的任務需求，如美軍的海豹、遊騎兵等等，這在《孫子兵法》稱為「選鋒」。〈地形第十〉：「兵無選鋒，則北。」產業佈局中，有所謂高精尖重點扶植對象；高等教育體系，所謂明星學校、重點大學等，都是出類拔萃的設計，絕對有其必要。大陸稱秉賦優異的娃娃為苗子，出類拔萃的為尖子，苗子為屯卦，尖子為萃卦。

〈雜卦傳〉稱：「萃聚，而升不來也。」前面緊接：「大畜，時也；无妄，災也。」萃卦與大畜卦相錯，升卦與无妄卦相錯，萃、升二卦相綜，无妄、大畜二卦相綜，四卦錯綜相連，關係密切。「升不來」為何意？復卦稱「七日來復」，一陽打底為創新之始。升卦高速成長，初爻為陰虛無底，繁榮可能建立在外債的基礎上，若不得空償還回填，一旦成長受阻，可能有泡沫化的危機。升卦之後為困卦，即為此意。

䷬

萃卦卦辭：

亨。王假有廟，利見大人，亨利貞。用大牲吉，利有攸往。

「萃」為精英相聚，「亨」為「嘉之會」，萃聚能致亨通。「假」念「格」，為感為至，「王」為精英團隊的領導人，親自主持宗廟祭祀，以號召群眾，若他有大人的修為，則可獲信賴支持而得利。萃聚若固守正道，團隊成員願為中心理念犧牲奉獻，組織發展必定大有前途。宗廟祭祀用牛羊豬三牲，「大牲」為殺牛以祭，是最高貴的檔次。「王假有廟」，指領導英明、信念堅定；「用大牲吉」，則指物產豐饒，財力雄厚。損卦「二簋可用享」，心意虔誠即可，供品不用豐厚；萃卦則不然，除了信念共識外，還得花大錢提供豐厚的祭品。以人事論，想聘用出類拔萃的高端人才，當然得提供優渥的待遇。以產業論，「萃」為高精尖的科技產業，知識密集、資金密集、人才密集；傳統的勞力密集產業則似坎卦，勞碌辛苦。

〈繫辭下傳〉首章稱：「天地之大德曰生，聖人之大寶曰位。何以守位？曰仁。何以聚人？曰財。理財正辭，禁民為非曰義。」萃聚人才得善於理財，還得公私分明，一切開支經得起最嚴格的檢驗。《大學》講治平之道，最後亦稱舉賢用財：「生財有大道，生之者眾，食之者寡，為之者疾，用之者舒，則財恆足矣！」金錢不是萬能，沒錢可萬萬不能，這是一定的道理。

萃卦卦辭有兩個亨，稱「亨利貞」，不見「元」字。精英相聚，人情磨合不易，感情蒙蔽理智，領導難以服眾，須好好推誠相處，才能錘煉出核心的創造力。家人卦九五稱「王假有家」，萃、渙卦辭稱「王假有廟」，豐卦辭稱「王假之」，領導人的修為及用心非常重要。

〈彖〉曰：萃，聚也。順以悅，剛中而應，故聚也。王假有廟，致孝享也；利見大人，亨，聚以正也。用大牲吉，利有攸往，順天命也。觀其所聚，而天地萬物之情可見矣！

萃內坤順、外兌悅，稱「順以悅」。九五陽剛居上卦之中，為精英相聚之主，下和六二中正相應與，配合絕佳，故能聚合群眾。王者在宗廟主持祭祀，對列祖列宗致崇高敬意，以感召群眾追隨。領導人若具備大人的修為，大家以正道相聚，必致亨通。用最高規格的大牲祭祀，蒙天地神明福祐，利於往前奮鬥。人群相聚之時，最見喜怒哀懼愛惡欲之情，仔細觀察，對天地萬物之情皆能有所體悟。

咸、恒、萃三卦，〈彖傳〉末皆稱「天地萬物之情可見矣！」「觀其所感」、「觀其所恒」，

「觀其所聚」，人生必識人情，方能通達立事。「咸」為少男少女戀愛，卦辭最單純；「恒」為老夫老妻度日，卦辭多些但書；「萃」前為夬、姤二卦，是所謂離異後的「第二春」，卦辭列出諸多苛刻條件，要求靈肉合一，光有愛情沒麵包，絕對不行。

姤卦九五「有隕自天，志不舍命」，人志不偏離天命；萃卦稱「利有攸往，順天命也」，時運既至，當然得精確掌握，全力以赴。

〈象〉曰：澤上于地，萃。君子以除戎器，戒不虞。

萃卦上兌為澤，下坤為地，澤水高於地面，有氾濫成災之虞，須高築堤防以避免之。萃前為姤，正是難以預料的危機，須集中心力，調度最精萃的資源來對付。「除戎器」的「除」，一般作除舊佈新解，兵器須經常維修保養，一旦啟用不會發生任何問題。其實，「除」就作除去、解除講，可能更切。萃卦是精英號召群眾運動，當局維持秩序，不可用武力鎮壓，儘量紓導化解。萃卦上兌，應為和平勸說，帶武器上陣，反易激發對抗而生意外。夬卦「澤上于天」，尚且主張「決而和」；萃卦「澤上于地」，水位較低，更應懷柔處置。

占例

●二〇一〇年十一月下旬，我策劃與妻結婚三十週年赴日旅遊，占問冬季裡日本可有天災否？為不變的萃卦。再確認又得咸卦九三爻動，仍有萃卦之象。萃卦前為姤卦，可能有突發變故，須「除戎器，戒不虞」。我們還是去了京都度假，而翌年三月十一日爆發的福島鉅災，就接著隆冬之後，本來我們還預備去東北仙台一遊，目前已成重災區。

● 一九九七年元月上旬，我問二十一世紀易學的氣運，為不變的萃卦。萃卦前為姤卦，萃卦後為升卦，易學會因緣會聚，大行其道。二十世紀大心理學家榮格為英譯本《易經》作序時，曾占當時《易》的處境為鼎卦（䷱）二、三爻動，為懷才不遇之象，譯介後也是坎卦六三動，「來之坎坎，險且枕」，難以發揮大用。看來學術文化有其時運，時不至，強求也沒用。今後的易學發展，時來運轉，人文薈萃矣！

一九九四年元月中旬，我問全年個人為學的進境，為不變的萃卦。遇姤而萃而升，令人期待。結果當年第二季，公司情勢巨變，我開始投閒置散，有更多時間沉潛讀書。八月初，李登輝請我去教他《易經》，又開啟人生許多新的機緣。

二〇〇八年二月底，我赴高雄演講，在旅館中問：我們周易學會租屋做中心會所合宜否？為不變的萃卦。「亨。王假有廟，利見大人，亨利貞。用大牲吉，利有攸往。」人文薈萃，是應該找個適宜聚眾的道場了！就是從此多了固定開銷，所費不貲，得廣闢財源才好。半年後，此事成真，學會附近緊臨善導寺，還真的就有座大廟呢。

二〇〇九年四月下旬，我率學生由江西、廈門遊罷返台，在廈門大學南強論壇的兩場演講相當成功，我問後續效應如何？為不變的萃卦。人文薈萃，當開新運，往後發展確實如此。

二〇〇九年五月下旬，我們在中部溪頭林區辦春季研習營，討論《易》與老莊，晚上閒聊時，大家占問每個人對學會可有的貢獻，我是不變的萃卦。「王假有廟，利見大人，亨利貞」，「聚以正也」。我得扮演好理念中心的領導角色，聚集精英，講明易道。

二〇一一年三月二十日，毓老師溘然仙逝，弟子們悲痛莫名。翌日，我問老師與我三十六年的結緣，應如何看待？為不變的萃卦。遇姤之萃之升，真是人生難求的機遇，改變了我的一生。而今王者已經入廟，後生小子當如何奮勵精進，毋忝所教啊！

●二〇一〇年初，我做一年之計，問全年的台美關係，為不變的萃卦。「亨。王假有廟，利見大人」。應該相當順暢，但是拜美國廟得有犧牲奉獻，「用大牲吉，利有攸往」，指何而言？原來指的是須進口美國牛肉，當年蘇起即因此而下台，兩年後，事件再起，輿論沸騰，馬英九政府再受重創。二〇一二年三月上旬，我問開放美牛進口的決策，對馬政府的影響，為恒卦（䷟）二、四爻動，齊變有謙卦（䷎）之象。雷風恒，「君子以立不易方」，九二「悔亡」，尚稱穩定；九四「田无禽」，中央執政高層應變不稱職，白忙一場。

接著我問：台灣民眾食美國牛是否確實有害？為噬嗑卦（䷔）九四動，有頤卦（䷚）之象。「噬乾胏，得金矢，利艱貞吉」，「未光也」。占象一語雙關，噬嗑就是肉食，也是國際鬥爭強凌弱之意。帶骨的乾肉難以下嚥，為了經貿與軍購（「得金矢」），不吃又不行，政治交易多有暗盤，正是「未光也」。

●二〇〇七年二月中旬，我的女兒忙著申請留學深造，期待能獲得國外研究所入學許可，我們戲稱「愛的迷薰」（admission）。當時我幫她算了十幾卦，全都應驗。第一個問題是當年能順利留學嗎？為不變的萃卦。「用大牲吉，利有攸往」，英美的學費都很貴；「王假有廟」，比較像英國君主立憲的體制。最後，英國幾家出類拔萃的大學給了入學許可。

●一九九八年五月底，我給學生上劉劭的《人物志》，問〈九徵第一〉的篇旨，為不變的萃卦。精英相聚，人文薈萃，切合題旨。「蓋人物之本，出乎情性，情性之理，甚微而玄，非聖人之察，其孰能究之哉？」篇首強調人情為知人之本，萃卦〈彖傳〉稱：「觀其所聚，而天地萬物之情可見矣！」二者宗旨亦同。

●二〇〇七年中，我一位學生占問：《易經》中最美的一卦為何？答案就是萃卦。花團錦簇，出類拔萃，人情物意之美，萃卦足以當之。

䷬

初六：有孚不終，乃亂乃萃。若號，一握為笑。勿恤，往无咎。

〈小象傳〉曰：乃亂乃萃，其志亂也。

初六為萃聚之始，處基層民眾之位，和九四相應與，很想與之相聚，又顧忌四、五相爭，怕九五之君怪罪，猶疑徬徨，難定行止。這時若誠心號召，初、四兩方攜手合作，相視而笑，不必太憂慮，前往歡聚，可獲無咎。本爻變，為隨卦（䷐），真心追隨，不會有任何問題。

《詩經．邶風．擊鼓》：「死生契闊，與子成說。執子之手，與子偕老。」有情人分離，兩地相思甚苦，應該排除萬難相聚，以期破涕為笑。

占例

●二〇〇四年五月二十日陳水扁勝選就任前夕，傳聞很多，我問當天會不會有不測之變？為萃卦初六爻動，有隨卦之象。「有孚不終，乃亂乃萃」，基層民眾是有聚集抗議的動向，未必真成行。翌日果然沒事，真正爆發是在兩年後的紅衫軍運動。

●二〇〇九年七月中，我問禪宗的主旨，為萃卦初六爻動，有隨卦之象。萃卦前為姤卦，「遇萃之隨」，人生聚散隨緣，勿用執著。正所謂：「一切有為法，如夢幻泡影，如露亦如電，應作如是觀。」

䷬

六二：引吉，无咎。孚乃利用禴。

〈小象傳〉曰：引吉无咎，中未變也。

六二中正，和九五之君相應與，同心同德，為萃聚群英的主幹。九五爻辭稱「匪孚」，領導的威望不足，正需六二以誠信相挺，才能與九四、初六及六三的陣營制衡。六二既為全局關鍵，偏向任何一方都舉足輕重，就不必過早表態，以本身的影響力調合派系矛盾。引而不發，將弓拉滿，搭箭蓄勢而不射出，自然會有人來汲引請益，可獲吉而無咎。「禴」為薄祭，一般在夏日暑熱時節進行，供品一切從簡，比喻六二不花甚麼成本，即可成為萃聚要角，居下卦之中，篤定依時中之道行事。本爻動，恰值宜變成困卦（䷮），養望靜待整合前，會有段困乏期。處此地位而無整合大局的見識，也會長期受困。

●二〇〇三年三月下旬，美國進攻伊拉克，勢如破竹，我問戰事何時可望結束？為萃卦六二爻動，恰值宜變成困卦。「引吉，无咎。孚乃利用禴」，美軍擊中優勢兵力出擊，以極少死傷的代價而獲重大成功，迅速取勝應無問題。爻變成困卦，戰勝後卻可能陷入泥沼，長期佔領難以撤軍。〈大象傳〉稱「除戎器，戒不虞」，真是說中問題的重點：戰勝易，守勝難哪！由事後情勢發展來看，占象完全應驗。

●一九九三年四月八日，我的妻子順利產下麟兒，母子均安，由於妻懷孕時胎位不正，我在醫院問前景如何？為萃卦六二爻動，恰值宜變成困卦。「引吉，无咎。孚乃利用禴。」應該問題不大，事後也是如此。

●一九九五年三月下旬，我在台灣出的第二套易書《易經與生涯規劃》將出版。除了自序外，決定請三人寫序，分別是李登輝、主持社會大學的老友，以及出版公司的老闆。我問這腹案如何？為萃卦六二爻動，恰值宜變成困卦。「引吉，无咎。孚乃利用禴。」萃聚三方因緣，共襄盛舉。老闆見我如此，有些錯愕，我卻很坦然，舊恩新怨我還分得清。這三人都寫序了，而往後的人生緣分也都不長久。「遇萃之困」，不亦宜乎？

六三：萃如，嗟如，无攸利。往无咎，小吝。

〈小象傳〉曰：往无咎，上巽也。

六三不中不正，上承九四，理應追隨長官。由於四、五兩虎相爭，也跟初六一樣，擔心九五之君怪罪，憂慮嘆氣不好表態。這是人之常情，但不宜游移太久，還是盡快行動，力挺九四而獲無咎，最多小有吝，別太擔心。三、四、五為一巽卦（☴）之象，六三深入順承九四，方是人情義理，爻變為咸卦（䷞），「觀其所感，而天地萬物之情可見矣！」

占例

●二〇〇〇年三月十七日，台灣跨世紀大選前夕，我問宋楚瑜的勝算，為萃卦六三爻動，有咸卦之象。「萃如，嗟如，无攸利。往无咎，小吝。」這絕非贏得大位之象，隔日揭曉，宋以三十萬票差距飲恨。

●二〇〇七年七月中旬，我的學生林世商貿易興旺，想出資贊助學會，編印《易經》隨身小冊及典藏版，前文豫卦二爻變占例中已說明。當時我問此企劃合宜否？為萃卦六三爻動，有咸卦之象。「萃如，嗟如，无攸利。往无咎，小吝。」不是不可以，但效應不大，這份心意最好移作其他項目，較有意義。

䷬

九四：大吉，无咎。

〈小象傳〉曰：大吉无咎，位不當也。

九四陽居陰位不正，和初六相應與，又得六三上承，群眾基礎雄厚，足以挑戰九五的領導地位。九五幸得六二支持，雙方實力維持平衡。以量來比，九四有基層初六信服，聲勢浩大；以時位看，九五、六二中正，九四、六三、初六皆不正，主流派又佔上風。兩虎相爭，必有一傷，為整體利益著想，九四不宜與九五爭權，大局若吉，本身亦為輔國重臣而獲無咎。九四爻變，為比卦（䷇），推誠合作而非激烈對抗。

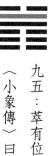

占例

● 二〇一一年六月初，我問自己二十年講經的成就，為萃卦九四爻動，有比卦之象。「大吉无咎，位不當也。」「遇萃之比」，當然有一定成果，卻總有「位不當」之感。

● 一九九六年十一月下旬，我問一位舊識的本命，為萃卦九四爻動，有比卦之象。「大吉无咎，位不當也。」他天賦才性皆高，我二十多歲時遇到他，頗受啟發，然而幾十年過去，他未有所成也是事實，人生真的自有命數？〈象傳〉稱：「利有攸往，順天命也。」志與命間的辯證關係，令人深思。

䷬

九五：萃有位，无咎。匪孚，元永貞，悔亡。

〈小象傳〉曰：萃有位，志未光也。

九五中正居君位，和六二相應與，佔住大義名分而獲無咎。然而在下面臨九四強臣的挑戰，往上又有上六陰乘陽、柔乘剛的曖昧關係影響，難孚眾望，「匪孚」即「非孚」。領導人威信不足，意志不易貫徹，故稱「志未光」。如欲改善這種情況，須修「元永貞」之德，才可使悔恨消亡。

九五爻變，為豫卦（䷏），「利建侯行師」，發揮魅力重整團隊，一方面也防範九四奪權。

比卦卦辭：「原筮，元永貞，无咎。」九五顯比，一陽獨霸於眾陰之上，為全局無可置疑的領袖，萃卦九五有九四分權，欲消弭身側之患，正須學習此道。萃卦卦辭有「亨利貞」，欠「元」德，兩雄相爭，核心的領導不見；九五爻辭「元永貞」，針對此弊整治，務期江山一統。

占例

● 二〇〇九年七月上旬，民進黨新潮流系大老洪奇昌因台糖關說案被起訴，他曾上過我的《孫子兵法》課，太太則長期上《易經》，都是我的學生。我問他官司的吉凶，為萃卦九五爻動，有豫卦之象。「匪孚」，「志未光也」。以涉案來說不大妙，相當於卦中所含大過卦（䷛）的三、五爻，「棟橈，凶」，「枯楊生花，何可久也」？纏訟經年，初審、二審皆判兩年多，後聲請再審獲准，才平反獲判無罪。

● 一九九六年十二月中，社會大學高雄分部邀我開《易經》班，為期一年，我問前景，為萃卦九五爻動，有豫卦之象。因緣聚合，南下授《易》，當時高鐵尚未興建，每週三得飛機往返，相當辛苦。當然也教了些學生，課業結束後還有些連繫。

䷬

上六：齎咨涕洟，无咎。

〈小象傳〉曰：齎咨涕洟，未安上也。

上六為萃聚之終，乘於九五之上，關係曖昧卻不能結合，又在外卦兌悅開口處，悲情之至。「齎咨」非虛字，「咨」為謀議商量，「齎」為懷持欲贈物與人。上六為退休大老之位，很想當政者聽他意見，若不蒙搭理採納，悲傷流淚不止，很不安分。爻變為否卦（䷋），天地不交，說亦無用，看別人萃聚熱鬧，自己冷清寂寞，難受死了！爻辭最後稱「无咎」，要人放寬心懷，勿執念過深，人生聚散無常，沒有不散的宴席啊！

弘一大師李叔同年輕時曾作詞曲〈送別〉：「聚雖好，離雖悲，世事堪玩味。」萃卦上六「无咎」之義，令人深思。其實萃卦見天地萬物之情，六爻皆稱「无咎」，善補用情之過，聚散無所咎責。離合悲歡之際，情懷難免激盪，有孚匪孚、哭哭笑笑、嘆氣呼號、猶疑擔心，不能自已。

萃卦初六「一握為笑」，至上六「齎咨涕洟」，聚時歡笑，離時悲泣，人之常情豈不如是？

占例

● 二〇〇一年三月下旬，我問《六祖壇經》的宗旨，為萃卦上六爻動，有否卦之象。「齎咨涕洟，无咎」，「未安上也」。萃卦前為姤卦，人生因緣相聚，緣盡則散，山河大地亦然，四大皆空，無需執著悲泣。正所謂：「本來無一物，何處惹塵埃？」

多爻變占例之探討

以上為萃卦卦、彖、象及六爻單變之闡析，往下繼續討論多爻變的複雜變化。

占事遇卦中任意二爻動，若其中一爻值宜變，以該爻辭為主論斷；若皆不值宜變，以本卦卦辭卦象為主，亦參考二爻齊變所成之卦的卦辭卦象。

●二〇〇六年初，我問全年的中美關係，為萃卦四、五爻動，九五值宜變為豫卦，齊變為坤卦。這是一山須容二虎之象：九五為美國老大，「匪孚」，「志未光」，不得人心；九四為崛起分庭抗禮的中國，「大吉，无咎」卻「位不當」。九五預防中國富強，多加戒備；九四剛而能柔，以小事大。坤卦廣土眾民，順勢用柔，兩大之間得練習和平共處。

●二〇一一年元月中旬，中國展示第四代戰機殲20，顯現驚人實力。我問再過二十年後，中國空軍力量的發展前景如何？為萃卦四、五爻動，九五值宜變為豫卦，齊變為坤卦。九五為美軍超強，孚信不足；九四為中軍勢大，已出類拔萃相當可觀。美軍備戰，思患豫防；中軍制衡而不挑釁，維持恐怖平衡。

●二〇一〇年二月初，我問大易管理學的精義為何？得出萃卦四、五爻動，九五值宜變為豫卦，齊變為坤卦。精英會聚，人際磨合不易，大易調和鼎鼐的智慧，於此能發甚深妙用，組成高效率的團隊，創造輝煌績效。

●二〇一〇年十一月中旬，我問同性戀的根本原因為何？得出萃卦四、五爻動，九五值宜變為豫卦，齊變為坤卦。兩陽緊密相聚，以萃卦中所含大過卦來看，剛好為大過卦中間四陽，皆為非常情色的匹配關係，不與常人同。萃卦〈彖傳〉稱：「觀其所聚，而天地萬物之情可見矣！」九四

「位不當」，九五「志未光」，一般不大敢公諸於世，承擔壓力不小。

- 一九九一年十二月中，我已代理出版公司總經理一職，問老闆督責的關係企業的經營情勢，為萃卦三、四爻動，九四值宜變為比卦，齊變為蹇卦（䷦）。六三上巽九四，經營幹部位不當，「遇萃之蹇」，外險內阻，艱困難行。
- 二〇〇二年五月中旬，我在華新麗華企業的《易經》班上得很紅火，其中一位知名化工業的老闆娘學習興趣濃厚，還想揪團另開一班深入研習，我問合宜否？為萃卦三、四爻動，九四值宜變為比卦，齊變為蹇卦。「遇萃之比之蹇」，應該不成，後果如是。
- 一九九九年十一月下旬，我在中部的一群學生籌組團體，暫稱「易人社群」，提了不少構想，我問合宜否？為萃卦四、上爻動，九四值宜變為比卦，齊變為觀卦（䷓）。期許精英相聚，九四「位不當」、上六聚不攏轉散，似乎不易成功。其後果然，一直到兩年後學會成立，才真正落實集會結社的理想。
- 二〇〇四年十一月下旬，我提前問二〇〇五年台灣社會的情勢，為萃卦四、上爻動，九四值宜變為比卦，齊變為觀卦。陳水扁兩顆子彈的爭議未消，台灣族群動員聚眾抗議的行動不息，上六聚極轉散，民情雖然憤慨，卻無法凝聚成事。激動鼓盪，終於二〇〇六年爆發了大規模的紅衫軍抗爭，間接導致二〇〇八年民進黨下台。
- 二〇〇九年八月中旬，我問鄧小平的歷史定位，為萃卦初、五爻動，齊變有震卦之象。萃卦前為姤卦，鄧抓住難得的歷史機遇，集中心志推動改革開放，遂使中國睡獅甦醒，生機勃勃，威震四方。九五君位，「元永貞，悔亡」；初六堅定大方向，號召民眾跟隨，「勿恤，往无咎」。

●二〇〇一年十月中旬，台中縣的顏清標有案在身，卻執意參選立委，顯然想藉此翻身，我問他能如願否？為萃卦二、五爻動，齊變有解卦之象。九五「匪孚」，「志未光」，顏為縣議會議長而涉案；六二「孚乃利用禴」，「中未變」，選民信眾支持不渝。解卦〈大象傳〉稱「赦過宥罪」，「動而免乎險」，選勝暫獲脫罪大有可能。結果顏真的選勝，還連任幾屆，才入獄服刑。

●二〇一二年九月上旬，中日釣魚台情勢緊張，學生林獻仁傳來簡訊，問兩國會為此開戰否？我占得萃卦二、四爻動，九四值宜變為比卦，齊變為坎卦。萃卦後為升卦，「除戎器，戒不虞」，是有風險。六二「引吉」、九四「大吉，无咎」，仍以外交手段為主，希望低成本和平解決紛爭。臺灣當局該如何？為不變的大過卦。「棟橈，利有攸往，亨。」〈大象傳〉稱「獨立不懼，遯世无悶」。主權問題絕不能退讓，這時再軟弱，將永遠抬不起頭矣！

九一一當天，日本一意孤行，仍收購釣魚台為國有，激起華人抗日狂潮。我再問會有軍事衝突嗎？為无妄卦二、四、五爻動，九四值宜變為益卦，貞悔相爭成損卦。應不至於輕舉妄動，否則都得承受損失。九四「可貞，无咎」，損中謀益，才是最可能的發展。

●二〇一六年十一月底，我參加匡廬文化之旅，在湖北黃岡附近參觀林彪故居，頗有感慨。占問其人其業，為萃卦五、上爻動，齊變有晉卦之象。萃卦九五之君「志未光」，上六元老遭忌「齎咨涕洟，未安上」，沒得善終。

三爻變占例

占事遇卦中任意三爻動，以本卦為貞，三爻齊變所成之卦為悔，稱貞悔相爭，合參兩卦卦辭卦象論斷。若三爻其中一爻值宜變，加重考量其爻辭。

● 二〇〇一年二月上旬，我問年底前兩岸三通否？為萃卦上卦三爻全動，上六值宜變為否卦，貞悔相爭成剝卦。萃為兩岸相聚，剝「不利有攸往」，否則「大往小來」不通，顯然無法三通。

● 二〇〇六年十一月下旬，曾為台灣百貨業界女強人的徐莉玲大張旗鼓，成立「學學文創公司」，我也應邀去上了幾堂課。其地座落於內湖堤防邊，離台北中心精華區甚遠，能否集客，讓人捏把冷汗，我占問她可否三年有成？為萃卦上三爻全動，上六值宜變為否卦，貞悔相爭成剝卦（䷖）。開設文創道場，集聚各界精英以教化群眾，上六「齎咨涕洟」，由聚轉散，否則不通，剝則「不利有攸往」。果然開辦後，人氣無法提振，人事磨合的問題叢生，不到一年就被迫轉型，算是不折不扣的挫敗。「學學文創」強調教學相長，終生學習，取義於《禮記．學記》：「兌命曰：學學半，其此之謂乎！」〈兌命〉為《尚書．商書》中篇章，傳說勸殷高宗勤學不倦，辭意懇切：「惟學學半，念終始典於學。」「學學文創」用的 logo 也有深意，就是爻字的兩個乂，「學」字、「覺」字上半中間的部分，幼兒由把玩卦爻開始思考問題，啟蒙人生的學習。

二〇〇七年九月下旬，我問傳說二〇一二的世界浩劫是否金融風暴，遇比之蹇，已於比卦占例說明。接著問如何趨避呢？萃、剝貞悔相爭，萃上六宜變為否卦。萃前為姤，危機瞬間爆發須集中資源心力應付，尤以上卦領導階層為最。變否、變剝，趨避無方，遭致重挫。一年後金融風暴爆發，果然舉世動盪，受創嚴重。

● 二〇一一年十月中，我赴西藏旅遊，占問天葬的意義？為萃卦上三爻全動，上六值宜變為否卦，貞悔相爭成剝卦。萃為因緣相聚，上六緣盡則散，哭亦無益，爻變為「否之匪人」，從此陰陽兩隔，剝卦軀殼喪盡，期待精魂復生。

●二〇〇八年二月中旬，我的老友巫和懋教授由北京返台。由於林毅夫將接任世界銀行副行長兼首席經濟學家，北大中國經濟研究中心的主任一職，將選人接任，我問和懋有無接任機會，為小畜卦（䷈）五、上爻動，九五值宜變為大畜卦（䷙），齊變為泰卦（䷊）。九五「有孚攣如，富以其鄰」，主要仍得看林毅夫的意向，機會不錯。若其他同事接任，對他的影響如何？為萃卦三、四、五爻動，貞悔相爭成謙卦（䷎）。精英薈萃，謙亨有終，相處也沒甚麼問題。最後問林毅夫去世銀後，未來四年的表現如何？為不變的萃卦。萃之前為姤，因緣際會，出類拔萃，前途看好。

●二〇〇四年四月下旬，陳水扁連任造成台灣對抗嚴重，氛圍緊張，我占算此生與中國大陸的緣分，為萃卦初、二、四爻動，六二值宜變為困卦，貞悔相爭成節卦（䷻）。萃前為姤，有緣精英相聚。初六、九四相應與，六二「引吉」，「孚乃利用禴」，靠本身實力，先困而後萃聚。節卦與渙卦（䷺）相綜一體，與旅卦（䷷）相錯，有海外弘揚中華文化之意。

●二〇一二年五月初，民進黨多人出來競選黨主席，蔡英文大選落敗後，空出此一要職，有所謂反蘇聯盟。我問蘇貞昌選得上否？為萃卦初、四、五爻動，貞悔相爭成復卦。人氣薈萃，初、四相應與，五為君位亦動，剝極而復，再度出山絕無問題。當月下旬，果然勝選出任黨主席。

●二〇一七年初，我問吳敦義參選國民黨主席的勝算，為萃卦二、四、五爻動，貞悔相爭成師卦。「遇萃之師」，透過組織動員應可獲勝。五月選舉，吳果然以過半數選票勝選。

●一九九三年四月底，我經營出版公司已大有起色，問老闆是否還有一線生機？為萃卦二、四、五爻動，貞悔相爭成師卦（䷆）。再確認一次，為不變的謙卦。謙亨有終，似乎命不該絕。萃卦九五居君位，「匪孚」，「志未光」，但有六二「孚乃利用禴」，情義相挺。九四「大吉无咎，位不當」，指的是我所率領的經營高幹，績效卓越而功高震主。兩下較勁，遲早面臨決戰，師卦「丈人吉，无咎」，老闆為創業老成人物，有成功機會。一年後，果然絕處逢生。

四爻變占例

占事遇卦中任意四爻動，以四爻齊變所成之卦的卦辭卦象論斷，若其中一爻值宜變，稍加重考量其爻辭的影響。

● 二〇〇九年二月中旬，我與學生溫泰鈞及林獻仁夫婦年度聚餐，林的兒子考高中，問順利否？為萃卦二、三、四、五爻動，九四值宜變為比卦，四爻齊變成升卦（䷭）。「遇萃之升」，依卦序自然演進，出類拔萃因而高升名校，絕無問題，後確如是。

● 二〇一〇年五月中旬，台灣流行玩沉香，不惜高價收購，甚至說比檀香「降魔」效果佳。我問確然否？為萃卦初、四、五、上爻動，九四值宜變為比卦，四爻齊變成頤卦（䷚）。「遇萃之頤」，出類拔萃，頤養精神，應該不錯。

二〇〇九年五月下旬，我的兒子高一下選組，決定棄數理科技而選文法商，我問合宜否？「遇萃之頤」。顯然相當合適，兩年後他考上政大會計系。

46. 地風升（䷭）

升卦為全易第四十六卦，與萃卦相綜，居萃卦之後，下接困卦。〈序卦傳〉稱：「萃者，聚也。聚而上者謂之升，故受之以升。升而不已必困，故受之以困。」「萃」為精英相聚，若能推誠合作，必創高度成長。所有成長有其極限，擴張過度會泡沫化，一旦泡沫破碎即陷入困境。近代科技文明的高速發展，消耗能源過甚，造成生態汙染，即為顯例。

〈雜卦傳〉稱：「萃聚，而升不來也。」升卦初爻陰虛，底氣不足，因緣際會而獲高度成長，繁榮可能建構於外債的基礎上，若不適時償還以降低資金成本，一旦成長趨緩，就有虧損的風險。復卦初爻厚實，稱「七日來復」，升卦一味往上進，容易忽略了根基虛浮，未能回填補實，故稱「不來」。

中國大陸三十多年經濟改革成功，成長都不知翻了多少倍，但也產生許多問題待解決。以數位觀象法分析，升卦加上復卦，等於泰卦。真要國泰民安，除了既有的富強成長外，顯然還得培養深厚的文化底蘊。

䷭

升卦卦辭：

元亨。用見大人，勿恤，南征吉。

升卦卦辭一帆風順，首稱「元亨」，後稱「征吉」。萃卦辭有「亨利貞」，無「元」，精英相聚還在磨合階段，領導中心尚未確定。萃卦九五若修「元永貞」之德成功，建立領導威信，團隊績效成長上升，至升卦時元德出現。卦辭稱「元亨」者不多，還有大有、鼎二卦。「用見大人」與「利見大人」不同，「用」是順勢用柔，「利」是用剛。謙卦初六爻辭稱「用涉大川」，不稱「利涉大川」，其中道理已詳前文。大人領導團隊高速成長，切勿擔心個人私利，應善盡君位之責，光明磊落往前進取而獲吉。後天八卦離居南方，光明亨通，照耀四方，領導人南面為王，故稱「南征吉」。明夷卦誅除暴君，九三稱「南狩，得其大首」；升卦新王即位，卦稱「勿恤，南征吉」。

〈彖〉曰：柔以時升，巽而順，剛中而應，是以大亨。用見大人，勿恤，有慶也。南征吉，志行也。

〈彖傳〉揭示升卦高成長的奧秘，在於「柔以時升」，本身實力未必具足，卻因緣際會，各方調度資源，抓住時機而成事。升卦和泰卦不同之處，在初爻陰虛不實，基本建設或自有資源不足，卻可好風憑借力，送其上青雲。內卦巽入、外卦坤順，九二陽剛居下卦之中，上和六五之君相應與，提攜升進，故能「大亨」。領導的大人沒有私心，民眾可獲福祉。光明磊落往前奮鬥，其志大

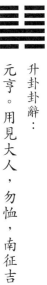

行。

晉卦六五居君位，爻辭稱「失得勿恤」，小象解釋「往有慶也」。升卦「用見大人，勿恤」，〈彖傳〉亦稱「有慶」。眾喜為慶，一人有慶，兆民賴之。群眾的幸福，繫於領導者沒有私心。姤卦九五「有隕自天，志不舍命」；萃卦掌握機遇，「利有攸往，順天命也」；升卦領導「南征，志行也」。人志與天命的關係，值得深入研究。

〈象〉曰：地中生木，升。君子以順德，積小以高大。

升卦上卦坤為地，下卦巽為木，故稱「地中生木」。下巽深入紮根，吸收土中養分，然後破土而出，順勢生長壯大。很多林區的參天巨木，皆由苗圃中長期蘊育而成。萬丈高樓從地起，十年樹木，百年樹人，發展事業培育人才，亦當如是。〈大象傳〉重視修德，升卦快速成長，有泡沫化的可能，故而強調堅實打底、積漸成長的重要。

占例

●二〇〇一年元月下旬，我問當年連戰的運勢，為不變的升卦。前一年大選慘敗後，李登輝卸下黨主席職務，由連戰接任，重整旗鼓，聲望氣勢漲升。兩年後，與親民黨合作結盟，競選二〇〇四年大位。選前一百多天，占藍營勝算還是不變的升卦，大有成功可能。同時占問陳水扁，則為「遇大過之大有」，見前文大過卦二爻變占例。若非三一九槍擊案逆轉選情，藍營會提前四年贏回政權。

●二〇〇一年八月下旬，我問年底立委選舉，新成立的台聯黨的戰績，得出不變的升卦。卦辭稱「勿恤，南征吉」，南部的票房較佳。結果一舉贏得十三席，票數占百分之八，成績亮眼。

●二〇一〇年七月底，朝野大黨為年底的五都大選佈局已畢，民進黨提高雄市長陳菊競選大高雄都，同為黨員的高雄縣長楊秋興提名失利，我問他是否會宣布脫黨參選？為不變的升卦。「勿恤，南征吉」，一定會參選！事後果然，但沒能勝選，二〇一二年初馬英九連任，邀請楊秋興任政務委員。

●二〇〇八年十月中旬，我受邀赴浙江餘杭開中華文化的研討會，該地有良渚文化的遺址，旅館高雅幽靜，我問自己生平志業的進境與未來期許如何？為不變的升卦。「元亨。用見大人，勿恤，南征吉。」志業可成，「君子以順德，積小以高大。」

●二〇一〇年七月中，學會面臨人事重整，財務需另覓人負責，預計接任理事長的鄧美玲提出人選，我立刻檢驗該生適任否？為不變的升卦。「勿恤，南征吉」，立即同意，非常稱職。

●一九九八年十一月下旬，我讀佛經有感，問「阿賴耶識」究為何物？得出不變的升卦。升卦之前為姤、萃二卦，人的深層心識由眾多因緣匯聚而生。升卦的錯卦為无妄卦（䷘），由「復見天地之心」起念而成，若真實不虛，則「元亨利貞」。升卦與无妄卦相反，緣聚緣散無常。唯識學講「轉識成智」，「阿賴耶識」並非究竟，需轉為「大圓鏡智」才得通達。《心經》說「受想行識」亦復成空，「無受想行識」，點破多少人的迷茫。

䷭ 初六：允升，大吉。

〈小象傳〉曰：允升大吉，上合志也。

初六為升卦之始，上承九二陽剛有實，隨著一起上升，稱「上合志」。「允升」因做事公正，誠信為眾人接納，故而同意其上進。初六爻變，為泰卦（䷊），「小往大來，吉亨」，高速成長打下了國泰民安的基礎。初六「柔以時升」，為「地中生木」下巽深植之根，吸取滋養，「積小以高大」。由一點暢通造成全局發展，稱「大吉」，例如萃卦九四願為人下，「大吉，无咎」；家人卦六四善於理財，「富家，大吉」。

小畜卦六四上承九五，以小事大，稱「上合志」；升卦初六上承九二亦然，上下有志一同，合作追求發展。

晉卦「柔進而上行」，六三「眾允，悔亡」；升卦「柔以時升」，初六即稱「允升，大吉」。由晉至升，顯然社會進步很多，人民力量上升，當政者不敢「摧如」鎮壓，反而多方提攜。以《春秋經》標榜的理想來說，升卦即「升平世」，由蠱卦上九爻變而來，「不事王侯」以後，「據亂世」變成了「升平世」。升卦初六爻變，代表還政於民，爻變為泰卦，「升平世」再進化成「太平世」。這是《春秋》思想中有名的「三世義」，至於晉卦則為「小康世」，故而卦辭稱「康侯」，表示小康時候已至，得更重視人群精神層面的提升。《論語・雍也篇》記子曰：「齊一變至於魯，魯一變至於道。」講的正是這種演進的過程。

占例

●一九九三年四月下旬，我經營出版公司有成，產銷勤各部門皆已漸入規範，準備在社慶後再精簡人事，問合宜否？為升卦初六爻動，有泰卦之象。「允升大吉，上合志也。」基層冗員適宜精簡，升卦之前為萃卦，本即萃取精華、重質不重量。做到了轉虛為實，培元固本，可致通泰。構想不錯，未及全面貫徹施行，公司股爭再起，一年後情勢巨變，精簡已無意義。

九二：孚乃利用禴，无咎。

〈小象傳〉曰：九二之孚，有喜也。

九二陽剛居下卦之中，上和君位的六五相應與，下乘初六，又得基層民意的大力支持，在全局中居推動成長的關鍵地位。〈彖傳〉中稱：「剛中而應，是以大亨。」明確點出其致亨之由。「孚乃利用禴」，和萃卦六二相同，深孚眾望，不需豐盛的供品，即可祭祀而蒙受福報。本爻變，為謙卦（䷎），天地人鬼神皆福祐，君子亨通有終。萃卦六二稱「无咎」，「孚乃利用禴」；升卦九二則稱「孚乃利用禴，无咎」。

占例

●二○○四年五月下旬，陳水扁在高度爭議下連任，台灣族群對峙嚴重，我問大陸的對策及運勢如何？為升卦九二爻動，有謙卦之象。「孚乃利用禴，无咎。」「遇升之謙」，對外堅持和平崛起，兩岸仍期望和平統一。

●二〇一五年五月下旬，我問二〇一六年初總統大選勝負，蔡英文為升卦九二爻動，有謙卦之象。「遇升之謙」，勝選機會應該很大。國民黨候選人為恒卦初、三、四爻動，貞悔相爭成臨卦。「浚恒，貞凶」，「不恒其德，或承之羞」，「田无禽」，糟透了！必然敗選。後果如是。

●二〇一一年二月上旬，辛卯年正月初一，我們最後一次去給毓老師拜年後，我問老師在中華文化傳承上的歷史定位？得出升卦九二爻動，有謙卦之象。「孚乃利用禴，无咎。」「謙亨，君子有終。」承上啟下，繼往開來，功莫大焉。

●二〇〇一年八月中，上過我在《中國時報》天母會館一季易經課的學生林世商來電，想一對一跟我把六十四卦學完。我問如何評估這機緣？為升卦九二爻動，有謙卦之象。「孚乃利用禴，无咎。」「謙亨，君子有終。」占象相當正面，他成了迄今為止，除了李登輝外一對一習《易》的學生。

●二〇〇五年八月中旬，我問自己長期志業能得償否？為升卦九二爻動，有謙卦之象。「孚乃利用禴，无咎。」「謙亨，君子有終。」願欲能夠得償，「君子以順德，積小以高大」。

●二〇〇六年七月上旬，我給學生上三十六計與易理的關係，問「連環計」的詮釋，為升卦九二爻動，有謙卦之象。「孚乃利用禴，无咎。」「謙亨，君子有終。」九二為躍升成就的關鍵，乘初應五，環環相扣，遂成大業。

●二〇一二年八月底，時值中元普渡，我在父母家祭祖後，赴學會上佛經課。一路車行大街小巷，商家皆在路祭過往神靈，香煙繚繞，氛圍十足。我問其景其情，為升卦九二爻動，有謙卦之象。

「孚乃利用禴，无咎。」真的是虔心祝禱，希望情通天地人鬼神，而獲善終。

九三：升虛邑。

〈小象傳〉曰：升虛邑，无所疑也。

九三過剛不中，居下卦巽風之頂，上臨坤卦廣土眾民的平台，陽入陰中全無阻礙，似可順風扯帆長驅直入，完全不必疑慮。「疑」通「凝」、「礙」、「擬」三字之理，在坤卦中已予說明。無礙無疑，形勢開朗不凝重固然好，「擬」可有虛擬之意。值此時位，你能確定看到的是事實真相，前景一定順利嗎？「虛邑」是虛擬的城邑，就像海市蜃樓，根本為幾重折射的虛幻光影，並非究竟真實，隨時可能泡沫碎裂一場空。「升虛邑」，登上空中樓閣，認假為真，深信不疑，還勞師動眾去追求，豈不哀哉！本爻變，為師卦（䷆），〈彖傳〉稱：「以此毒天下而民從之。」九三居三多凶的人位，人心構畫的東西，讓很多人如醉如癡的追求，烏托邦、理想國、極樂世界、大同太平的王道樂土等，是否也是「虛邑」呢？

升卦三至上爻，合成復卦（䷗），二至上爻合成臨卦（䷒），升卦九三相當於復卦初九及臨卦九二，充滿了無窮無疆的想像力與創造性，所以能吸引那麼多人追隨。升卦初至四爻，合成大過卦（䷛），初至五爻，合成恒卦（䷟）。升卦九三相當於大過卦九三「棟橈」、九五「枯楊生花」，充滿毀滅危機；又相當於恒卦九三，「不恒其德，或承之羞」，久則破功，無處容身。由以上卦中有卦的精細分析，可見「升虛邑」的複雜性，吉凶難測，由人的修為和智慧而定，故而爻辭不明言吉凶。比卦六三「比之匪人」、否卦六三「包羞」，賁卦六二「賁其須」等皆然。

以《河洛理數》的本命觀之，先天元堂為升卦九三者，後天為比卦上六。這表示有「升虛邑」、追求形上世界傾向者，後天可能與人寡合，「比之无首，凶」。反之，先天為比卦上六者，後天為升卦九三，性向與人難合者，後天可能遁入空門，或投身宗教。

由「升虛邑」的深層分析，可以嘗試建立人格心理學與易象易理的關係。設若一個人的性格，以某卦某爻來表徵，其相應於卦中卦的爻位，則揭露其複雜的多面性，先、後天《河洛理數》的變化，也是其一。心理分析的臨床治療，常藉一問一答來進行，易占卦爻不亦如是？

九三爻變成師卦，還有戰爭不能解決問題、霸圖畢竟成空的警示，殺人盈野，所建立的城邦無非虛邑。大陸期許和平崛起，應如升卦九二的做法。「孚乃利用禴，无咎」，講信修睦，成本最低，效益最大；爻變成謙卦，天地人鬼神都賜福。

九三和上六相應與，上六正是升極轉困之位，泡沫破碎，而九三「升虛邑，无所疑」，開始做夢，製造泡沫，箇中因果相當分明。《金剛經》稱：「凡所有相，皆是虛妄。」經末以偈警示：「一切有為法，如夢幻泡影，如露亦如電，應作如是觀。」

董仲舒《春秋繁露．立元神》有云：「為國，其化莫大於崇本……無禮樂則亡其所以成也……則民如麋鹿，各從其欲，家自為俗。父不能使子，君不能使臣，雖有城郭，名曰虛邑。」升卦初爻為虛，一味追求成長，而忽略了禮樂文教的根本，就有「升虛邑」的可能。

●二〇〇九年七月中，我問：甚麼是佛？為升卦九三爻動，有師卦之象。「升虛邑，无所疑也。」佛所說的三千大千世界，不可思議之處甚多，而億萬信眾堅信不疑，令人深思。師卦「容民畜眾」，「能以眾正，可以王矣」。佛教的影響力無遠弗屆。

●二〇一〇年十月上旬，我一位大學熟朋友的弟弟出事，幹了一輩子的法官，卻經常招妓而被調查偵辦，連退休金都泡湯，搞得身敗名裂。我問他的問題在哪裡？為升卦九三爻動，有師卦之象。「升虛邑」，人生空洞虛無，當何所之？遂以尋歡性愛耽溺其中！

●一九九七年四月下旬，我問「升虛邑」為何意？為離卦九四爻動，恰值宜變成賁卦。「突如其來如，焚如，死如，棄如，「无所容也」。離卦光輝燦爛，賁卦文勝於質、虛有其表，由離變賁，一場空啊！

六四：王用亨于岐山，吉，无咎。

〈小象傳〉曰：王用亨于岐山，順事也。

六四陰居陰當位，順事六五之君，不生扞格。爻辭引用周文王發跡的史實，以說明順勢用柔之理。隨卦上六「拘係之，乃從維之，王用亨于西山」，稱揚文王祖父太王深得民心，由豳遷徙至西山的故事。西山就是岐山，周民族於此落腳後，興旺發展，難免引起殷商中央政權的疑忌，文王後來的羑里之囚亦因此而來。《論語・泰伯篇》中記孔子曰：「三分天下有其二，以服事殷，周之德，其可謂至德也已矣！」實力已強過對方，仍低調稱臣服事，絕不正面衝突，讓對方沒有找碴的理由，順勢以往，彼此的差距進一步拉大，屆時出手致勝，甚至不戰而屈人之兵。「王用亨于岐山」，「用見大人」，「用涉大川」，深通以小事大、以柔克剛的道理。現代兩雄相爭，所謂此消彼長的「剪刀交叉」，或稱魔鬼交叉、黃金交叉，即為升卦六四的情境。本爻變，為恒卦（䷟），眼光放得長遠，持穩行事，絕不輕舉妄動。周朝後來得享八百多年國祚，歸功於太王以及文王的至德。爻辭稱「吉，无咎」，獲致完勝，沒有任何後遺症。

占例

●二〇一一年四月下旬，毓老師仙逝已逾月，我問長達三十六載的師生緣，為升卦六四爻動，有恒卦之象。「王用亨于岐山，吉，无咎」，恆久順事業師，雷風動盪之世，「立不易方」。恒卦〈彖傳〉說的好：「聖人久于其道，而天下化成。觀其所恒，而天地萬物之情可見矣！」

●二〇〇七年九月上旬，我僑居美國的小姨子遭電腦公司裁員後，問再謀職順利否？為升卦六四爻動，有恒卦之象。「王用亨于岐山，吉，无咎。」應該沒問題，她後來離開休士頓，到美西洛杉磯找到經理職，方向及職位皆合。

䷭

六五：貞吉，升階。

〈小象傳〉曰：貞吉升階，大得志也。

六五居君位，下和九二相應與，終於升至最高點，進階成功。〈象傳〉稱「南征吉，志行也」，初六「上合志」、六五「大得志」，有志者事竟成。初六為下卦巽木之根甚微小，六五高居上卦坤地之中，「君子以順德，積小以高大」。「貞吉」的「貞」，有見好就收、固守成果之意，高成長有其極限，不宜擴充過度而致泡沫化。六五爻變，為井卦（䷯），成長所得宜用於養民，保持組織生生不息的動力。

占例

● 一九九三年六月中，我費心經營出版公司，很多方面漸入軌道，唯獨佔營收大宗的直銷部門，始終表現不理想，負責統軍的副總提出大改制方案，我召集高幹反覆研商，加入嚴格但書後，占問可行否？為升卦六五爻動，有井卦之象。井為研發轉型，結果「貞吉升階，大得志也」，分階段推行應可成功。為慎重計，再確認得出不變的鼎卦（䷱），穩定而「元亨」。幾月後正式施行，確實較前改善，年底也開創了最佳的業績。

上六：冥升，利于不息之貞。

〈小象傳〉曰：冥升在上，消不富也。

上六為升極轉困之位，冥頑不靈，仍執意上升，行與勢違，必將消散轉為貧困。爻變為蠱卦（䷑），敗壞破碎，成住壞空，因果歷歷不爽。甚麼是「不息之貞」？乾剛自強不息，「不息之貞和坤卦的「牝馬之貞」、「柔順利貞」不同，靠自己而不靠他人。升卦一路「柔以時升」，藉力使力，至此柔道不再可行，須改用剛道自力求生。往後的困卦諸爻，外援斷盡，一切得堅強面對，奮鬥脫困，故稱「利于不息之貞」。上六和九三相應與，內心有不切實際的幻想，外面的事業終不能成就。升卦至九五「貞吉」，再征就成上六，是非成敗轉頭俱空。

二〇一一年元月底，我曾占問升卦上六的真意為何？得出頤卦初九爻動，有剝卦之象。「舍爾靈龜，觀我朵頤，凶。」逐欲無已，資源喪失，實不足貴。

占例

- 二〇〇五年十一月中，我在元大證券公司授《易》，教占時他們問翌年上海股市的整體表現，得出升卦上六爻動，有蠱卦之象。「冥升，利于不息之貞。」應該會有極高的成長，但須小心最後的泡沫破碎。結果如占象所示，二〇〇六年中國股市大爆發，上海一年成長百分之一百三十幾，很多人都發了財。至於泡沫破碎之虞，則在一兩個月後暴跌，升卦節氣當陰曆臘月下旬，時間也差不多。
- 二〇一一年七月中旬，我盤算一生志業在各方面近期的發展，頗有困頓滯礙，遂問如何奮力突破？為升卦上六爻動，有蠱卦之象。「冥升，利于不息之貞。」只有自強不息，俟機而動，揀操之在我的做就是。

多爻變占例之探討

以上為升卦卦、象、象及六爻爻辭理論與占例之介紹，往下討論更複雜的多爻變的情形。

占事遇卦中任意二爻動，若其中一爻值宜變，以該爻爻辭為主論斷。若皆不值宜變，仍以本卦卦辭卦象為主，兩爻齊變所成之卦的卦辭卦象為輔論斷。

- 一九九六年三月下旬，台灣大選前夕，我問李登輝的勝負，為升卦三、五爻動，齊變有坎卦之象。九五「貞吉升階，大得志也」，應該肯定當選；九三「升虛邑，无所疑」，如入無人之境，還可大勝對手。為什麼升中有坎象呢？應跟「虛邑」有關。李有台獨建國的希冀，無論如何終不能成，選勝升階的那一刻起，已深陷坎險的泥沼矣！升卦「南征吉」，似乎又揭示了當時台灣南部比較挺李的熱潮。
- 二〇〇五年六月下旬，我問三年內的兩岸關係，為升卦初、三爻動，齊變有臨卦之象。「遇升之臨」，可以樂觀預期，初六「允升，大吉」，基層民意支持開放交流；九三「升虛邑」，還難立即落實。三年後，民進黨政府下台，國民黨贏回政權，兩岸關係大幅改善。
- 二〇〇六年四月底，我問到二〇二五年時美國的國勢如何？為升卦初、三爻動，齊變有臨卦（䷒）之象。國勢仍然成長，依舊君臨天下，但九三「升虛邑」，有泡沫化現象。《焦氏易林》「遇升之臨」的斷詞為：「據斗運樞，高步六虛；權既在手，寰宇可驅；國大無憂，與樂並居。」
- 二〇〇九年十月中旬，我問熊十力名著《新唯識論》、《體用論》所揭櫫的宇宙真相為究竟否？得出升卦初、三爻動，有臨卦之象。初六「允升，大吉」，真實可信；九三「升虛邑，无所疑也」，談形而上的真理，要有實證也難，總是信者恆信。臨卦「教思无窮，容保民无疆」，「遇升之臨」，意境極高。

●二〇一〇年二月底，我占算重要儒家人物的歷史地位，最後技癢，也問自己將來可能的評價為何？得出升卦初、三爻動，有臨卦之象。「遇升之臨」，「積小以高大」，「教思无窮，容保民无疆」。

●二〇〇四年二月中，我問三二〇大選扁呂配的勝負，為升卦三、四爻動，六四值宜變為恒卦，齊變則有解卦（䷧）之象。升卦六四「王用亨于岐山，吉，无咎」，先弱後強，支持度有黃金交叉、後來居上之勢。解卦時值陰曆二月中旬後，正是三二〇選期，「解之時大矣哉！」再占連宋配的勝負，為不變的既濟卦（䷾），卦辭稱：「亨小，利貞，初吉終亂。」〈大象傳〉又提醒：「君子以思患而豫防之。」兩相比較，形勢顯有消長。結果發生三一九槍擊案，真的逆轉了選情，陳水扁獲勝連任。

●一九九七年五月中旬，我剛於三天前晉謁毓老師請益，回來整理心得，並占問老師對我的看法，為升卦三、四爻動，六四值宜變為恒卦，齊變有解卦之象。「升虛邑」，有理想待磨練；「王用亨于岐山，順事」，「吉，无咎」，彼時我正是擺脫出版業務、沉潛待時之際，持之以恆，或有大成。「遇升之解」，「地中生木」，有朝一日「雷雨作而百果草木皆甲坼」，「解之時大矣哉！」

二〇〇九年八月初，我在學生家作客，大家一起隨伴唱機唱歌時，我邊用手機占問：往後二十五至三十年，我可能成就之境界為何？得出「遇升之解」，和十二年前占象全同。當下心領神會，順事之恆，前後相加總，竟然長達約四十年！

●二〇一一年八月十四日中元節，我在高雄四維國小給學生上《論語》課，中休時在樓頭走廊徜徉，又憶念起仙逝的毓老師，占問恩師英靈庇護奉元弟子成事否？為升卦二、五爻動，齊變有蹇卦（䷦）之象。九二「孚乃利用禴，无咎」，我們誠心祝禱；六五「貞吉升階，大得志」，老師登天慧祐，大志藉我們以成。二、五恰相應與，「用見大人，勿恤，南征吉」。當然，繼志述事的歷程絕不容易，蹇難外險內阻，風雨同舟，「蹇之時用大矣哉！」我當下心領神會，再問老師而今可安好？為不變的臨卦，真是德光照臨，如在左右，「教思无窮，容保民无疆」。

當年底，我們周易學會在台北微風廣場的青葉餐廳辦尾牙，宴請理監事及行政幹部，大家圍著大圓桌觥籌交錯，相互勉勵祝福。某理事也是奉元師兄敘述往事，說以前同堂聽課，毓老見我來了，講解就特別精闢云云。我占問真有這樣嗎？為升卦二、五爻動，完全相應與，「用見大人，勿恤有慶」。當晚宴畢返家，我問整體歡會如何？為觀卦二、三、五、上爻動，四爻齊變成升卦（䷭）。二、五相應與，三、上相應與，配合很好，「遇觀之升」，「風行地上」，交易成「地中生木」，「君子以順德，積小以高大」。

●一九九六年十二月上旬，我問跨世紀之交的兩岸關係如何？為升卦二、上爻動，齊變有艮卦之象。「遇升之艮」，發展遭遇阻礙。九二「孚乃利用禴，无咎」，民間各界願意交流；問題出在上六昧於形勢的死硬派，包括屆時將退休的李登輝等。往後的發展果然如是，對台灣來講，也白白喪失了寶貴的時機。

●二〇一〇年元月下旬，科幻電影《阿凡達》造成風潮，我去看了後，占問其中意境，為「遇升之艮」。該片主要在湖南張家界取景，重巒疊翠於虛無飄渺間，正為兼山艮之象。人可經由機器轉形，翱翔於另一天地，「冥升，利于不息之貞。」

●二〇一〇年十一月下旬，我問當代大科學家史蒂芬・霍金的成就與貢獻，為升卦二、三爻動，齊變有坤卦（䷁）之象。升卦確有突出貢獻，九二「孚乃利用禴，无咎」，坐在輪椅上，用數理思考就能解釋宇宙奧秘；九三「升虛邑」，時空本質與造化生滅究竟如何？恐怕還待證實。

二〇一一年七月三日，毓老師逝世百日紀念會在台大尊賢會館舉行，經現場會員票選，我由發起人進而為籌備委員之一，籌設奉元學會的正式成立。會前占得遇升之坤，「孚乃利用禴，无咎」；「升虛邑」，還真說中了我往後三月的情況，或南下高雄，或去北京及歐洲，大半籌備會議沒法參加。

●二〇一〇年十二月中，我趁復健空檔，占問舊識新知的心品如何？其中學生藍榮福為升卦初、五爻動，初六值宜變為泰卦，齊變有需卦（䷄）之象。「允升大吉，上合志」，「貞吉升階，大得志」，誠心上進，格局清正，佳才也。藍畢業於輔仁大學經濟系，經營紡織業相當成功，人文素養亦厚實敦篤。二〇〇九年四月初，我應邀去廈門大學南強論壇演講，就是他與當地友人安排促成。二〇一六年十二月中旬，我赴長泰參加龍人書院國學論壇，前夕藍總在廈門設宴，以我名義捐了十萬人民幣作廈大台灣研究院獎學金，道地儒商風範。

●二〇一五年七月中，我參加「華夏始祖文化之旅」，參觀山西堯帝陵時，占其氣象為升卦四、五爻動，齊變有大過卦之象。「王用亨于岐山，吉，无咎。」「貞吉升階，大得志」。立德立功，氣象萬千。

三爻變占例

占事遇卦中任意三爻動，以本卦為貞，三爻齊變所成之卦為悔，稱貞悔相爭，合參兩卦卦辭卦象論斷。若三爻其中一爻值宜變，為主變數，加重考量其爻辭。

●二〇〇七年十一月中旬，我在工商建研會的第二期《易經》班教占，大家問：二〇一二年底前，兩岸三通否？之所以這麼問，當然跟翌年大選誰獲勝有關。結果得出升卦初、二、五爻動，九二值宜變為謙卦，貞悔相爭成既濟卦（䷾）。「既濟，定也」，成功過河；「升」則情勢高漲不能抑遏，「謙」為和平有終。三通必成，換句話說，馬英九勝選的機會較大。升卦初六「允升大吉，上合志」，基層民意普遍支持；九二乘初應五，台商扮演了穿針引線的重要角色；九五「貞吉升階，大得志」，新當選的領導人會順應民情，分階段逐步開放。二〇〇八年五二〇馬英九勝選上任後，三通提前實現，兩岸關係大幅改善。

●二〇〇八年十一月初，全球金融風暴爆發已逾月半，我針對未來五年台灣、大陸及世界的經濟形勢，算了十五卦。其中二〇一一年台灣經濟為升卦二、三、上爻動，上六值宜變為蠱卦，貞悔相爭成剝卦（䷖）。「遇升之蠱成剝」，成長遭遇瓶頸，泡沫破碎轉為「消不富」，「不利有攸往」。二〇一〇年台灣經濟為「遇否之升」，已於前文否卦四爻變占例中說明，為我學生林獻仁所算，從谷底大幅翻升，成長百分之十多。二〇一一再從升變剝，兩占接榫無間，後來成長降為百分之四多，皆已應驗。二〇一二年經濟轉為極差，「消不富」矣！

●二〇一一年三月初，張景興師兄來電通知，毓老師三天後再召見，垂詢苗栗乾元山賣地等事，我占問有何訓示？為升卦三、五、上爻動，貞悔相爭成渙卦（䷺）。九五「貞吉升階」，期望得償夙志，九三「升虛邑」、應與上六「冥升」，「消不富」，卻有落空之虞。渙卦為化散之義，人生聚散無常，大願或終消散，傳播文化之意永恆不滅。三月六日我去拜見老師，他體氣已相當衰弱，對面講話都要景興師兄在耳旁複述，我不敢多待，領命之後就及早告辭，不想這就是最後一面，兩週後老師過世。渙卦卦辭稱「王假有廟」，〈大象傳〉稱：「風行水上，先王以享于帝立廟。」散布在天下四方的奉元弟子們，在心中都給老師立了終生祝禱、永誌不忘的牌位。

●二〇一五年七月下旬，我結束「華夏始祖文化之旅」二週的行程，在北京參觀紀曉嵐故居，問其人其業，為大畜卦上九爻動，有泰卦之象。「何天之衢，道大行」，相當正面肯定。問紀主編《四庫全書》的貢獻，為升卦二、四、五爻動，九二值宜變成謙卦，貞悔相爭為咸卦。「遇升之咸」，也是全局皆佳，對後世感染影響甚大。

●二〇一二年十一月中，我問二〇一三年自己運勢。「謀食」為不變的比卦；「謀道」為升卦下三爻全動，貞悔相爭成復卦。「遇升之復」，攀升成長，見天地之心，日臻新境，準確預示了來年的發展。

●二〇一五年二月初，咸臨書院在蓮香齋辦年終尾牙宴，宴後總結為升卦初、四、五爻動，貞悔相爭成夬卦。「允升，大吉」，「王用亨于岐山，吉，无咎」，「貞吉升階，大得志」。「君子道長，小人道憂」，「君子以施祿及下」，高層與基層間配和甚佳，確是興旺之局。

●二〇一二年九月下旬，我受邀赴台大管理學院「全球企業家班」演講，談《易經》與企業經營的精要。講畢總結成效為升卦二、三、五爻動，貞悔相爭成比卦。「遇升之比」，推波助瀾，拓展學理人脈，相當正面。

四爻變占例

占事遇卦中任意四爻動，以四爻齊變所成之卦的卦辭卦象為主論斷，四爻中若某爻值宜變，稍加重考量其爻辭。

●二〇一〇年九月上旬，我問漢武帝其人其業如何定位？為升卦初、二、三、四爻動，六四值宜變為恒卦，四爻齊變成震卦（䷲）。〈說卦傳〉：「帝出乎震。」「遇升之震」，確為雄才大略之主，抓住時代機遇，積極開拓建設，使大漢帝國文治武功臻於鼎盛，對後世也有長遠恆久的影響。

五爻變占例

占事遇卦中五爻動，以五爻齊變所成之卦的卦辭卦象為斷，若其中一爻值宜變，略加重考量其爻辭。

●二〇一四年八月上旬，我在內蒙旅遊，問我開了三年多的「易佛（《易》與佛經）」課有功德否？為升卦初、三、四、五、上爻動，九三值宜變為師卦，五爻齊變成履卦。提升修習境界，且重敦篤實踐。另問「易老（《易》與老子）」課功德，為不變的恒卦，天長地久，「立不易方」。《焦氏易林》解詞云：「黃帝所生，伏羲之宇，兵刃不至，利以居止。」妙啊！

47.澤水困（䷮）

困卦為《易經》第四十七卦，在升卦之後，井卦之前，困、井一體相綜。〈序卦傳〉稱：「升而不已必困，故受之以困。困乎上者必反下，故受之以井。」高成長有其極限，消耗資源過度，會陷入困窮之境。「困」為澤中無水，資源枯涸，沒有現成可用的地上水，就得鑿井，去汲引地下水。一旦開通泉脈，取之不盡，用之不竭，不僅紓困，還創造出資源使用的新時運，井卦之後為「元亨利貞」的革卦。所謂「山窮水複疑無路，柳暗花明又一村」，不經困頓艱難，還不會有偉大的革新。人生受困，反倒成了創造發明之母。當今世界的能源危機，石油總有燒完的一天，為了支持文明的繼續成長，必要研發出新的能源，這就是井卦的意涵。

升卦為「地中生木」，似幼苗長成參天巨樹；「困」字木被口框限住，枝葉不得伸展，生機完全受阻。困、井一體相綜，從這邊看為「困」，幾乎沒有機會；由那邊看過來成「井」，開發的潛能雄厚。〈雜卦傳〉稱：「井通，而困相遇也。」由困而井，窮則變，變則通；困頓中隱藏有人生新的機遇，耐心尋覓，以謀轉型成功。井、困二卦在〈雜卦傳〉重排的次序中，為二十九、三十，可視為上經之終，留下困難的考驗，激發下經更多突破的動力。

〈繫辭下傳〉第七章論憂患九卦，困、井一併入選：「困，德之辨也；井，德之地也……困，窮而通；井，居其所而遷……困以寡怨；井以辨義。」困境中考驗人的德性，能否堅持正道，立可分辨，窮則變，變則通。「井」為研習修德之地，只要能開發出新東西，居其所在不動，就可以改變世界，人文與宗教的勝地、重大科技發明的研究室及實驗室皆然。《論語．為政篇》首章記子曰：「為政以德，譬如北辰，居其所而眾星拱之。」人生受困之時，當知惕勵奮發，儘量少怨天尤人；井卦研發創新的東西，當與公眾分享，才是無私的義行。

困卦卦辭：

亨。貞，大人吉，无咎。有言不信。

困有亨通之道。「艱難困苦，玉汝于成」，逆境中當固守正道。德慧俱佳的大人，遭困得獲吉且無咎。人遇困境，信用折損，說甚麼別人都不相信。

〈彖〉曰：困，剛掩也。險以悅，困而不失其所，亨，其唯君子乎！貞大人吉，以剛中也。有言不信，尚口乃窮也。

困卦陽剛為陰柔所掩覆，力量無從發揮，下卦一陽陷於二陰中，上卦二陽為三、上兩陰包夾，好像被分斷包圍，不能相互救援。內坎為險，外兌為悅，內險而不顯現於外，雖困而不失其所應守之立場，能獲亨通。這種修為，大概只有君子才辦得到吧！九五居困卦君位，陽剛處上卦之中，固守正道，終能脫困。受困的歷程中，不必費心去解釋甚麼，靠實際行動突圍最重要。卦辭只稱「大人」，〈彖傳〉多了「君子」，層次分得更細，可指九二而言，苦中能作樂；「大人」則指九五，還能領導大家慢慢脫困。

《論語・衛靈公篇》記孔子在陳絕糧，從者病，莫能興，子路慍見曰：「君子亦有窮乎？」子曰：「君子固窮，小人窮，斯濫矣！」「固窮」就是「困而不失其所，亨，其唯君子乎！」

三陽為三陰所掩，其實換個觀點看，也可以說三陰為三陽所隔斷，而且可能更危險。困人者人恆困之，包圍與反包圍，套牢與反套牢，投入數倍資源去圍困人，萬一對方堅守不屈，外線作戰的一方麻煩更大。八年抗戰日軍侵華，拿破崙、希特勒攻擊俄國受挫，都是明顯例證。

困卦三陽，九二、九四、九五皆位居要津，陽剛有實，何以受困？十多年前，一位企管碩士的學生來看我，提出這有趣的問題。他以價值鏈（value chain）的競爭力理論，與《易》卦六爻相結合，下卦為廠內生產，上卦為市場行銷，初至上爻分別代表原料、生產技術、量產、銷售通路、品牌及客戶服務，環環相扣，息息相關。本書大有卦三爻變占例中，已有詳細說明。以困卦來看，企業的生產技術優越，行銷通路廣佈，又有黃金品牌，怎麼還會受困？原因在原料供應不足、空有技術難以量產，品牌老大生驕，客戶服務太差！例如台灣的中油、台電等公營企業，油儲量日益匱乏，開發電力不易，壟斷專賣以至服務品質不高等，即為例證。

我們再比較升、困二卦的結構，發現升卦（䷭）六四、六五變成困卦（䷮）的九四、九五，由虛轉實；升卦初六至困卦初六，基層仍虛弱，未回填補實。這就是泡沫成長的苦果，民生困頓，高層獲益荷包滿滿，金融風暴養肥了高薪白領，卻於實體經濟毫無效益。

〈象〉曰：澤无水，困。君子以致命遂志。

困卦上兌澤、下坎水，澤中之水已滲漏流失至地下，乾涸無現成之水可用。在如此不順遂的天命大環境下，君子也不放棄自己既定的志向，竭盡心力以求完成。人志與天命的關係為《易經》注重的主題，順著卦序推演，我們可以體會其變化因應的脈絡：姤卦九五「有隕自天，志不舍命」；萃卦〈彖傳〉「利有攸往，順天命」；升卦「南征吉，志行也」；「升而不已必困」，「君子以致命遂志」。

占例

- 一九九七年十一月底，台灣縣市長選舉在即，我問國民黨戰績，為不變的困卦；民進黨則為坎卦九五爻動，有師卦之象。結果民進黨在二十三縣市中贏得十二個，首次超過國民黨。
- 二〇〇一年六月下旬，當年台灣經濟低迷，年底結算出現負成長（負百分之二・一八），我預占二〇〇二年有無起色？為不變的困卦，看來很難。結果回復成正成長（百分之三・四八），並不理想，而且失業率持續高漲至百分之五・一八，民生相當艱困。
- 二〇一一年五月初，美軍經十年搜捕，終於擊斃賓拉登，我問蓋達組織未來十年的氣運如何？為不變的困卦。「澤无水」，「君子以致命遂志」，成員仍會拚命策劃恐怖攻擊，但資源枯涸，又失去領導中心，恐將陷入困境。
- 二〇〇六年十月下旬，我想起學生徐崇智心疾猝逝已過七七，占問他可順利往生？為不變的困卦。「柔掩剛也」，受困難以解脫，是何緣故？往後連續幾年，占象都不理想，令人憮然。

● 一九九九年八月中，我的學生張良維遭其師熊衛斥逐，熊為太極拳名師，武術界重師承，這事頗嚴重，他問我可有善策？占得不變的困卦。柔掩剛，「有言不信，尚口乃窮也」。很難解釋而獲諒解，困卦後為井、革二卦，或許另尋新路？後來他自立門戶，改用「氣機導引」招牌，十多年下來，倒也辦得紅紅火火。

䷮

初六：臀困于株木，入于幽谷，三歲不覿。

〈小象傳〉曰：入于幽谷，幽不明也。

初六為升極轉困之始，由雲端跌入谷底，前景黯淡，難受已極。株木為僅剩樹根基座的殘木，相較於升卦高峰期的參天巨樹，可見事業遭受重挫，枝幹均已折斷倒塌，失意者站立不住，一屁股坐在根座上發愁苦思，一籌莫展。升卦時「柔以時升」，春風得意，人脈暢通，轉困後門庭冷清，三年之久都見不到任何朋友。「覿」為見面三分情，「不覿」，顯示人情世故的炎涼。《韓非子・五蠹篇》中有寓言，講「守株待兔」的愚昧，「困于株木」卻是形勢所迫，不得不然。

《孟子・滕文公篇》中，記孟子批判陳相改宗農家學者許行，有喬遷之說：「吾聞出於幽谷，遷於喬木者；未聞下喬木而入於幽谷者。」這是援引《詩經・小雅・伐木》的詩句：「出自幽谷，遷於喬木。」鳥往高處飛，人往高處爬，沒有人喜歡失敗沉淪。升極轉困，偏偏就是下喬木而「入于幽谷」，而且一待就是三年。升卦上六「冥升」，困卦初六「入于幽谷」，真的落入了地獄般的幽冥世界！

《聖經》詩篇名句：「當我行過死亡的蔭谷，也不怕遭害，因為祢與我同在。」困卦初六爻變，恰值宜變成兌卦（☱），法喜充滿，朋友講習。人生遭逢谷底，正好幽居修練，境界當可更上層樓。文王拘囚羑里以演《易》，《倚天屠龍記》的張無忌墮入幽谷，練成九陽神功，可謂因禍得福。〈雜卦傳〉云：「井通而困相遇也。」塞翁失馬，焉知非福？

占例

●二〇〇三年元月底，國親兩黨醞釀整合，一般當然是連宋配，如果宋連配去競選翌年大位呢？占出困卦初六爻動，恰值宜變成兌卦。「臀困于株木，入于幽谷，三歲不覿」，沒有勝算，也無此可能。

九二：困于酒食，朱紱方來，利用亨祀。征凶，无咎。

〈小象傳〉曰：困于酒食，中有慶也。

九二深陷坎險之中，無力脫困，僅求自保。圍城中存糧有限，得節約飲用，以免坐吃山空。需卦九五資源富足，稱「需于酒食」；困卦九二苦守待援，「困于酒食」。「紱」為蔽膝，古代朝覲或祭祀時遮蔽在衣服前的一種服飾，形似圍裙，為古代君王及大臣祭服下襬，以熟皮做成，遮住兩膝，以紅色為貴。天子「朱紱」，諸侯或大夫以上高官「赤紱」，臣下由「紱」的顏色，即可知曉穿著者的身分地位。《詩經・曹風・候人》：「彼其之子，三百赤芾。」「芾」即「紱」。《詩經・小雅・斯干》：「朱芾斯皇，室家君王。」「朱紱」指九五之君，「赤紱」為九四中央重臣，「朱」為大紅正色，近朱者赤，赤紅非至尊正色。九二與九五相應，九四近臨君側，多所掣肘，加以四、五為陰所覆，上下包夾，本身未脫困前，不可能來援救，故稱「朱紱方來」。比卦相互合作，找尋適當對象，稱「不寧方來」，未來之前，心情焦灼不安，需要祭祀以靜心，遂稱「利用亨祀」。既無法靠自力突圍，就別冒險嘗試，故稱「征凶，无咎」。

九二爻變，為萃卦（䷬），只要信心堅定，固守待援，終會與九五相聚。剛而能柔，依「習坎」時中之道而行，最後苦盡甘來，皆大歡喜，「中有慶也」。

占例

●二〇一二年八月中，台灣警網到處搜捕「富少淫魔」李宗瑞，我問他是否已偷渡出境、逃之夭夭？為困卦九二爻動，有萃卦之象。「困于酒食」，「征凶」。肯定未突圍出境，應該還藏匿在台灣某處。八月下旬，他無路可走，出來投案，藏在中部二十三天金援斷絕，只能自首。

䷮

六三：困于石，據于蒺蔾。入于其宮，不見其妻，凶。

〈小象傳〉曰：據于蒺蔾，乘剛也；入于其宮，不見其妻，不祥也。

六三不中不正，乘於九二之上，情慾蒙蔽理智，稱「據于蒺蔾」；上承九四剛實壓頂，前進受阻，稱「困于石」。六三困于上下二陽之間，進退失據，痛苦不堪，回到家裡，發現連太太都跑了，事業家庭瀕臨破裂，大凶特凶，不吉祥到了極點。蒺藜長蔓生於乾燥的荒廢沙地上，莖平臥，果實繁生有銳刺，若不慎踩到，會痛徹心扉，我去安陽殷墟參觀時有看到。「據于蒺藜」，就像說玫瑰多刺不要採一樣，比喻男人有了外遇。東窗事發，妻子生氣，當然離家出走，溫暖的家成了荒廢的冷宮，身敗名裂，家破人亡。六三爻變，為大過卦（䷛），縱欲傷身，害人害己。以卦中有卦的理論來看，困卦三至上爻恰為大過卦，困卦六三相當於大過卦初六，「藉用白茅」，為野合之意，「據于蒺藜」就是「藉用白茅」啊！

〈繫辭下傳〉第五章：「《易》曰：『困于石，據于蒺藜，入于其宮，不見其妻，凶。』子曰：『非所困而困焉，名必辱；非所據而據焉，身必危。既辱且危，死期將至，妻其可得見邪？』」六三爻變成大過卦，瀕臨滅亡，真的是死期將至。人皆有辱有危有死，但需死得其所，非所困、非所據而致此，太不值得了！〈彖傳〉稱「困而不失其所」，才是君子之道。〈繫辭下傳〉稱井卦「居其所而遷」，人生必須了解自己所在的位分，才能知所進退，才能無所不用其極。

占例

●一九九三年四月下旬，我負責出版公司的經營，頗為公司財務週轉困擾，竟起念想換掉財務主管，某夜去關係人處談判，我問吉凶如何？為困卦六三爻動，有大過卦之象。「困于石，據于蒺藜」，乘剛必凶，大過卦「棟橈」，更是難以支撐。果然氣氛很糟，看著對方臉上的陰沉殺氣，我只能打退堂鼓，放棄原有想法。

九四：來徐徐，困于金車，吝，有終。

〈小象傳〉曰：來徐徐，志在下也；雖不當位，有與也。

九四陽居陰不當位，和初六相應與，中央執政高層當體恤民間疾苦，竭力紓民之困。九二乘於初六之上，與九四有競爭關係，阻礙其資源往下輸送，故稱「來徐徐，困于金車」。雖然「吝」，時間久了，仍有可能突破而獲善終。九四與初六隔三個爻位，一爻當一年，故而初六稱「三歲不覿」，三年後九四的救援至，或可由幽谷中脫困。九四爻變，為坎卦（䷜），困於險陷之中，行道崎嶇坎坷，一時不易通暢。

《易》卦二爻多有行車之象：大有卦九二「大車以載」，賁卦初九稱「舍車而徒」，大畜卦九二「輿脫輹」等皆是。困卦九二陽剛居中，為交通要道，九四無法繞越，稱「困于金車」。爻往下往內運行稱「來」，「升而不已必困」，問題出在「不來」；困卦九四「來徐徐」，救援太慢，緩不濟急。

占例

●一九九四年九月上旬，我幫一位報界友人占其婚姻問題，「遇噬嗑之剝」、「遇睽之震」二例，已見前文，再問：若暫不離異，嘗試改善夫妻相處如何？為困卦九四爻動，有坎卦之象。「來徐徐，困于金車，吝」，可能短期不易有效。沒多久，她還是協議離了婚。

●二〇〇九年二月中，我在高雄的全《易》班教占，當時金融風暴肆虐，舉世經濟皆受影響，大家問：台灣經濟當年底能否回升？大家合占出困卦九四動，有坎卦之象。「來徐徐，困于金車，吝，有終。」看來不容易，九四為政府階層，理應照應初六的基層民眾，脫離谷底。「困于金車」，財務不暢，還得更長的時間恢復元氣。結果當年為負成長，翌年才全面回升。

●二〇一〇年十一月下旬，我們學會在高雄澄清湖畔辦秋季研習營，晚上請了一位原住民的歌手彈唱，談起前一年高雄甲仙鄉八八風災小林滅村之慘劇，我占得困卦九四爻動，有坎卦之象。「來徐徐，困于金車，吝」，超大雨量瞬間造成土壤深層崩壞，政府救援不及，遂致近五百位村民慘遭土石掩埋罹難。劉兆玄內閣因此下台，「遇困之坎」，「澤无水」成了「水洊至」。那位原住民歌手半年多後不幸過世，更讓人為之唏噓不已，世事如此無常？

●二〇〇二年九月上旬，我們學會組團赴安陽參加易學會議，當時颱風侵襲台灣，我們擔心影響飛機航班，執行長徐崇智占得困卦九四爻動，有坎卦之象。「來徐徐，困于金車，吝，有終。」看來交通是會有些問題，可能遲到。結果颱風遠颺，飛機航班正常，由香港轉機至鄭州後，主辦方派車來接，往安陽的高速路上卻到處施工，嚴重阻滯了行程。原先預定晚餐前到的，拖到半夜才至。占象所示，原來如此。

●二〇〇七年初，我作一年之計，問台灣政壇諸人全年運勢，游錫堃為困卦九四爻動，有坎卦之象。「來徐徐，志在下也」，當時他是民進黨主席，但在當時民進黨「四大天王」中，他的實力偏弱，「遇困之坎」，很難出頭。當年九月下旬，游因牽涉首長特別費案，辭去黨主席一職。游在一九九九年曾上過我半年的《易經》課，顯然沒進入狀況，其實政界人物習《易》，都差不多。

九五：劓刖，困于赤紱。乃徐有脫，利用祭祀。

〈小象傳〉曰：劓刖，志未得也；乃徐有脫，以中直也；利用祭祀，受福也。

九五中正，居困卦君位，領導無方，讓大家陷入困境，被視為禍國殃民的罪犯。「劓」為割去鼻子，「刖」為砍斷雙腳，是古代極殘酷的刑罰。「劓刖」比喻嗅覺不敏銳、行動無能，睽卦六三視上九「天且劓」，大概也是如此。九五遭臣民怪罪，自覺委屈，申稱受九四高幹拖累而致此，為「困于赤紱」。無論如何推諉，當前困境非同小可，恐怕很久才能脫困，與其卸責，不如誠心祭祀，加強信心因應，還有可能承受福報。

祭祀受福，並非平時不燒香，臨時抱佛腳，而是得有中正平直之德，才蒙天祐。同人卦九五「先號咷而後笑」，〈小象傳〉也稱「以中直也」。困卦九五爻變，恰值宜變成解卦（䷧），「劓刖」得以「赦過宥罪」，困局紓解。困卦為「澤无水」的乾旱之象，解卦則雷雨大作，旱象全消，「利用祭祀」，實即當政者求雨的儀式。

明末崇禎皇帝於北京城破後，縊死煤山，自殺前宣稱：「君非亡國之君，臣盡亡國之臣。」就是「困于赤紱」的想法，可悲可嘆，真是臨死不悟。領袖必須概括承受成敗之責，亡國之臣不是亡國之君用的嗎？崇禎忠奸不分，剛愎自用，殺袁崇煥自壞干城，罪無可逭！

占例

●二〇〇七年八月中旬，為了爭取代表民進黨競選大位，謝長廷與蘇貞昌幾乎撕破臉，謝還是勝出。我問謝蘇配可能成局嗎？為困卦九五爻動，恰值宜變成解卦。「遇困之解」，為了競逐君位，兩人應會和解。雖然如此，未必能擺脫陳水扁涉嫌貪瀆的陰影，翌年三二二大選揭曉，謝蘇配慘敗。

●一九九四年七月底，李登輝找我授《易》，開始了我一段新的人生際遇。每週三晚上去上兩小時課，除少數至親外，沒跟別人說，三週後，反而是《民生報》去訪問李登輝，他自己講出來的。於是該報記者來採訪我，才公諸報端而為人所知。

九月初依例上課，他主動談到媒體報導事，我小心翼翼沒多說，也覺得沒啥可說。回家後，占這種「侍講」的關係如何？為困卦九五爻動，恰值宜變成解卦。又是一個剛愎自用的居君位者，我的本命為比卦六三，「比之匪人，不亦傷乎？」不認命不行，就當成人生的「習坎」歷練，「常德行，習教事」吧！

第一堂通論《易經》時，他甚感受用，說以往自修時看不懂的，一下都豁然貫通了！稍後正式講卦，首選屯、蒙，講到「屯如邅如」、「乘馬班如」時，他聽不懂叫停，說下回得預習云云。提前下課後，我問往後如何調整教法？為姤卦（䷫）二、四、五、上爻動，九四值宜變為巽卦（䷸），四爻齊變成謙卦（䷎）。給他講課，本即不期而遇，「姤之時義大矣哉！」貞我悔彼，上卦代表他，三爻齊變亟需調整，否則「包无魚」，學不到東西；下卦是我，「包有魚，无咎，不利賓。」「遇姤之謙」，亨通有終。

●二〇一〇年十一月下旬，我們在高雄澄清湖舉辦的秋研營結束，主題為「文明浩劫與人類文明永續經營」，準備分四次花兩年完成。我占問成果如何？為「遇困之解」。「困于赤紱。乃徐有脫」，「利用祭祀，受福也」。之前的十月初，學會理監事剛改組完，人事餘波盪漾，這回辦得充實成功，也展現新人新氣象，「澤无水」的乾旱逢雷雨大作，「百果草木皆甲坼」，「解之時大矣哉！」「遇困之解」，其實也切合研習主題，「升而不已必困」，困求善解，以謀文明永續發展，消弭高速成長可能帶來的浩劫危機。

●一九九九年十一月下旬，我問中國古代「災異說」的價值定位，究竟可信否？為困卦九五爻變，成解卦。過去有水旱災荒，民不聊生，認為是人君施政有問題，須齋戒沐浴，誠心祭祀以「赦過宥罪」，消弭天譴，正是九五爻辭所言。天人感應，臨卦所謂的「八月之凶」亦然，以天道警示君道，不僅有其價值，因果共業上也說得通。

●二〇一〇年元月下旬，我問詩聖杜甫其人其詩的境界，為「遇困之解」。老杜一生顛沛流離，困頓中打磨出深厚的憂患情操，創作無數驚泣鬼神的偉大詩篇，詩藝稱「聖」，實至名歸。「利用祭祀，受福也。」

上六：困于葛藟，于臲卼。曰動悔，有悔，征吉。

〈小象傳〉曰：困于葛藟，未當也；動悔有悔，吉行也。

上六為困之極，陰柔乘於九五陽剛之上，情慾蒙蔽理智，纏攪不清，造成全局難分難解。「葛藟」的嫩枝有捲鬚，常攀附樹枝往上蔓生至樹冠，和蒺藜類似，象徵兩性間不正常的情慾糾纏。困外卦為兌悅，上六為情慾的開竅口，不節制就會出事。「臲卼」為危險動盪不安，「困于葛藟」、「困于臲卼」，動則得咎，不改絃更張不行。「有悔」即改過，放棄對九五的糾纏；「征吉」，外線撤圍鬆綁，陰陽交相困的僵局便告紓解而獲吉。上六爻變，為訟卦（䷅），否則爭訟到底，必然兩敗俱傷。

《詩經・王風・葛藟篇》：「緜緜葛藟，在河之滸。」三百篇開卷第四的《周南・樛木》亦稱：「南有樛木，葛藟纍之。」更切合「升而不已必困」之象，樹大招風、成功招忌是必然的事，人生在世，真得小心翼翼啊！

縱觀困卦六爻，陰陽交相困，而陰爻似乎更危險，升卦尚柔，困卦重剛，艱苦卓絕，自強不息為處困要道。陽爻所述為圍城中景象，朱紱赤紱、祭祀亨祀、酒食金車，基本設施一應俱全，可長期固守。陰爻所述為城外荒野景觀，幽谷株木、山石蒺藜、葛藟纏繞，不宜長久居留，一時攻不下來，就得考慮撤兵。

占例

●二〇一〇年初，我做一年之計，問美國經濟情勢，為困卦上六爻動，有訟卦之象。顯然困頓到極點，不易擺脫金融風暴的後遺症，國內國際都充滿了爭議，其後發展確實如此。

多爻變占例之探討

以上為困卦卦、彖、象及六爻爻辭之理論及占例說明，往下繼續討論多爻變的更複雜情況。

二爻變占例

占事遇卦中任意二爻動，若其中一爻值宜變，為主變數，以該爻爻辭為主論斷；若皆不值宜變，以本卦卦辭卦象為主，亦可參考二爻齊變所成之卦的卦辭卦象。

● 二〇〇七年十二月中，國際金融情勢緊張，世界五大央行共注資一千五百億美元救市，還不排除後續再有大動作。富邦課堂上，有學員問翌年國際金融的流動性如何？可有重大危機？我們當下占出困卦四、上爻動，齊變有渙卦（䷺）之象。九四「來徐徐，困于金車，吝」；上六「困于葛藟，于臲卼」。綑綁套牢太甚，錢流不暢，難達困苦基層，不足以活絡實體經濟。錢必須流通才有效益，「澤无水」困，乾涸見底，全無流動性。「渙」為風行水上，由風暴的中心點往四處擴散，「遇困之渙」，流動性不足的困局會散播傳染到全世界。為何會困呢？「升而不已必困」，前些年的金融衍生品交易過度擴充，泡沫破碎所致。二〇〇八年九月十五日，金融風暴全面爆發，占象完全應驗。

二〇一一年九月下旬，時隔四年，我們又在富邦課堂上預測翌年的國際金融情勢，為困卦四、五爻動，齊變有師卦（䷆）之象。再後一年，亦即二〇一三年，則為不變的屯卦（䷂）。「澤无水」的困境重現，原先的四、上爻動，換成了四、五爻動，「困于金車」依舊，遠水難救近火；上六的深刻套牢，轉成九五國家元首級的焦頭爛額，一時不易解脫。「遇困之師」，歐債美債的鉅大問題，應付起來完全像勞師動眾的戰爭，兵凶戰危，風險極高。處理結果會如何？由二〇一三不變的屯卦看來，資源極度匱乏，彷彿回到洪荒時代。二〇〇八年風暴爆發後，二〇〇九年的世界經濟即為屯卦六四爻動，已於屯卦單爻變的占例中分析。這麼短的變化週期，危機又現？

● 二〇一〇年二月底，我在寫《四書的第一堂課》，對孔門諸賢志業行事頗有所感，占算顏回一生，為困卦四、五爻動，有師卦之象。「困于赤紱」，「利用祭祀」；「困于金車，吝，有終」。顏子居陋巷，一簞食一瓢飲，人不堪其憂，回也不改其樂。「君子以致命遂志」，賢哉回也！

● 二〇一〇年十一月下旬，我們學會在高雄澄清湖畔辦秋研營，我問牛頓、愛因斯坦、霍金以後，還可不可能出影響世人宇宙觀的大科學家？得出困卦四、五爻動，有師卦之象。「來徐徐」，「吝，有終」，「乃徐有脫」，很不容易，即便出現也得很慢很久。

● 一九九二年二月中旬，那家出版公司的股爭熾烈，財力驚人的市場派大股東強勢介入經營，除了安插親信進駐外，還聽信身邊神通人士建議，將兩座石獅子鎮於公司大門邊，員工進出時為之側目。老闆與之溝通有礙，怒極欲搬走以示不屈決心。我占問吉凶，為困卦四、上爻動，有渙卦（䷺）之象。九四「困于金車」，業績不好，財力不足，短期內難以擺脫糾纏；上六決心撤除外圍，會有爭訟。渙卦上巽風、下坎水，還真是聚散風水，也影響員工士氣。

當時，我問造成老闆財務重困的關係企業有無轉機，為困卦二、上爻動，齊變有否卦（䷋）之象。九二「困于酒食」，「征凶」，等待救援，自力決難脫困；上六糾纏母公司，造成彼此困擾。「遇困之否」，氣運糟糕透頂。「否之匪人，不利君子貞」。

當年年初做一年之計，母公司旗下兩份少兒刊物業積長期不振，皆為與大陸簽訂的合作項目，大陸大銷，台灣卻始終打不開市場。我問新的一年當如何營運？為困卦初、五爻動，齊變有歸妹卦（䷵）之象。初六坐困谷底，三年不成；九五「劓刖，乃徐有脱」，打響品牌不易。歸妹卦辭：「征凶，无攸利。」「遇困之歸妹」，沒有多少機會。

●二〇〇六年七月初，我給學生講三十六計與易象的關係，「圍魏救趙」為困卦五、上爻動，上六值宜變為訟卦，齊變有未濟卦（䷿）之象。困為陰陽交相困，遭敵圍困，不直接赴援，另發兵批亢搗虛，攻其必救，因形格勢禁，敵方不得不撤圍，回兵自救。九五君位為國都被圍，也是雙方必救之處；上六高亢虛弱，一旦陷入危險，爻辭也是撤圍自保之意。

●一九九九年三月上旬，出版公司終於搞出大紕漏，勞資糾紛嚴重，媒體大幅報導，我雖不在其位，也覺得尷尬。占問對我的影響，為訟卦九二爻動，有否卦之象。除了忍耐自保，使不上力。公司的最後呢？困卦初、二爻動，齊變有隨卦（䷐）之象。初六坐困幽谷，三年不見天日；九二「困于酒食，征凶」，中央救援不至。「遇困之隨」，也只有任之隨之。西風殘照，漢家陵闕，我的最宜對策為益卦（䷩）初、上爻動，上六值宜變為屯卦，齊變為比卦（䷇）。曾經投入心力大作，最後「莫益之，或擊之，立心勿恒，凶」，損、益為盛衰之始，再勿留戀，「見善則遷」吧！

●二〇〇九年五月下旬，我問二二八事件的究竟真相，為不變的升卦。再問應如何化解？為困卦初、二爻動，齊變有隨卦之象。升卦之前為姤、萃二卦，不期而遇的危機，造成聚眾滋事的意外，當局處置不當，遂生無窮傷痛遺憾。升卦後為困卦，初六「入于幽谷，三歲不覿」；九二

「困于酒食」，「征凶，无咎」。「遇困之隨」，「天下隨時，隨時之義大矣哉！」還得更長的時間療傷止痛，急切也沒用。

●二〇〇〇年元月下旬，我問台灣民眾當年應如何理財？為困卦二、五爻動，齊變有豫卦（䷏）之象。「困于酒食」，「利用亨祀。征凶」；「困于赤紱。乃徐有脱，利用祭祀」。五、二爻分居上下卦中心，政府與民間皆受困深重，除了誠心祝禱外，似無善策。豫卦有預測、預防之意，「遇困之豫」，得思患豫防，審慎作好應變的準備。當年的台灣經濟為「明夷之剝」，相當艱困，已於明夷三爻變的占例中說明，年初提醒民眾預防困難，切合實情。

●一九九八年九月下旬，戊寅年孔子誕辰前夕，我在書房內設下至聖先師的牌位，教兩個小孩行禮，想就此家學啟蒙，占得困卦二、五爻動，有豫卦（䷏）之象。「困于赤紱」，「困于酒食」，啟蒙恐難落實，後來也是不了了之。「利用亨祀」，「利用祭祀」，都有參拜之象，豫卦〈大象傳〉亦稱：「先王以作樂崇德，殷薦之上帝，以配祖考。」

●二〇一〇年十月下旬，我講到《心經》，反覆吟詠經中文字，占問：何謂無明？為升卦（䷭）九三爻動，有師卦（䷆）之象。「升虛邑」，升卦前為姤、萃二卦，「無明」為「十二緣生」之首，因緣聚合而成，本質為空，故經文稱「無無明」。再問：何謂無明盡？為困卦二、五爻動，有豫卦之象。升卦後為困卦，無明既生，如幻如化，欲擺脱無明、滅盡無明，實亦執著。「遇困之豫」，不會成功，經文遂稱：「亦無無明盡。」

●二〇〇九年七月下旬，有學生提醒講佛經不應收費，我占問若收費如何？為困卦二、四爻動，齊變有比卦（䷇）之象。九二「利用亨祀。征凶」；九四「困于金車，吝，有終」。「遇困之比」，不是絕對不行，總是「柔掩剛」的困頓之象。若免費講經，「遇需之泰」；由於我是以《易》證佛，收費應合理，占得履卦五、上爻動，已於前文說明。參考三占所示，還是決定收費。

●二〇一一年元月上旬，我思惟佛經講的人生諸苦，問何謂「求不得苦」？為困卦二、四爻動，有比卦之象。「困于金車，吝」；「困于酒食」，「征凶」。「遇困之比」，人生總是無盡的攀援執著，金車、酒食都讓人受困，欲求之而不得。

●二〇一〇年六月底，我問人民幣與美元脫鉤可行嗎？為「遇困之比」。「困于金車，吝，有終」；「困于酒食，朱紱方來」，「征凶」。短期內無此實力，仍需合作互動。

●二〇一一年九月下旬，我為一筆為數不小的應收款項困擾，電催後仍遲遲未收到匯款，占問對方究竟怎麼回事？為困卦初、四爻動，齊變有節卦（䷻）之象。「澤无水」，自然樽節剋扣，初、四相應與，「來徐徐……吝，有終」。給是會給，縮水且一再拖延，完全切合實情。再問能否善了？為臨卦（䷒）初、二爻動，有坤卦（䷁）之象。咸臨之吉，會面對解決。

其實，早先已有不尋常的警訊：對方不給現金說要匯款時，我即占得不變的明夷卦，以及訟卦上九動，有困之象，必有不明原因，財務困頓而生爭訟。出問題後，對方心意已很明顯，我問是否回擊？為謙卦（䷎）三、上爻動，齊變有剝卦（䷖）之象。九三「勞謙」在先，上六「鳴謙，征邑國」，當然不必客氣。

整個辛苦周旋結束後，我問往後彼此機緣，為噬嗑卦初九，禁足「不行也」；為困卦九二，「困于酒食」，「征凶」，萃聚已難矣！

●二〇一五年十二月上旬，北京奉元書院幫我安排遠距微信課程，講題定為「《易》貫華夏人文化成」。我預占成效，為困卦三、五爻動，六三值宜變為大過卦，齊變成恒卦。看來不大妙，不知問題在哪兒？十幾天後連線開講，每分鐘需再按一次發話器，持續二小時多、快要累垮。內容雖紮實，影響聽與講的節奏氛圍，需改進處不少。「遇困之大過之恒」，原來如此。

三爻變占例

占事遇卦中任意三爻動，以本卦為貞，三爻齊變所成之卦為悔，稱貞悔相爭，合參兩卦卦辭卦象以論吉凶。若其中一爻值宜變，為主變數，加重考量其爻辭。

●二〇〇四年十月下旬，我問藍營所提告的三二〇選舉無效之訴，纏訟半年，可有勝算？為困卦二、四、五爻動，九四值宜變為坎卦，貞悔相爭成坤卦。相較來說，綠營則為无妄卦九五爻動，有噬嗑之象。「遇困之坤」，剛為柔掩，陽氣消盡，藍營難以脫困。「无妄之疾，勿藥有喜」，訴訟本因大位取得涉嫌深重，贏家出牌，殘酷的噬嗑政爭下，「明罰敕法」未必確保。果然，法庭宣判藍營敗訴。

●一九九六年三二三台灣大選前夕，陳履安自信滿滿，認為他定可當選，早先別人勸退，他還說匪夷所思。我占其勝算，為「遇困之坤」，陽氣散盡，絕無可能。結果他僅得一百多萬票落選，當局者迷，不自知若是。

●二〇一六年六月上旬，民進黨新政府上台伊始，我問藍營大老王金平未來前途，為困卦上三爻全動，九五值宜變為解卦，貞悔相爭成蒙卦。「困于金車」為基層民眾不諒解，「劓刖」被怪罪，

「困于葛藟」不易擺脫，蒙卦外阻內險，前途趨暗淡。

●二〇一四年十二月上旬，我預占二〇一五年台灣經濟情勢，為困卦二、三、四爻動，貞悔相爭成蹇卦。「困于酒食」，「困于石」，「困于金車」，蹇卦艱困難行，大大不妙。翌年情勢確實如此。

●二〇一五年十月初，北京中信證券公司出事，多位高層遭調查。我問董事長王東明有事否？為困卦三、四、五爻動，九五值宜變成解卦，貞悔相爭為升卦。「遇困之解之升」，應可解套，「赦過宥罪」，後果然。

●二〇一二年二月中，有學生問卦氣系統是否適用北溫帶以外的地區？我占得「遇困之小過」，九五值宜變為解卦。應該不行，會有誤差，須實地探察以修正。

若要針對其他地區修正調整，該怎麼做呢？為蠱卦（䷑）二、四爻動，有旅卦（䷷）之象。九四「裕父之蠱，往見吝」，延用下去行不通；九二「幹母之蠱，不可貞」，沒有一刀切的調整法。

現在科技昌明，完全實地觀測重建，似乎也沒有必要。

學生自己也有數占：在南半球如澳洲、巴西，修正六個月行嗎？為不變的小過卦，還有誤差？在南北極呢？為不變的艮卦（䷳），四季在極地毫無意義，當然行不通，「兼山，艮，君子以思不出其位」。

●二〇〇〇年初，我做一年之計，問大陸的政經大勢，為困卦初、二、五爻動，九五值宜變為解卦，貞悔相爭成震卦。「遇困之震」，九五之君應對得當，力保主權，展現活力。當年國民黨敗選，陳水扁上台執政，兩岸關係陷入停滯及緊張，世界經濟也不景氣，大陸的表現算相當不錯了！

●一九九二年十月上旬，我妻懷第二胎有些辛苦，胎位不正，進醫院產檢，我問一切順利否？為困卦初、三、四爻動，初六值宜變為兑卦，貞悔相爭成需卦（䷄）。「遇困之需」，確須耐心調整以紓困解難。六三「不見其妻」，讓人心驚肉跳，好在初六、九四相應與，「來徐徐」，「吝，有終」。如何化解？為益卦五、上爻動，上九值宜變為屯卦，齊變為復卦，都是新生兒之象。「莫益之，或擊之」，得加強防範；「有孚惠心」，應可「勿問元吉」。

●二〇一一年九月中旬，富邦課堂上有學生談起某熟人辦放生法會之事，尊某仁波切之囑，買下大批魚類，至特定海域放生云云。此舉究竟有無功德？我占得困卦初、四、五爻動，九五值宜變為解卦，貞悔相爭成臨卦（䷒）。臨卦為海闊天空，自由自在，由「澤无水」的困境解脫至此，當然有其功德。九五「乃徐有脱，利用祭祀」，使魚群受福。

當天課畢下樓，一位學生又問她兒子等候服兵役之事。台灣義務役兵員裁減，機關部隊裡一時裝不下太多人，造成塞車現象，不少役男不好安排工作。她小孩已候半年沒音訊，我以手機快占，為困卦初、二、上爻動，初六值宜變為兑卦，貞悔相爭成无妄卦（䷘）。初六「坐困幽谷」，九二「征凶」待援，上六「有悔，征吉」，可能困極而獲解脫。困、无妄二卦，時氣皆在陰曆九月，兑卦值金秋之季，不久徵召入伍，結束了苦候的局面。

●二〇一六年九月中，我再讀《紅樓夢》有感，問一老問題：曹雪芹有完成全書嗎？為比卦九五爻動，「顯比，王用三驅，失前禽，邑人不誡，吉。」曹雪芹絕對是作者，就有一部分別人代筆也無傷其地位。接著問後四十回出自曹親筆嗎？為困卦初、四、五爻動，九五值宜變成解卦，貞悔相爭成臨卦。應該大部分曹親筆，至於有人說前後風格有異，並不足怪，老境困苦會影響文風改變，臨卦即親自參與。高鶚參與的角色為何？蹇卦上六爻變為漸卦，「往蹇來碩，志在內也；利見大人，以從貴也。」還是補綴整編的配角啊！

● 一九九三年八月下旬，我準備購新居喬遷，看上一處預售工地，但價格偏高，問能購置否？「遇困之坤」，九四值宜變為坎卦，實嫌勉強。若咬牙先下訂呢？為姤卦（䷫）四、上爻動，有井卦（䷯）之象，「包无魚，起凶」，「姤其角，吝」，明顯不宜。雖嫌吃力，當理財買下如何？為困卦二、三、四、上爻動，六三值宜變為大過卦，四爻齊變成漸卦（䷴）。「遇困之漸」，長期套牢不能脫身，自找苦吃，警告明確，遂放棄此案。

● 二〇一二年五月下旬，我占問：《易經》德文版譯者衛理賢（Richard Wilhelm）的習《易》境界，為困卦二、五、上爻動，九五值宜變為解卦，貞悔相爭成晉卦（䷢）。易理博大精深，中國人欲理解尚且困難，衛理賢能跨越國族語文的障礙，而有此傑作，真是難能可貴。九五為困卦君位，理解精到；晉卦如日東昇，「自昭明德」。

衛理賢之子衛德明（Hellmut Wilhelm）繼承父業，也是著名的易學家。我問他的造詣，為家人卦（䷤）初、二、三、五爻動，四爻齊變成蒙卦（䷃）。顯然家學淵源，啟蒙成功而成大家。

四爻變占例

占事遇卦中任意四爻動，以四爻齊變所成之卦的卦辭卦象為主論斷，若其中一爻值宜變，稍加重考量其爻辭。

●二〇〇四年四月下旬，媒體界的友人想送獨子出去念書，以改善在台灣中學學習不佳的困境，所占小畜卦九三之例，具見前文，既然赴澳洲求學不宜，改去夏威夷如何呢？為困卦初、二、三、四爻動，六三值宜變為大過卦，四爻齊變成既濟卦（䷾）。「遇困之既濟」，最後有成功希望，他們聽從此議，小孩後來赴夏威夷讀書，學習情況大為改觀。

●二〇一五年七月中，我旅經濟南，與兩年前結識的女企業家會晤，又談到開《易經》班之事。她們搞房地產的這些年很辛苦，遠不似當年風光。我問開得成班嗎？為困卦二、三、四、五爻動，四爻齊變成謙卦。「遇困之謙」，多方困難而退讓。後果不成。另一占也差不多，為晉卦三、四、上爻動，上九值宜變為豫卦，貞悔相爭成謙卦。「眾允，志上行」，受阻於「鼫鼠貞厲」，遂至「晉其角」、「道未光也」。

48. 水風井（䷯）

井卦為《易經》第四十八卦，前為困卦，後接革卦。〈序卦傳〉稱：「困乎上者必反下，故受之以井。井道不可不革，故受之以革。」澤中無水為困，欲紓困必須鑿井，從地下取水。一旦開通泉脈，井水泉湧而出，取之不盡，用之不竭，不僅解除旱象，還開啟了嶄新的世代。開鑿新井或改善舊井，都將徹底改變水源的使用狀況，觀念及技術大幅更新。以人類所遭逢的能源危機來講，「升而不已必困」，大量消耗的石油總有一天用完，必須開發新的廉價而乾淨的能源，以支撐文明的永續發展，就是井卦而後革卦。

〈雜卦傳〉稱：「井通，而困相遇也。」困、井相綜，窮則變通，人生受困，引發文明創造的機遇。「艱難困苦，玉汝於成」，種種難堪的磨練，皆可作如是觀。困卦三至上爻為大過卦（䷛），井卦初至四爻為大過卦，非常之「困」誘發非常之「井」，豪傑之士坦然無懼。

䷯

井卦卦辭：

改邑不改井，无喪无得，往來井井。汔至，亦未繘井，羸其瓶，凶。

井卦卦辭全無「元亨利貞」，表示沉潛開發的秘密過程。研發轉型不適合大張旗鼓，以免為競爭者盯上，用各種手段盜取機密而喪失先機。「邑」為城市區劃，「井」為民生所需，有水井處就有人家，環井聚居，緜延成市，故稱市井。《周禮・地官司徒》：「乃經土地，而井牧其田野。九夫為井，四井為邑，四邑為丘。」井為人民群聚最基本的生活單位，積井成邑，聚邑成丘的聚落，行政區劃可隨時變遷，做為水源的井則不會改動，故稱「改邑不改井」。井卦之後為革卦，「改邑」已有改朝換代的意涵，政權如何更迭，老百姓的日常生計還是最重要，任何統治集團都得重視養民。

井水一旦開發出來，每次汲取之後，豐富的地下水量立刻補上，取之不盡，用之不竭，整體來算沒有失去什麼，當然也不會增加。前往取水的人絡繹不絕，遵守秩序，井井有條。「井井」二字，前「井」為汲取的動詞，後「井」為受詞，指那口好井。「汔」為幾近，將然而未然，「汔至」，是說以井索吊瓶取水已至井口，尚未出井之際。「繘」為井綆、井繩，「繘井」即以井綆取水。「汔至，亦未繘井」，表示功虧一簣，未完成汲水的動作。以瓶繫於井繩上，入井取水，一不小心，還會把瓶子撞到井壁而碰破，正是：「瓦罐不離井口破，將軍難免陣前亡。」開發新資源的風險如此之多，井卦上坎為險陷，人生行事，焉可不敬慎？

「羸」字在前已出現兩次：大壯卦九三「羝羊觸藩，羸其角」；姤卦初六「羸豕孚蹢躅」，都有凶險不測之意。

〈彖〉曰：巽乎水而上水，井，井養而不窮也。改邑不改井，乃以剛中也。汔至亦未繘井，未有功也；羸其瓶，是以凶也。

井下卦巽入、上卦坎水，有深探水源汲取往上之象。民眾環井而居，井水源源不斷，養活了整個社區。行政區劃經常更改，民生日用的生計永遠重要，九五陽剛，居上卦坎水之中，既是最高領導之位，也是井水源泉不斷的象徵。用井繩汲取井水需特別小心，切勿功虧一簣，取水的瓶子也可能碰破，敗壞大事而致凶。

《老子》第六十四章稱：「民之從事，常於幾成而敗之。慎終如始，則無敗事。」「汔至，亦未繘井，羸其瓶，凶」，就是幾成覆敗，當引以為戒。

《孟子・盡心篇》稱：「有為者，譬若掘井。掘井九仞而不及泉，猶為棄井也。」幾乎可以確定即從井卦立論，提醒人做事須貫徹終始。孟子在〈離婁篇〉亦稱：「君子深造之以道，欲其自得之也。自得之，則居之安；居之安，則資之深；資之深，則取之左右逢其原，故君子欲其自得之也。」深造自得，左右逢源，亦與井卦義理相通。

〈象〉曰：木上有水，井。君子以勞民勸相。

巽為風也為木，井卦下巽木入、上卦坎水，有鑿井汲水之象。「木上有水」，也是植物由根部吸收土壤中水分，往上滋潤莖幹枝葉，這種反重力的傳輸，稱作毛細管作用。人體血液的周流運送，靠心臟似幫浦抽送，皆與井卦的道理相通。鑿井需勞動大量民力，開發時互相勸勉幫助，精誠合作很重要。

占例

● 二〇〇五年中，我一位女學生依附外道，迷信到辭去待遇優厚的工作，整天混跡道場聽法傳法，還在外放話，批評易理不深刻，遠不及佛法云云。她跟我另一位老學生說，《易經》中就沒有佛經「不增不減」的高深理論，那位老學生不信，占問得出不變的井卦。「无喪无得，往來井井」，不就是《心經》講的「不生不滅，不增不減，不垢不淨」麼？困卦〈大象傳〉稱「致命遂志」，困極掘井，正是開發自性、資深逢源，取之不盡，用之不竭啊！

● 二〇〇六年中，我的學生邱雲斌任職於《經濟日報》，負責廣告業務的推展，有位內勤的女同事想轉業務，惜其學經歷皆不足，是否破格起用？占得不變的井卦，就是研發轉型的問題。他決定試用，次年升任正式，後已成為大將，開發成功。

䷯

初六：井泥不食，舊井无禽。

〈小象傳〉曰：井泥不食，下也；舊井无禽，時舍也。

初六為鑿井之初，一口荒廢的舊井久為泥沙淤塞，無法汲水，不僅遭人棄置，連禽獸都不來光顧。這種情況相當糟糕，位置低下，為時代所遺忘拋棄。本爻若動，恰值宜變成需卦（䷄），健行遇險，能不能耐心開發以滿足需求？

乾卦初九「潛龍勿用」，〈文言傳〉解釋：「下也。」九二「見龍在田」，則稱：「時舍也。」可與井卦初六〈小象傳〉並參，〈文言傳〉創作在後，顯然參考了〈小象傳〉的說辭。

占例

●二〇〇六年十一月上旬，我在工商建研會的一位女學生，問她先生在武漢地產投資案的吉凶，得出井卦初六爻動，恰值宜變成需卦。「井泥不食，舊井无禽」，現況太糟，離興旺回收遙遙無期。果然切合實情，台商隔海投資，風險高無保障，不少人都吃了虧。

●二〇一二年九月中旬，美國聯準會宣佈QE3，所謂第三次的量化寬鬆政策，誓言每月購入四百億美金的不動產抵押債券，直到國內失業率改善為止。這種狂印鈔票以圖提振實體經濟的作法，無異飲鴆止渴，也是極不道德的以鄰為壑。歐巴馬為了競選連任，柏南克為了保住聯準會主席官位，勢窮力絀出此下策，令人搖頭齒冷。我問了一連串的問題，以一年半為期，對美國、世界及兩岸的影響如何？

對美國為井卦初六爻動，恰值宜變成需卦。「井泥不食，下也；舊井无禽，時舍也。」井卦前為困卦，井卦後為革卦，美國為了紓解金融風暴之困，轉型研發必不成功，只是暫時滿足政治的需求罷了！一年半載，經濟的沉痾難起。

對中國大陸會有負面影響，為否卦初、四、上爻動，貞悔相爭成屯卦（䷂）。「遇否之屯」，熬過後可獲新生。否卦初六「拔茅茹，以其彙，貞吉亨」，須審慎防護民生經濟受衝擊；九四「有命无咎，疇離祉」，振作復甦；上九「否終則傾，何可長也」？

對台灣也不好，為未濟卦（䷿）初六爻動，恰值宜變成睽卦（䷥）。「濡其尾，吝」，小狐狸難過大河。

對全世界更糟，為離卦（䷝）初、四爻動，齊變有艮卦（䷳）之象。錢流在國際網絡上亂竄，遭遇重重阻礙，一點也不順暢。離卦初九貿然踏出錯誤的一步，埋下九四「突如其來」的「焚如」之災！

綜上所述，美國此舉損人又不利己，可惡之極。

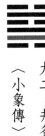

九二：井谷射鮒，甕敝漏。

〈小象傳〉曰：井谷射鮒，无與也。

九二居下卦之中，經過一段時間的整治，已將泥塞不堪的舊井改善許多，井底蓄水成淺潭似山谷，可以養活些小鯽魚。井壁的甕管破舊漏水，出水有限，射入井底勉強維持小魚生存。九二爻變為蹇卦（䷦），外險內阻，遲滯難行，上和九五應而不與，得不到實力者的奧援。

困卦初六「入于幽谷」，上和九四應與，有機會三年後得救脫困；井卦九二「井谷射鮒，无與也」，前途茫茫，研發工作可能胎死腹中。

井中為何會有小魚呢？當然是人放進去的，目的是測試水質，如果井水有毒，魚翻白肚，人就不能再喝井中之水。澎湖著名景點四眼井，其中就有養魚；安徽黃山腳下的西遞村、宏村的民居，院中水井亦然。現代自來水廠淨水必須去毒，新產品研發得作安全測試，皆為此爻之義。我在台大環境工程研究所讀書時，論文題目為〈台糖酵母廠的廢水處理〉，經常在實驗室裡，將虱目魚苗放入廢水試樣中，以測試毒性，犧牲了不少小魚，以換取人類安全，至今印象深刻。

占例

● 二〇一一年十二月中旬，歐盟為金援希臘，德、法兩國強力整合，英國為維持財政自主拒簽協議，歐洲三強因此齟齬。我問歐債危機能解否？為蹇卦（䷦）九五爻動，有謙卦（䷎）之象。「大蹇朋來，以中節也」，「謙亨有終」，歐債可解。英國拒簽對其有利或有害？則為井卦九二爻動，有蹇卦之象。「井谷射鮒，甕敝漏」，「无與也」。風雨同舟，不肯相救共濟，大失人緣，英國國運往後多蹇難矣！

● 二〇一一年二月中旬，我問人類的糧食危機如何解決？為井卦九二爻動，有蹇卦之象。「井谷射鮒，甕敝漏」，「无與也」。相當不妙，饑餓貧困者，得不到資源豐沛者的奧援，開發增產似乎也難順利。

● 二〇〇九年十月中，我在台北夜間的易佛班上課時，不記得說了什麼，道場後座的一位老學生突然發飆接話，突兀且無禮，雖笑笑支開話題沒理會，卻著實納悶。課後占問他是怎麼回事？為井卦九二爻動，有蹇卦之象。「井谷射鮒，甕敝漏」，「无與也」，一定是遭遇什麼困境，進展遲滯，所求不遂。半年多後，學會人事紛爭爆發，他是主角之一，我試著調解無效，不能接受其意見，他也憤然離開。天下萬事皆有徵兆，就看當事者夠不夠細心了！

● 一九九八年十月初，我教學生劉劭的《人物志》，占問〈利害第六〉的主旨，為井卦九二爻動，有蹇卦之象。「井谷射鮒，甕敝漏」，「无與也」。社會芸芸眾生，行事各具特色，各有利弊，除了表面的優點外，更須注意其隱含的短處缺點。前例中我那位老學生的不當反應，即為證驗。

●二〇一四年十一月上旬，我與台灣國樂團合作演出「觀易賞樂」音樂會第二場，現場接受觀眾提問：「台灣的食品安全何時可解？」占得井卦九二爻動，有蹇卦之象。井底養魚為了偵測水質安全，食品檢驗把關亦然，這樣看來，困難重重不易改善啊！當年清明時首場演奏，觀眾問「太陽花運動」情勢評估，也是「遇井之蹇」，「井谷射鮒，甕敝漏」，難成大器，結果隔日即結束佔據立法院與行政院的抗爭。

●二〇一四年十月下旬，那陣子台北在辦一系列的現代詩人回顧展，我問鄭愁予與瘂弦兩位詩壇大家為何不再寫詩？鄭為井卦九二爻動，有蹇卦之象。「井谷射鮒，甕敝漏」，「无與也」，靈感枯竭，詩壇寂寞，寫不出來了！瘂弦為家人卦初、五爻動，有艮卦之象。為了照顧家庭生計，詩作從此止步。

䷯

九三：井渫不食，為我心惻。可用汲，王明，並受其福。

〈小象傳〉曰：井渫不食，行惻也；求王明，受福也。

九三更進一步開發，將井泉浚渫完畢，水質純淨，絕無問題，卻仍然乏人光顧。過路人飲用後都說好，為我們的努力抱屈。雖然如此，陌生人的惻隱同情不能仰賴，叫好必須叫座，我們得積極主動，尋求明智的王者支持，汲取優質的井水，供大眾分享，使大家都蒙受福報。本爻變，為坎卦

（䷜），為新產品研發過程中常遇到的瓶頸，若放棄而不求突破，則暴殄天物，實為遺憾。

尋求實力者支持，得注意「並受其福」，讓對方不白幫忙，而有各種形式的回報。困卦九五「利用祭祀」，解脫受福；晉卦六二「受茲介福，于其王母」；井卦九三求「王明，並受其福」。人生行事，世故人情當熟透。

占例

● 一九九四年五月十日，那家出版公司的股爭酷烈。我有事赴台東，在機場即接獲同事電話，告知台北已生大變故，內亂一觸即發。我心情沉重，占公司吉凶，為井卦九三爻動，有坎卦之象。「井渫不食，為我心惻」，幾年辛苦整治有成，深具大發潛力，卻遭此險陷遏阻，明王何在？令人傷懷。孤臣無力可回天，徒喚奈何？公司後來果然覆滅，一切壯圖成空。

● 二〇〇八年初，我作一年之計，算自己全年的人際關係如何？為井卦九三爻動，有坎卦之象。前一天占問同一事，為坎卦六三爻動，有井卦之象。「遇井之坎」、「遇坎之井」，或遇重險，進退兩難，或懷才不遇，力圖振作突破。當年人際往來，差不多就是如此，到二〇〇九年後，才有了嶄新的開展。

䷯

六四：井甃，无咎。

〈小象傳〉曰：井甃无咎，修井也。

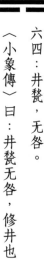

六四研發已至最後階段，須慎終如始，以免功虧一簣。「井甃」是將井內壁的襯墊修潤平整，汲水時不致有「羸瓶」之凶。本爻變，為大過卦（䷛）；井卦初至四爻又互成大過卦，六四恰當大過卦上六之位，須防「過涉滅頂」之凶。行百里半九十，研發成敗在此一舉。

占例

● 二〇〇一年十月上旬，美國進攻阿富汗，全球經濟不振，台灣當年為負成長，民眾生計維艱，哀悲愁苦，我問台民當如何度日？為井卦六四爻動，有大過之象。「井甃无咎，修井也。」開源困難，負荷沉重，只能小心度日，一切審慎為宜。

● 一九九八年七月上旬，我為社會大學基金會作「易經溯源之旅」的參訪計畫，臨行前不斷更改行程，其中一案試占可行否？為井卦六四爻動，有大過之象。還得再修，否則過不了關，其後果然。

䷯

九五：井洌，寒泉食。

〈小象傳〉曰：寒泉之食，中正也。

九五中正，居全卦君位，開發至此已完全成功，井水泉湧而出，清涼可口，人人稱讚。爻變為升卦（䷭），井水汲引上升，供眾人享用。升卦的泡沫膨脹，為表面張力使然；井水上升，則為毛細管作用，兩者密切相關，《易》中暗合科學原理者甚多。

井卦初六「井泥不食」、九三「井渫不食」，終至九五「井洌，寒泉食」，苦盡甘來，圓滿有終。

占例

● 二〇一一年十一月中旬，我們在龍潭宏碁集團的渴望園區辦秋季研習營，請了涂承恩老師來談「生命演化的奧秘」。他一生坎坷中有奇遇，多年前染患癌症，至今猶存，曾赴美國約翰霍普金斯大學研究、德國柏林醫學院進修。講述癌症的本質及治療，深刻到位。我邊聽講，邊針對一些基本觀念占問：生命究竟是什麼？為井卦九五爻動，恰值宜變成升卦。「井洌，寒泉食」，「中正也」，生命的清泉躍升湧現，意境極美，令人讚嘆！

同時還問：細胞是什麼？為觀卦（䷓）五、上爻動，九五值宜變為剝卦（䷖），齊變有坤卦（䷁）之象。「觀我生」，「觀其生」，生物的生命皆由細胞構成，順勢剝除外表各異的形相，便可觀察到內在的共同本質。

DNA是什麼？為屯卦（䷂）初九爻動，有比卦（䷇）之象。「磐桓，利居貞，利建侯。」屯為生命初始，初九為其基因，合組形成各式各樣的生命，且能探測、傳遞並儲藏生命體與外界的種種信息。

癌症是什麼？為不變的震卦（䷲）。〈說卦傳〉稱：「帝出乎震……萬物出乎震。」「震」為一切生命的本質，致癌基因與生俱來，根本並非外物，而是內在生命的一部分，動能極強，並非開刀或化療所能根治。人的身心健康，貴在維持非癌基因與致癌基因間的動態平衡而已。

半年前的五月下旬，我們在溪頭林區辦春季研習營，主題仍是「文明浩劫與人類文明的永續經營」，幾位新任的理事都發表了他們專業的心得，參加學員的人氣也很旺，算是辦得相當成功。結束後我占問成果，為井卦九五爻動，恰值宜變成升卦。「井冽，寒泉食」，「南征吉，志行也」。可是我行前預估，為噬嗑卦（䷔）初、二、五、上爻動，四爻齊變成困卦（䷮），鬥爭辛苦，不易脫困。再問怎麼調整增強，為井卦二、三爻動，齊變有比卦（䷇）之象。「井谷射鮒，甕敝漏」，「无與也」；「井渫不食，為我心惻」，須求「王明」協助，以「並受其福」。由結果論，終於開發成功，井中水位由二、三，汲引至五爻君位，或許我自己扮演了「明王」的角色，率先垂範，發揮了巨大效應？噬嗑卦與井卦相錯，困、井二卦相綜，情勢轉好，暗合錯綜其數的深層原理。

●二〇一〇年十二月中，我占問高雄長期跟我配合光碟出版講經的林女士，她的心品如何？為井卦九五爻動，恰值宜變成升卦。「井冽，寒泉食」，「中正也」；「勿恤，南征吉」，「志行也」。評價相當正面，我只管南下多配合，必然皆大歡喜。

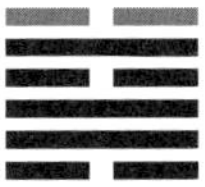

上六：井收勿幕，有孚元吉。

〈小象傳〉曰：元吉在上，大成也。

上六為井之終，當廣為布施，務期人人有水可喝。白天打水完畢，晚上收工時，也不要把井蓋蓋上，以免有人來無法汲水。這是愛心跟誠信的表現，一旦建立了這樣的品牌信用，可獲開創性的大吉，整個鑿井開發的過程，至此才算真正大功告成。下接革卦，「元亨利貞」，開啟了全新的時代機運。上六爻變，為巽卦，其〈大象傳〉稱：「君子以申命行事。」隨著時代風潮的變化，體悟天命，而有了卓越的貢獻。

困卦中我曾述及卦爻結構與價值鏈的關係，井卦一樣適用：初六「井泥不食」，生產原料未開發；九二「井谷射鮒」，研發生產技術；九三「井渫不食」，求王明以資助量產；六四「井甃无咎」，鋪設行銷通路；九五「井冽，寒泉食」，建立黃金品牌；上六「井收勿幕，有孚元吉」，做好最貼心的客戶服務，贏得消費者的長期支持。二十四小時全年無休的便利商店，現代銀行的自動提款機等，都是「井收勿幕」的服務表現。井水為民生日用所需，必須普及廉價供應無缺，且隨時隨地滿足用戶需求。

占例

- 二〇〇二年三月下旬，我在台北徐州路市長官邸的《易經》班教占，大家問二〇一〇年的台灣境況為何？得出井卦上六爻動，有巽卦之象。「井收勿幕，有孚元吉」，為不錯的景況。當年經濟成長約百分之十，確有進步，和八年多前陳水扁治下不同，當時大家的長期預測成真。
- 二〇一一年二月底，我問小孩的魅力何在？為井卦上六爻動，有巽卦之象。「井收勿幕，有孚元吉」。赤子無私，天真待人，是生命本性的自然流露，難怪大家都喜歡小孩。

多爻變占例之探討

以上為井卦卦、彖、象與六爻單變之理論及占例說明，往下進一步探討多爻變的情形。

占事遇卦中任意二爻動，若其中一爻值宜變，為主變數，以該爻辭論斷；若皆不值宜變，以本卦卦辭卦象論斷，亦參考二爻齊變所成之卦的卦辭卦象。

● 一九九四年九月中，我給李登輝上課已一個半月，一直很低調不跟外界提，後來《民生報》去訪問他，他自己透露在學《易》，媒體遂找上門來採訪，並大幅報導，算是完全曝光。我占問吉凶禍福，為井卦四、五爻動，齊變有恒卦（䷟）之象。六四修井，「无咎」，九五「井冽，寒泉食」，成功脫困，走出新路，對未來有恒卦長久的影響。其時我在出版公司投閒置散才三個多月，困極之中，又有了新的遇合，不是李登輝如何，而是為自己專業講經開了條光明的大路。

● 一九九七年十一月底，國民黨的謝深山競選台北縣長，我問其勝負？為井卦三、四爻動，九三值宜變為坎卦，齊變則有困卦之象。「遇井之困」，卦序剛好顛倒，不能革新，深陷困境。九三「井渫不食」，有不錯實力，不得青睞發揮；六四修井調整，功虧一簣。選舉揭曉，謝敗給民進黨的蘇貞昌。

● 一九九四年九月初，我從出版公司總經理實質退休，不管事已逾百日。直銷部一位女性大主管有意辭職，自己創業，我代占吉凶如何？為井卦三、四爻動，九三值宜變為坎卦，齊變有困卦之象。看來轉型不易，果然創業未成。

● 二〇〇四年三一九槍擊案發生前，上午我問沈富雄、李遠哲表態後，連宋配的勝負如何？為井卦初、二爻動，齊變有既濟卦之象。問扁呂配的勝負，則為不變的比卦。初六「井泥不食，下也」，九二「甕敝漏」，「无與也」，大選前夕還這麼糟，怎有希望？連宋一直保持相當優勢，出現這樣的占象，也令人感到意外。比卦在師卦的激烈選戰之後，「建萬國，親諸侯」，難道是扁呂配連任？下午爆發槍擊案，真的逆轉了選情，上午占象已然感知最後的結果。

●二〇〇一年八月下旬，我預占二〇〇二年宋楚瑜的運勢，為井卦二、三爻動，齊變有比卦之象。兩千年大選受挫後，宋組親民黨，想走出新路以脫困，井卦九二「甕敝漏」、九三「井渫不食」，成效有限，須以比卦的合縱連橫「求明王」，以「並受其福」。二〇〇三年中連宋配成形，不是偶然。

●二〇一一年九月中，我問赴寧波授《易》的邀約得成行否？為井卦二、三爻動，有比卦之象。「甕敝漏」，「无與也」；「井渫不食，行惻也」，應該不成，果然主辦單位因故取消。

●一九九九年十一月中，我給學生講韓非子的法家學說，問〈內儲說下．六微〉的篇旨，為井卦二、五爻動，齊變有謙卦（䷎）之象。「六微」為六種伺察方法，是君王控御臣子的道術。井卦之後為革卦，為防範臣下篡奪君權，井卦九五盯著九二，應而不與，資源充沛卻吝於賜予。

●二〇〇三年元月下旬，我接受《新新聞周刊》對新年年運的專訪，順便幫他們占算，與呂秀蓮官司三審上訴的吉凶，為井卦二、五爻動，有謙卦之象。貞我悔彼，下卦九二資源有限，難敵上卦九五執政的資源充沛，兩者應而不與，以下訟上，難以取勝。果然《新新聞》敗訴，必須登報聲明道歉等等。

●一九九二年二月上旬春節過後，出版公司的市場派大股東發動攻勢，屢提改選董監事，我問如何應對為宜？為井卦二、五爻動，有謙卦之象。以下應上，資源差距太大，只能謙和低調以待。

●二〇一〇年八月中旬，我問某位教授所開私塾，何以不收學費？為井卦二、五爻動，有謙卦之象。井為開發泉脈，九二「井谷射鮒，甕敝漏」，目前局面有限，寄望未來九五「井洌，寒泉食」。他的學生多為豪門貴婦，政經方面都有一定影響力。

●二〇〇六年七月上旬，我給學生講三十六計與易象的關係，問三十六計的整體價值如何？為井卦三、五爻動，齊變有師卦（䷆）之象。「井」為研發招式脫困，「師」為對抗鬥爭，用計求勝正是如此。九三「井渫不食」，求「王明」之助，以升進成「井洌，寒泉食」，三與五同功而異位，三雖凶，五則成功。

●二〇一七年六月下旬，我們周易學會辦春季研習營，邀請了楊開煌教授專題演講「一帶一路與兩岸關係」，我問一帶一路的前景，為井卦三、五爻動，齊變有師卦之象。井為開發致用，由「井渫不食」而致「井洌，寒泉食」，師卦「容民畜眾」，「能以眾正，可以王矣」！

●二〇〇二年四月下旬，我們學會在台中西湖渡假村辦春季研習營，邀了台大李嗣涔教授講特異功能，反響相當熱烈。我問他這種另類的研究前景如何？為井卦初、五爻動，齊變為泰卦（䷊）。從「舊井无禽」，至「井洌，寒泉食」，研發有大突破而通泰，值得寄望。

●二〇一五年四月上旬，遠見雜誌社邀我給大陸一企業家參訪團講《易》，我測其成效，為井卦二、上爻動，齊變有漸卦之象。開發創新資源，由「井谷射鮒，甕敝漏」，「无與也」，而致「井收勿幕，有孚元吉」，「大成也」，循序漸進，相當正面。

●二〇一五年四月初，我問大陸所倡議成立的亞投行前景如何？為井卦五、上爻動，齊變有蠱卦之象。亞投行的成立就是要打破世銀等的壟斷不公，濟助落後地區開發，正合井卦「勞民勸相」之義。「井洌，寒泉食」，繼之以「井收勿幕，有孚元吉」，對廣大的需求者提供源源不絕資金，而致大成，「幹蠱」之效大矣哉！

三爻變占例

占事遇卦中任意三爻動，以本卦為貞，三爻齊變所成之卦為悔，稱貞悔相爭，合參兩卦的卦辭卦象論斷。若其中一爻值宜變，為主變數，加重考量其爻辭。

●一九九九年十一月中旬，我問兩千年大選陳水扁的勝算，為井卦二、三、五爻動，貞悔相爭成坤卦。陳水扁本無勝算，因連宋泛藍分裂而有了機會，井卦由二而三而五，竟然升進大位得獲成功，不僅脫困，還革故鼎新，造成了台灣首次的政黨輪替。

●二〇一二年六月底，我去參觀佛光山新建成的「佛陀世界」，在阿彌陀佛法相前占其境界，為井卦二、三、五爻動，貞悔相爭成坤卦（䷁）。井卦「无喪无得、往來井井」，實為開發自性，由二而三至五，「井冽，寒泉食」，擺脫業障成佛。坤卦廣土眾民，「含弘光大，品物咸亨」，普渡眾生皆開悟，正所謂「自性彌陀」。

●一九九六年耶誕節，我算了一系列二十一世紀兩岸發展的卦，其中有問台灣在中國發展上的角色定位，得出井卦初、三、四爻動，初六值宜變為需卦，貞悔相爭成兌卦。「井」為值得開發的潛在資源，運用得好不僅脫困，還能革新。初六「井泥不食」、九三「井渫不食」、六四「井甃无咎」，雖不能保證成功，齊變成兌卦，「君子以朋友講習」，兩岸和諧交流，總是王道。

●二〇〇一年十二月上旬，立委選後，民進黨成第一大黨，國民黨席次大減，親民黨成長甚多，我問宋楚瑜是否已有泛藍盟主的氣勢？為井卦初、三、四爻動，初六值宜變為需卦，貞悔相爭成兌卦。井卦意圖轉型，由初而三而四，畢竟差了一步，沒法登上九五君位，藍營老大還是由連戰擔綱。

●二〇〇三年耶誕節，我問來年大選，連戰的運勢如何？為井卦二、四、五爻動，九五值宜變為升卦，貞悔相爭成小過卦（䷽）。井卦力圖研發轉型，由二而四而五，君位爻變成升卦，似有選勝登基的希望。然而來年三二〇卻以極微差距落敗，小過卦辭：「可小事，不可大事……不宜上，宜下。」難道指此而言？

●二〇一一年四月上旬，我三位師兄弟去給毓老師靈前行禮後，來我家聚議老師身後事，兩位師弟還是第一次見面。吳師弟在台南設廠做生意很成功，蕭師弟幫他在上海拓展業務，師兄頗想讓他們出錢出力做些事。當天我們也只是隨意聊聊，不涉實際，師兄有些失望，我倒覺得還不錯，散會後占得井卦三、五、上爻動，九五值宜變為升卦，貞悔相爭成蒙卦（䷃）。九三「井渫不食」、九五「井洌，寒泉食」，上六「井收勿幕，有孚元吉」，顯然得獲「明王」之助，功德大成。之後，吳師弟對周易學會與奉元學會皆多有贊助，我們也支持他出任奉元的監事，二〇一五年換屆改選，我任理事長，還請他出任副理事長，一起為共同的志業奮鬥。

●二〇一五年六月上旬，針對奉元書院未來運作體制同門有些爭議，我與吳師弟通電話討論，獲致重要共識。當時也得井卦初、三、五爻動，九五值宜變成升卦，貞悔相爭為臨卦。「井洌，寒泉食」，「中正也」，「教思无窮，容保民无疆」，極好的配合之局。

●二〇〇九年孔子誕辰，我們想將易佛班上課實況錄影存檔，考慮了幾種內外配合的方式，都不太理想。占問與高雄耕心藝術欣賞工作室合作如何？為井卦二、五、上爻動，九五值宜變為升卦，貞悔相爭成艮卦（䷳）。井卦開發資源，由二而五而上，「井收勿幕，有孚元吉」。與大家分享，顯然可以成功，其後遂都與之合作。

●二〇一〇年四月下旬，我問自己習《易》一生，得覓衣缽傳人否？為井卦初、二、五爻動，九五值宜變為升卦，貞悔相爭成明夷卦（䷣）。井卦開發潛在人才，由初而二而五，「井洌，寒泉食」，汲引成功，希望真能如此。

●二〇一〇年八月中旬，我問劉勰名著《文心雕龍》的價值，為井卦二、五、上爻動，九五值宜變為升卦，貞悔相爭成艮卦。劉勰之作開闢了中國文學批評的新面向，由二而五而上，有其功德，且內容還與易理易象有關。

四爻變占例

占事遇卦中任意四爻動，以四爻齊變所成之卦的卦辭卦象為主論斷，若其中一爻值宜變，稍加重考量其爻辭。

●二〇〇八年九月中，金融風暴剛爆發，我問自己習《易》三十三載，進境如何？為井卦二、三、四、五爻動，四爻齊變成豫卦（䷏）。井卦開發自性，由二而三而四而五，已至成功；豫卦「雷出地奮，利建侯行師」，未來大有後望。

●二〇一一年二月中旬，我問籌議已久的「神州大易班」開得成否？為井卦初、三、五、上爻動，九三值宜變為坎卦，四爻齊變成損卦（䷨）。井為開發新資源，由初而三而五而上，必然成功。井卦節氣約陰曆五月中，損卦節氣約七月中，當年北京開班為陽曆七、八月，正在時效範圍內。

●二〇〇四年十一月上旬，美國大選揭曉，小布希獲勝連任，我問翌年美國社會的情勢如何？為井卦二、三、四、上爻動，九三值宜變為坎卦，四爻齊變成否卦（䷋）。井卦開發新路，由二而三而四而上，勉強成功；否卦「大往小來」，卻有溝通不良的衰頹之象。共和黨雖贏得選戰勝利，治國無方而招致民怨，金融風暴也損失慘重，四年後，換民主黨的歐巴馬上台。

●二〇一六年四月上旬，我赴成都授《易》，參加天府嘉元書院成立二週年慶等，成效為井卦初、二、三、五爻動，四爻齊變成復卦。由「井泥不食，舊井无禽」，一步一步而致「井洌，寒泉食」，「復見天地之心」，文教功德大矣哉！

●二〇一七年六月下旬，我應邀赴東莞作公益演講，講題為「國學的當代價值與意義」，成效為井卦初、二、五、上爻動，四爻齊變成賁卦。開發創新資源，而致「人文化成」，都相當正面，令人鼓舞。

劉君祖易經世界14

易斷全書　第三輯
理解《易經》斷卦的實用寶典

作　　者：劉君祖
責任編輯：李濰美
封面設計：張士勇
校　　對：石粵軍、趙曼如、劉眞儀、劉君祖
出　　版：大塊文化出版股份有限公司
地　　址：台北市 105022 南京東路四段二十五號十一樓
網　　址：www.locuspublishing.com
讀者服務專線：0800-006689
電　　話：(02) 87123898　傳眞：(02) 87123897
郵撥帳號：18955675　戶名：大塊文化出版股份有限公司
總 經 銷：大和書報圖書股份有限公司
地　　址：新北市 24890 新莊區五工五路二號
電　　話：(02) 89902588（代表號）　傳眞：(02) 22901658
初版一刷：二〇一七年十二月
初版三刷：二〇二三年五月
定　　價：新台幣二五〇〇元（四輯不分售）
法律顧問：董安丹律師、顧慕堯律師

易斷全書：理解《易經》斷卦的實用寶典 /
劉君祖著 . -- 初版 . -- 臺北市 : 大塊文化 , 2017.12
冊；　公分 . --（劉君祖易經世界；12-15）

ISBN　978-986-213-846-5（全套：平裝）

1. 易經　2. 研究

121.17　　　　　106021211